一 现代企业财务分析丛书 一

旅游企业财务分析

张玉凤 ◎ 著

TOURISM
ENTERPRISE
FINANCIAL
ANALYSIS

本书得到了北京市教委财务管理专业研究建设研究项目（PXM2011_014209_07_00）资助。

经济管理出版社
ECONOMY & MANAGEMENT PUBLISHING HOUSE

图书在版编目（CIP）数据

旅游企业财务分析／张玉凤著. —北京：经济管理出版社，2021.1
ISBN 978-7-5096-7684-4

Ⅰ.①旅⋯　Ⅱ.①张⋯　Ⅲ.①旅游企业—会计分析　Ⅳ.①F590.66

中国版本图书馆 CIP 数据核字（2021）第 020528 号

组稿编辑：王光艳
责任编辑：魏晨红
责任印制：黄章平
责任校对：张晓燕

出版发行：经济管理出版社
　　　　　（北京市海淀区北蜂窝 8 号中雅大厦 A 座 11 层　100038）
网　　　址：www.E-mp.com.cn
电　　　话：（010）51915602
印　　　刷：唐山昊达印刷有限公司
经　　　销：新华书店
开　　　本：787mm×1092mm /16
印　　　张：14.75
字　　　数：368 千字
版　　　次：2021 年 2 月第 1 版　　2021 年 2 月第 1 次印刷
书　　　号：ISBN 978-7-5096-7684-4
定　　　价：68.00 元

目 录

第一章
旅游企业财务分析概述

旅游企业财务分析是以旅游企业会计报表和各种经济信息为依据，采用一系列专门的分析技术和方法，系统介绍和评价企业过去和现在的经营成果、财务状况及其变动，目的是了解过去、评价现在、预测未来，以帮助报表使用人更好地进行决策。

第一节　旅游企业财务分析的内容

一、旅游企业财务分析的主体

财务分析的主体也就是报表的使用人，通常情况下一般包括企业的债权人、权益投资人、企业内部管理人员、政府管理机构、其他与企业有直接或潜在经济利益关系的信息使用者。他们出于不同目的使用财务报表。因此，需要的信息不同，关注的角度不同，采用的分析程序和方法，也会有一定的差别。

企业编制并对外报送财务报告，主要目的是提供反映企业财务状况和经营成果的信息，以供信息使用者使用。与企业有直接或潜在经济利益关系的信息使用者都有可能成为企业财务分析的主体，不同的企业财务分析主体，对企业财务信息的关注不同，财务分析的结果也可能不尽相同。

（一）企业的投资者或股东

权益投资人一般是企业的所有者或普通股东。他们投资企业的目的是为了扩大自己的财富。他们不仅要求保全投资企业的本金，同时还要求有相应的投资回报，权益投资人更多考虑的是如何增强企业竞争能力，获得更大的市场份额，降低财务风险，从企业持续稳定的增长中得到更多的收益。权益投资人进行财务报表分析，是为了了解以下几方面的情况：公司当前和长期的收益水平高低，以及收益是否容易受重大变动的影响；目前的财务状况如何，公司资本结构决定的风险和报酬如何；与其他竞争者相比，公司处于何种地位。

（二）企业的债权人

债权人通过对企业价值的评定，了解企业风险水平，研判借款的安全程度，债权人关心企业是否具有偿还债务的能力。债权人可以分为短期债权人和长期债权人。他们进行财务报表分析是为了了解以下几方面的情况：为什么需要额外筹集资金；还本付息所需资金的可能来源是什么；对于以前的短期和长期借款是否按期偿还；将来在哪些方面还需要借款。

（三）企业的经营管理者

企业的经营管理者受企业投资者或股东的委托，充分合理利用企业各项经济资源，经营、管理企业日常经济业务，对企业资本的保值增值负有责任。因此，经营管理人员关心公司的财务状况、盈利能力和持续发展的能力。企业的经营管理者依据自己的经营管理权限，分析利用财务信息，为经营决策提供依据。

（四）旅游企业的供应商和客户

旅游企业的供应商通常向旅游企业提供商品和服务。在日益激烈的市场竞争中，为保证占有一定的市场份额，供应商往往采用赊销这一商业信用方式。为此，企业供应商必须充分分析了解企业的信用、风险以及偿债能力等财务信息。企业的客户是企业商品和劳务的接受者，为保障生产经营的连续性和质量，企业的客户十分关心企业持续供应商品和劳务的能力。为此，客户需要了解企业的持续发展能力、获利能力、未来发展前景等。

（五）旅游企业职工

旅游企业按照按劳分配的原则，根据社会劳动保险制度和国家的相关政策，向职工支付工资、津贴、奖金以及职工共同享受的福利基金等。旅游企业职工与企业保持较为稳定的雇佣关系，他们十分关心获取的报酬、福利、工作的稳定性、工作环境的安全性以及未来的发展等。为此，企业职工需要了解企业的财务状况、获利能力、发展能力等信息。

（六）旅游企业的竞争对手

随着旅游企业的不断发展和企业之间竞争的加剧，企业的竞争对手希望尽量了解企业产品或服务的供应信息，以改进产品、改善服务，争取更多的客户；希望通过获取企业经营信息，不断改进经营管理水平；并通过充分掌握企业的信用、偿债能力、获利能力、发展能力以及风险等信息，为企业间购、并购提供依据。

（七）政府有关部门

政府有关部门也是公司财务报表的使用人，包括税务部门、国有企业的管理部门、证券管理机构、会计监管机构和社会保障部门等。它们使用财务报表是为了履行自己的监督管理职责。

二、旅游企业财务分析的内容

（一）旅游企业会计报表解读与分析

旅游企业要进行财务分析，首先需要认真解读会计报表及相关信息资料。会计报表是反映企业某一特定日期财务状况和某一会计期间的经营成果、现金流量的书面报告。

旅游企业对外提供的主要报表是资产负债表、利润表、现金流量表及相关附表。资产负债表是总括反映旅游企业在特定日期（即某一时点）的全部资产、负债和所有者权益等财务状况的会计报表。利润表是用来反映旅游企业在某一个会计期间经营成果的一种会计报表，反映的是两个资产负债表编制时点之间的饭店经营状况。现金流量表是用来提供旅游企业有关现金收入、现金流出以及投资与筹资活动方面信息的会计报表。分别从静态和动态两个方面反映。

会计报表分为年度、半年度、季度、月度报表，短于一个会计年度的称为中期报告。年度和半年度报表应包括会计报表、会计报表附注和财务状况说明书；季度、月度会计报表应包括资产负债表和利润表。

旅游企业编制的财务会计报表应根据真实的交易、事项以及完整准确的账簿记录等资料遵循国家统一的会计制度规定的编制基础、编制依据、编制原则和方法进行编制。

财务报表分析是以企业基本活动为对象、以财务报表为主要信息来源、以分析和综合为主要方法的系统认识企业的过程，就是从报表中获取符合报表使用人分析目的的信息，认识企业活动的特点，评价其业绩，发现其问题。

企业的基本活动分为筹资活动、投资活动和经营活动三类。筹资活动是指筹集企业投资和经营所需要的资金，包括发行股票和债券、取得借款，以及利用内部积累资金等。投资活动是指将所筹集到的资金分配于资产项目，包括购置各种长期资产和流动资产。经营活动是在必要的筹资和投资前提下，运用资产赚取收益的活动，它至少包括研究与开发、采购、生产、销售和人力资源管理五项活动。经营活动是企业收益的主要来源。企业的三项基本活动是相互联系的，在业绩评价时不应把它们割裂开来。

财务分析的起点是阅读财务报表，终点是做出某种判断（包括评价和找出问题），中间的财务报表分析过程，由比较、分类、类比、归纳、演绎、分析和综合等认识事物的步骤和方法组成。其中分析与综合是两种最基本的逻辑思维方法。因此，财务分析的过程也可以说是分析与综合的统一。

（二）旅游企业偿债能力分析

偿债能力是指旅游企业偿还各种到期债务的能力。旅游企业的偿债能力分为短期偿债能力分析、长期偿债能力分析。

1. 短期偿债能力分析

主要分析旅游企业对短期债权人权益或其负担的短期债务的保障程度。它主要取决于企业资产的流动性。

2. 长期偿债能力分析

主要分析旅游企业偿还到期长期债务的现金保障程度。它主要取决于企业的资本结构和盈利水平。

（三）旅游企业营运能力分析

旅游企业营运能力分析是指企业资产运用、循环效率的高低。营运能力分析是指通过计算企业资金周转的有关指标，分析其资产利用的效率，是对企业管理层管理水平和资产运用能力的分析。旅游企业营运能力分为短期资产营运能力分析、长期资产营运能力分析。

1. 短期资产营运能力分析

短期资产是企业一种很重要的资产形式，它是企业开展正常的生产经营活动的保障，也是企业短期偿债能力的最重要体现。一般来讲，短期资产营运能力分析主要分析存货、应收账款、货币资金等资产的运用效率。

2. 长期资产营运能力分析

长期资产是企业拥有的变现周期在一年以上或者一个营业周期以上的资产（非流动资产）。由于固定资产是企业长期资产中的重要组成部分，占用资金大、使用时间长，因此，企业长期资产营运能力分析时主要是对固定资产的使用效率、更新程度等进行分析评价。

（四）旅游企业盈利及发展能力分析

1. 企业盈利能力分析

企业盈利能力通常是企业获取利润的可能性和潜力。对于如何衡量企业的盈利能力，不同的利益群体从不同的利益角度出发，可能存在不同的认识。通常，人们主要从经营管理者角度和投资者角度对企业盈利能力进行分析。因此，企业盈利分析可以分为基于经营管理者的盈利分析与基于投资者的盈利能力分析。

2. 企业发展能力分析

企业发展能力（又称成长能力）是指在市场竞争中，实现长期盈利并保持持续价值的可能性和潜力。企业发展能力分析是指对企业成长财务表现的系统性分析。可以分为企业经营成长能力分析和企业投资成长能力分析。

三、旅游企业财务分析的意义

财务分析既是已完成的财务活动的总结，又是财务预测的前提，在财务管理的循环中起着承上启下的作用。经常深入地开展财务分析工作具有以下重要意义：

（一）财务分析是旅游企业贯彻国家有关政策法规，改善经营管理的重要保证

在当前激烈的市场竞争中，企业之间的竞争是残酷的。但企业必须遵纪守法，按照现代企业管理制度的要求，按照市场经济发展的规律，以提高质量为基础，改善企业经营管理，不断降低企业成本费用，提高企业收入。财务分析的主要任务之一，就是要分析企业的经营是否贯彻执行国家的有关法律法规、制度，是否通过正当竞争获取收益等，从而促使企业改善经营管理，提高企业经济效益。

（二）旅游企业财务分析是评价企业财务状况、经营成果的重要依据

通过对企业财务报表等核算资料进行分析，可以了解企业偿债能力、营运能力、盈利能力和发展能力。便于企业管理者及其他报表使用人了解企业财务状况和经营成果，并通过分析将影响财务状况和经营成果的主观因素与客观因素、微观因素与宏观因素区分开来。以划清经济责任，合理评价经营者的工作业绩，并据此奖优罚劣，以促使经营者不断改进工作。

（三）财务分析是提高资产使用效率，实现理财目标的重要手段

企业理财的根本目标是努力实现企业价值最大化。通过财务指标的计算和分析，了解

企业的盈利能力和资产周转状况。不断挖掘企业改善财务状况、扩大财务成果的内部潜力，充分认识未被利用的各种资源。寻找利用不当的部分及原因，发现进一步提高资产利用效率的可能性，以便从各方面发现问题、找出差距、提出解决问题的方法，促进旅游企业实现企业价值最大化的目标。

（四）财务分析是合理实施投资决策的重要步骤

通过对旅游企业财务报表的分析，可了解企业获利能力的高低、偿债能力的强弱及营运能力的大小，可以了解投资后的收益水平和风险程度，从而为投资决策提供必需的信息。另外，随着市场全球化和市场经济一体化，财务分析在企业管理中的作用愈显重要，这就要求企业要定期对公司的日常财务状况做出详尽分析，了解企业的优势，发现企业的不足，及时改变旅游企业的经营战略，以帮助投资决策者做出合理判断和分析。

第二节 旅游企业财务分析的方法

一、旅游企业财务分析的原则

财务报表分析的原则是指各类报表使用人在进行财务分析时应遵循的一般规范，可以概括为以下内容：

（一）财务分析应实事求是、全面客观

旅游企业进行财务分析的基础是财务数据的真实性和可靠性，财务报表所反映的是企业实际的运营状况。财务分析人员在进行数据分析时，如果不能做到深入实际，不了解企业经营情况，那么单凭数据分析出来的结论必定缺乏一定的实际意义。所以，财务分析人员在进行分析之前要尽可能地去实地考察，掌握一定的信息资料，了解一些行业情况和工作内容，带着一定的目的性来进行财务分析。另外，为了真正做到"发现问题，解决问题"，财务分析人员对于工作中存在的漏洞和短处要勇于揭示，并能够找出财务变化的诱因，提出解决问题的方法和建议。只有实事求是、全面客观地进行财务分析，才能够使企业内部管理工作有的放矢，完善好旅游企业的财务服务管理工作。

（二）财务分析要深入细致，不能流于表面

财务分析要透过现象看本质，通过报表分析，发现隐藏在报表背后的问题和不足。企业在管理中存在的很多隐患和漏洞往往拥有一个较为光鲜的外表，同样，一些优点也会被缺点所掩盖。这就要求企业的财务分析人员不能被事物的外表所迷惑，不能浮在表面而不求甚解；而要更加深入地进行调查研究，以更客观的眼光，对调查资料进行反复推敲，精细计算，努力找出经济发展的内在联系和规律，对企业的财务状况做出最客观的评价。要注重事物的联系，坚持相互联系地看问题。要注意局部与全局的关系，例如，分析偿债能力时还要与盈利能力结合起来，报酬与风险也要联系起来一同考虑。同时要发展地看问题，反对静止地看问题。要注意过去、现在和将来的关系。

（三）财务分析要详略得当，重点突出

财务分析人员对企业的财务状况进行分析的目的，是找出企业管理中存在的问题，提出合理化建议，提高企业的内部管理水平。所以在分析时要注意详略得当，抓住重点，寻找问题的本质，查处影响财务数据变化的根本性因素。在分析过程中，要对变化较大的指标着重分析，找出其变化的主客观因素。如此，才能够有效地评价企业的财务状况，提出具有建设性的建议。

（四）财务分析要定量与定性分析相结合，坚持定量为主

财务分析主要依靠的是对于数据的对比，但一个完整的财务分析报告仅依靠数据的罗列是远远不够的。仅仅用数字来反映情况，无法直观地说明差异的原因，得出的数据分析只是一份简单的数字指标说明书，甚至是一份数据检查表，这样的结果不便于报表使用人阅读与参考，不具备实际的意义。完整的财务分析报告是在数据计算的基础上，附有完整的文字说明和原因分析，并在报告最后提出合理化建议以完善管理结构。做到"有数据、有说明、重分析、提建议"，使报告具有逻辑性和说服力，具有一定的实操价值。

（五）财务分析应进行综合分析，同时考虑潜在的风险

任何一个单独的财务指标，都不能全面、客观地评价企业的财务状况和经营成果。要对企业形成全面、合理和正确的认识，必须对企业进行系统、综合的财务分析。财务综合分析就是应用一个简捷、系统的分析工具，将众多具有相互联系关系、补充关系的分析方法和程序综合起来，对企业财务形成一个概括性、总体性的认识和结论。另外，财务分析不能一味地追求企业的盈利，更应当注意企业潜在的经营风险。例如，国有旅游企业应适当降低资产负债水平，减少企业的财务风险。如今，越来越多的企业开始利用财务杠杆效应，利用融资取得的资金扩大企业经营规模，为企业谋取更多的利益。但同时，我们也应当注意到，财务杠杆并不可以无限制地使用，企业如果融资比例过大，造成企业的融资结构不合理，就很可能使企业面临巨大的财务风险。在这种情形下，如果出现经济危机、行业动荡或者企业经营管理不善，就会造成企业的融资成本过大，收益不能及时足额地偿还利息支出，使得企业资金链条断裂，企业面临破产的情况。所以财务分析工作更应当高瞻远瞩，防微杜渐，保证企业的顺利平稳发展。

总之，财务分析不仅仅是对过去工作的总结和分析，还要将过去、现在、未来结合起来进行综合考虑，要遵循相关原则，使财务分析发挥出应有的作用，更好地为报表使用人提供服务。

二、旅游企业财务分析的程序

财务报表分析不是一种固定程序的工作，不存在唯一的通用分析程序，而是一个研究和探索的过程。但财务报表分析的基本步骤一般按照以下程序进行：

（一）明确分析目标，确定分析方案

明确分析目标是财务分析的起点，财务分析过程中始终是围绕着财务分析目标而进行的。分析目标确定之后，就应当根据分析目标确定分析的内容和范围，并明确分析的重点内容，分清主次和难易，并据此制定分析工作方案。不同目的之下对应不同分析内容，如在投资分析目的下进行的财务分析是为了选择未来具有优良业绩和成长性的投资对象，回避投资风险。在信用分析的目的下分析人员主要分析企业的偿债能力，保证在未来安全收回本金和利息。在获利分析的目的下分析人员主要分析企业的盈利能力及盈利水平。

（二）收集相关信息及数据资料

收集数据资料是保障分析质量和分析工作顺利进行的基础性程序。一般来说，收集资料是根据已经确定的范围收集分析所需要的资料，即在分析的技术性工作开始之前就应占有主要资料。

（三）核实并整理信息资料

核实资料是分析的一个重要环节，尤其要核对财务数据的真实性，仔细查看审计报告，其目的是保证资料的真实、可靠和准确无误。整理资料就是分析人员根据分析目的进行选择和修正，使之变得易于理解和使用，以便提高报表分析工作的效率。

（四）确定分析评价标准

有比较才能分出优劣。在财务分析过程中，需要选择一定的标准，作为对比、分析、评价的标准。在实践过程中，可作为分析标准的通常有以下几种：

其一，目标标准又称为理想标准，是企业报表分析者根据实际情况通过预算、计划等方式所确定的最佳标准。通过将企业实际财务信息与目标标准相比较，可以找出企业实际经营过程中的不足与差距，以便更好地改善经营管理。

其二，行业标准是指同行业所有企业或大多数企业在相同时期内的平均水平。通过将企业实际财务信息与行业标准相比较，可以对企业经营优劣做出判断。如果某企业某些财务指标优于行业标准，则说明该企业该项目处于行业平均水平之上。

其三，历史标准是以本企业历史上的最佳状况或选定某一特定时期的状况作为分析评价的标准。在选定某一特定时期作为评价标准时，一般需要剔除某些特殊因素对财务信息的影响，使所选定的标准更具有可比性，也使所比较的结果更能体现企业的实际情况，从而为制定经营决策提供客观依据。

不同的标准有不同的优缺点，在进行财务分析时应结合分析对象的实际情况进行选择。此外还应当注意分析标准自身随着时间、地域等不同而发生的变动，并进行适当调整，以适合分析对象和分析目的。

（五）选择分析方法

分析方法的恰当与否，对分析结果和分析质量有重要影响。一般应根据分析的目标、内容选用适宜的分析方法。在分析过程中，对各项数据和原因要做出判断，整个分析过程就是判断过程。分析结束后，要对分析对象做出中肯评价，评价态度要鲜明，切忌模棱两可。

（六）撰写分析报告

分析报告要对分析目的做出明确回答，评价要客观、全面、准确，要做必要的分析，说明评价的依据。分析报告不仅要表达最终的结论，还应包括分析的过程。此外，分析报告中还应包括分析人员针对分析过程中发现的矛盾和问题，提出改进措施或建议。如果能对今后发展提出预测性意见的分析报告则具有更大价值。

三、旅游企业财务分析的方法

要对一个企业的会计报表进行比较全面、深入的分析，获得客观、有用的相关信息，必须掌握相关的专业知识、选择合理的分析方法，通过对财务信息进行比较、对相关数据进行计算，以得出分析结果，并结合其他相关信息进行全面分析评价。财务分析可采用的方法通常有比较分析法、趋势分析法、比率分析法、因素分析法等几种。

（一）比较分析法

比较分析法是指通过对指标数值变化进行对比，找出差异，以评价企业财务状况、经营成果及现金流转等情况的一种分析方法。比较分析法的理论基础是客观事物的发展变化统一性与多样性的辩证结合，共同性使它们具有了可比的基础，差异性使它们具有了不同的特征。在实际分析时，这两方面的比较往往结合使用。

按比较对象不同，可以将企业本期实际指标与以前会计期间相应指标对比，也可以将实际指标与计划指标、预算指标或定额指标进行对比，或与行业最高水平、平均水平、竞争对手进行比较；按比较数据性质的不同，比较分析法又可以分为绝对数比较分析、绝对数增减变动比较分析、百分比增减变动分析以及比率增减变动分析等。

将企业的主要财务指标与同行业的平均指标或同行业中先进企业指标对比，可以全面评价企业的经营成绩。与行业平均指标的对比，可以分析判断该企业在同行业中所处的位置；与先进企业的指标对比，有利于吸收先进经验，克服本企业的缺点。

在运用比较分析法时，要注意指标的可比性。如将企业指标与竞争对手进行比较时，如果两企业经营业态、经营规模相差无几，可以采用绝对数进行比较。反之采用绝对数比较所得出的结果就没有太多分析的意义。指标的可比性要求必须使相互比较的指标在内容、时间区间、计算口径、计价基础等方面尽量保持一致，从而使计算和对比的结果具有一定的现实意义。

（二）趋势分析法

趋势分析法又称水平分析法，是通过对比两期或连续数期财务报告中的相同指标，确定其增减变动的方向、数额和幅度，说明企业财务状况和经营成果变动趋势的一种方法。用于趋势分析的数据可以是绝对值，也可以是百分比数据，采用该方法可以分析引起变化的主要原因、变动的性质，并预测企业未来的发展前景。

趋势分析法依据所选择的基期不同，可以分为定基趋势分析和环比趋势分析两种。

1. 定基趋势分析法

以某一确定时间各项目的金额为比较标准，计算并分析各期相对于基期各项目之间的差异。

$$定基趋势百分比 = \frac{本期金额}{某确定基期金额} \times 100\%$$

2. 环比趋势分析法

以上期各项目的金额为比较标准，计算并分析各期相对于上期各项目之间的差异。

$$环比趋势百分比 = \frac{本期金额}{上期金额} \times 100\%$$

通过分析本期与前期（上月、上季、上年同期）财务报表中有关项目金额的对比，可以从差异中及时发现问题，查找原因，改进工作。连续数期的财务报表项目的比较，能够反映出企业的发展动态，以揭示当期财务状况和营业情况增减变化，判断引起变动的主要项目是什么，这种变化的性质是有利还是不利，发现问题并评价企业财务管理水平，同时也可以预测企业未来的发展趋势。

（三）比率分析法

比率分析法是把某些彼此存在关联的项目加以对比，计算出比率，据以确定经济活动变动程度的分析方法。采用此方法能够把某些条件下的不可比指标变为可比指标，从而揭示指标间的相互关系，以利于分析。常用的财务分析比率通常有偿债能力比率、营运能力比率、盈利能力比率和发展能力比率。比率分析法可以分为相关比率分析法和构成比率分析法、效率比率分析法三种。

1. 相关比率分析法

相关比率分析法是计算两个性质完全不相同而又相关指标的比率进行分析的一种方法。可以采用同一张报表的不同项目计算比率，如流动比率、速动比率、资产负债率等，也可以采用不同报表有关项目计算，如资产周转率等。在运用相关比率分析时，必须首先确定各项目之间是否存在联系，对比的结果是否有意义。

2. 构成比率分析法

构成比率分析法是计算某项指标的各个组成部分占总体的比重，即部分与总体的比率进行数量分析的一种方法。如长期负债占负债总额的比率。

3. 效率比率分析法

效率比率分析法是指效率比率是以某个项目和与其有关但不同的项目加以对比所得的比率，反映有关经济活动的相互关系。一般来讲，效率比率的分子是代表产出的项目，通常是各种利润数据，分母则是代表某种投入的数据，如资产、股东权益、成本费用等。

（四）因素分析法

因素分析法也是财务报表分析常用的一种技术方法，它是指把整体分解为若干个局部的分析方法，包括比率因素分解法和差异因素分解法。

1. 比率因素分解法

比率因素分解法是指将一个财务比率分解为若干个影响因素的方法。例如，资产收益率可以分解为资产周转率和销售利润率两个比率的乘积。财务比率是财务报表分析的特有概念，财务比率分解是财务报表分析所特有的方法。

在实际分析中，分解法和比较法是结合使用的。比较之后需要分解，以深入了解差异的原因；分解之后还需要比较，以进一步认识其特征。不断地比较和分解，构成了财务报表分析的主要过程。

2. 差异因素分解法

为了解释比较分析中所形成差异的原因，需要使用差异因素分解法。例如，原材料成本差异可以分解为价格差异和数量差异。

差异因素分解法又分为定基替代法和连环替代法两种。

（1）定基替代法。定基替代法是测定比较差异成因的一种定量方法。按照这种方法，需要分别用标准值（历史的、同业企业的或预算的标准）替代实际值，以测定各因素对财务指标的影响。

（2）连环替代法。连环替代法是另一种测定比较差异成因的定量分析方法。按照这种方法，需要依次用标准值替代实际值，以测定各因素对财务指标的影响。

在财务分析中，除了普遍、大量地使用比较法和因素分析法之外，有时还使用回归分析、模拟模型等技术方法。

总而言之，财务分析是一门应用技术，是连接统一的财务报表与各种使用目的的桥梁，通过财务分析帮助报表使用人改善决策，重视财务报表、财务分析和报表使用人决策之间的联系。财务分析是一个"分析研究过程"，而非计算过程，针对特定企业、特定目的的分析程序要由分析者根据具体目的和可以收集到的资料来建立。但也要注意，财务分析是认识过程，通常只能发现问题而不能提供解决问题的现成答案，只能做出评价而不能改善企业的状况。比如，某企业资产收益率低，通过分析发现是销售利润率低，进一步深入分析发现销售利润率低的原因是成本过高，但如何降低成本，财务分析是不能回答的。另外，财务分析是有局限性的，如财务报表本身的局限性、报表的真实性问题，企业会计政策的不同选择影响可比性，比较基础的选择问题等均会影响分析的局限性。

第二章
旅游企业财务报表概述

财务报告是反映企业财务状况和经营成果的书面文件。我国企业会计准则——财务报告准则规定，财务报告包括会计报表及其附表、会计报表附注和财务情况说明书。旅游企业的会计报表是指企业对外提供的反映某一特定日期财务状况和某一会计期间的经营成果、现金流量的文件。企业对外报送的会计报表主要有资产负债表、利润表和现金流量表。

第一节　旅游企业资产负债表

一、资产负债表的内容及结构

（一）资产负债表内容

资产负债表反映的是企业在某一特定时点财务状况的会计报表。编制资产负债表的主要目的并不在于显示企业的价值，而是配合其他财务报表所提供的相关信息，以协调报表使用者做出最佳决策。

资产负债表反映企业在特定时点的财务状况，并通过与同行业的比较及资产与负债组成项目间的比率关系，协调报表使用者进一步评估企业的下列四项能力或风险。

其一，变现能力。指各项资产转换为现金所需时间的长短。

其二，财务灵活性。指企业为应对紧急需要或掌握有利机会而采取措施以调度现金的灵活性。

其三，获利能力。指企业获得利益以完成营业目标的能力。

其四，企业风险。指投资经营企业时，由于很多不确定因素存在，使企业能否获得预期投资报酬而存在的潜在风险。

但一般而言，资产负债表仍具有不能克服的弊端。首先，资产负债表往往无法真实地反映企业的各项资产或负债的价值，因为一般公认会计原则主张对某些资产及负债的评价采用历史成本法，对某些项目采用市价法。有时历史成本与资产或负债的真实价值相去甚远，就可能误导报表使用者，也导致企业不能合理地利用其资产。其次，企业属于劳动密集型产业，最重要的是人力资源，对人力资源的招聘与培训投资甚高，可是在资产负债表中却没有反映出人力资源的投资状况。最后，同大部分报表一样是基于主观判断的。如应收账款反映的是估计应该收取的账款金额；固定资产折旧也是基于估计折旧率和折旧年限的基础上计提的。在这些情况下，会计人员运用估计得出的结果存在误差是在所难免的。

(二) 资产负债表结构

资产负债表基于会计基本方程式（资产＝负债＋所有者权益）编制，如表 2-1 所示。资产负债表分为报告式资产负债表（垂直式资产负债表）和账户式资产负债表两种。报告式资产负债表是上下结构，上半部列示资产，下半部列示负债和所有者权益。账户式资产负债表是左右结构。表的左侧是其资产的构成，资产按其流动性程度的高低顺序排列，即先为流动资产，后为非流动资产，而非流动性资产再划分为若干个大类；表的右侧为负债和所有者权益。负债按其到期日由近至远的顺序排列，即先流动负债，后非流动负债（长期负债）；所有者权益则按其永久性递减的顺序排列，即先实收资本（股本），后资本公积及留存收益。

表 2-1　首旅酒店合并资产负债表

2017 年 12 月 31 日

编制单位：北京首旅酒店（集团）股份有限公司　　　　　　　　　　　　单位：万元

项目	期末余额	期初余额
流动资产		
货币资金	145011.68	110414.85
交易性金融资产	—	—
衍生金融资产	—	—
应收票据	2.76	1.89
应收账款	20030.39	17700.38
预付款项	17871.41	27672.88
应收利息	—	—
应收股利	—	—
其他应收款	5970.41	22894.65
买入返售金融资产	—	—
存货	4551.26	5441.23
划分为持有待售的资产	—	—
一年内到期的非流动资产	—	—
待摊费用	—	—
待处理流动资产损益	—	—
其他流动资产	3243.54	2827.74
流动资产合计	196681.46	186953.63
非流动资产		
发放贷款及垫款	—	—
可供出售金融资产	28426.33	27793.31

项目	期末余额	期初余额
持有至到期投资	—	—
长期应收款	8869.06	—
长期股权投资	21402.43	23426.90
投资性房地产	300.03	340.49
固定资产净额	249784.72	265730.76
在建工程	20274.32	15914.60
工程物资	—	—
固定资产清理	—	—
生产性生物资产	—	—
公益性生物资产	—	—
油气资产	—	—
无形资产	398909.04	408507.35
开发支出	—	—
商誉	476773.38	476773.38
长期待摊费用	210516.91	246736.87
递延所得税资产	72307.10	77151.02
其他非流动资产	474.8	—
非流动资产合计	1488038.12	1542374.66
资产总计	1684719.58	1729328.29
流动负债		
短期借款	84000.00	492000.00
交易性金融负债	—	—
应付票据	—	—
应付账款	13360.77	10983.83
预收款项	22329.35	14784.15
应付手续费及佣金	—	—
应付职工薪酬	36145.78	29951.76
应交税费	10774.86	13420.27
应付利息	568.24	1004.02
应付股利	8.46	—
其他应付款	145467.45	185243.69
预提费用	—	—

项目	期末余额	期初余额
一年内的递延收益	—	—
应付短期债券	—	—
一年内到期的非流动负债	69106.13	36072.73
其他流动负债	—	—
流动负债合计	381761.05	783460.45
非流动负债		
长期借款	309300.00	29000.00
应付债券	—	—
长期应付款	20177.05	
长期应付职工薪酬	0.18	0.18
专项应付款	—	—
预计非流动负债	1532.93	2181.16
递延所得税负债	106686.97	110156.26
长期递延收益	3581.62	3280.82
其他非流动负债	98962.63	100913.77
非流动负债合计	540241.38	245532.19
负债合计	922002.43	1028992.64
所有者权益		
实收资本（或股本）	81574.28	67978.56
资本公积	489630.95	503713.36
减：库存股	—	—
其他综合收益	3829.65	3851.10
专项储备	—	—
盈余公积	19139.11	19082.09
一般风险准备	—	—
未分配利润	139724.73	77372.72
归属于母公司股东权益合计	733898.71	671997.84
少数股东权益	28818.44	28337.81
所有者权益（或股东权益）合计	762717.15	700335.65
负债和所有者权益（或股东权益）总计	1684719.58	1729328.29

通过分析资产负债表，可以了解：

其一，企业的资产总额。结合相关指标，可以在一定程度上反映企业的经营规模。

其二，企业的资产结构。通过计算有关比率，可以衡量企业资产结构是否合理、资产营运能力以及资产获利能力的强弱。

其三，企业的资金来源。通过计算有关比率，可以衡量企业负债能力是否合理以及企业偿债能力的强弱。

二、资产负债表的总体分析

财务分析是了解一个企业经营业绩和财务状况情况，从晦涩的会计程序中将会计数据背后的经济含义挖掘出来，为投资者、债权人以及其他利益相关者提供决策依据。由于会计系统只是有选择地反映经济活动，而且它对一项经济活动的确认会有一段时间的滞后，再加上会计准则自身的不完善性以及管理者有选择会计方法的自由，使得财务报告不可避免地会有许多不恰当的地方。虽然审计可以在一定程度上改善这一状况，但审计师并不能绝对保证财务报表的真实性和恰当性，他们的工作只是为报表的使用者做出正确的决策提供一个合理的基础，所以即使是经过审计，并获得无保留意见审计报告的财务报表，也不能完全避免这种不恰当性。这使财务分析变得尤为重要。只有对资产负债表进行适当的财务分析，才可显示各项信息的相互关系及所隐含的重要意义。资产负债表分析的方法主要有以下几种：

（一）水平分析法（趋势分析法）

水平分析法是将反映企业报告期财务状况等的信息（特别指会计报表信息资料）与反映企业前期或历史某一时期财务状况等的信息进行对比，研究企业各项经营业绩或财务状况发展变动情况的一种财务分析方法。

1. 绝对数比较分析法

绝对数比较分析法是指将反映企业某一方面财务指标的绝对值进行对比和分析，通过分析来确定财务指标的增减变动情况（见表2-2）。

表2-2　首旅酒店（600258）资产负债表（简化表）绝对值比较分析　　单位：元

年份	2012	2013	2014	2015	2016
货币资金	409002000	298782180	248214363	166874787	1104148452
应收账款	37473189	52198650	20313970	35445778	177003838
存货	21161564	18581357	16421653	22792445	54412290
预付款项	273747000	235909856	172121233	138433540	276728807
流动资产	753341366	623496888	527910126	377543819	1869536251
固定资产	728296018	689020126	642302240	1887904042	2657307552
总资产	2255545774	2171741972	2229143172	3960965175	17293282893
负债	1019780000	878284000	885910000	2554694185	10289926363
所有者权益	1235760000	1293460000	1343230000	1406270990	7003356530

2. 绝对数增减变动分析法（定基）

绝对数增减变动分析法（定基）是指用某一时期的数值作为固定的基期指标数值，将财务报表其他的各期数值与其对比来分析其变动的差额。具体计算见表2-3。

表2-3　首旅酒店（600258）资产负债表（简化表）绝对值增减变动分析（定基）

单位：元

年份	2013	2014	2015	2016
货币资金	−110219820	−160787637	−242127213	695146452
应收账款	14725461	−17159219	−2027411	139530649
存货	−2580208	−4739911	1630881	33250725
预付款项	−37837144	−101625767	−135313460	2981807
流动资产	−129844478	−225431240	−375797547	1116194885
固定资产	−39275892	−85993778	1159608024	1929011534
总资产	−83803803	−26402602	1705419401	15037737119
负债	−141496000	−133870000	1534914185	9270146363
所有者权益	57700000	107470000	170510990	5767596530

其计算公式：绝对数增减变动额＝分析期数值−固定基期数值

3. 百分比增减变动分析法（定基）

百分比增减变动分析法（定基）是指用某一时期的数值作为固定的基期指标数值，将财务报表其他的各期数值与其对比来分析其变动的百分比。具体计算见表2-4。

表2-4　首旅酒店（600258）资产负债表（简化表）百分比增减变动分析（定基）

单位：%

年份	2013	2014	2015	2016
货币资金	−26.95	−39.31	−59.20	169.96
应收账款	39.30	−45.79	−5.41	372.35
存货	−12.19	−22.40	7.71	157.13
预付款项	−13.82	−37.12	−49.43	1.09
流动资产	−17.24	−29.92	−49.88	148.17
固定资产	−5.39	−11.81	159.22	264.87
总资产	−3.72	−1.17	75.61	666.70
负债	−13.88	−13.13	150.51	909.03
所有者权益	4.67	8.70	13.80	466.72

其计算公式：定基增减变动百分比＝$\dfrac{\text{分析期数值}-\text{固定基期数值}}{\text{固定基期数值}} \times 100\%$

4. 绝对数增减变动分析法（环比）

绝对数增减变动分析法（环比）是以上期各项目的金额为比较标准，计算并分析各期相对于上期各项目之间绝对数之间的差异。具体计算见表2-5。

表2-5　首旅酒店（600258）资产负债表（简化表）绝对数增减变动分析（环比）

单位：元

年份	2013	2014	2015	2016
货币资金	−110219820	−50567817	−81339576	937273664
应收账款	14725461	−31884680	15131808	141558060
存货	−2580208	−2159704	6370792	31619845
预付款项	−37837144	−63788623	−33687693	138295267
流动资产	−129844478	−95586762	−150366307	1491992432
固定资产	−39275892	−46717886	1245601802	769403510
总资产	−83803803	57401200	1731822003	13332317718
负债	−141496000	7626000	1668784185	7735232178
所有者权益	57700000	49770000	63040990	5597085540

其计算公式：环比绝对数增减变动额＝本期金额−上期金额

5. 百分比增减变动分析法（环比）

百分比增减变动分析法（环比）是以上期各项目的金额为比较标准，计算并分析各期相对于上期各项目之间绝对数之间变动的百分比。具体计算见表2-6。

表2-6　首旅酒店（600258）资产负债表（简化表）百分比增减变动分析（环比）单位：%

年份	2013	2014	2015	2016
货币资金	−26.95	−16.92	−32.77	561.66
应收账款	39.30	−61.08	74.49	399.37
存货	−12.19	−11.62	38.80	138.73
预付款项	−13.82	−27.04	−19.57	99.90
流动资产	−17.24	−15.33	−28.48	395.18
固定资产	−5.39	−6.78	193.93	40.75
总资产	−3.72	2.64	77.69	336.59
负债	−13.88	0.87	188.37	302.79
所有者权益	4.67	3.85	4.69	398.01

其计算公式：环比增减变动（%）$= \dfrac{\text{本期金额} - \text{上期金额}}{\text{上期金额}} \times 100\%$

从上述计算比较结合会计报表相关资料分析可以得出如下判断和结论：

（1）从总体来看：2012~2016年，首旅酒店资产总额逐年增加。其中2013年略有降低，2015年增长幅度较大，而2016年则呈跨越式增长，负债总额也呈增长趋势。除2013

年和 2014 年略有降低外，2015 年增长迅速，2016 年也呈跨越式增长。所有者权益逐年增加，2016 年增长显著。

在首旅酒店资产项目中，除存货和应收账款外，流动资产总额及其各个项目 2012～2015 年基本都呈现连续递减的趋势，2016 年呈现跨越式增长，并且超过 2012 年水平。

固定资产、总资产和负债总额 2012～2014 年连续递减，至 2015 年开始反弹，2016 年增幅显著，并超越 2012 年数额。

所有者权益在 2012～2015 年持续平稳增长，2016 年也呈现跨越式增长。

这些变化都是受 2015 年置出神舟国旅，新增南苑酒店，2016 年收购如家酒店集团等活动的影响。

（2）从重点来看：首旅酒店 2015 年和 2016 年发生了一系列重大变革。

其一，2014 年 12 月，出售北京神舟国旅集团有限公司 51% 的股份，从 2015 年起不再经营旅行社业务。导致 2014 年末的资产负债表中不包含其数据，但是利润表中却仍然包含。

其二，2015 年初，完成收购宁波南苑集团股份，从 2015 年 1 月初开始将南苑股份的数据纳入合并范围。由于南苑股份所处行业、资产规模、经营模式、发展阶段都和神舟国旅不同，导致 2015 年度数据与上年发生较大变化。

其三，2016 年，完成如家酒店集团的收购活动。

其中，货币资金 2016 年较 2012 年增加 6.95 亿元，增幅 169.96%。系新增如家酒店集团使经营活动现金净流入大幅增加所致。2015 年较 2012 年仍然降低 2.42 亿元，降幅 59.20%。虽然新增南苑股份带来经营活动净现金流入的增加，但收购南苑股份也带来大量的债务偿还及债务利息支出，导致筹资活动现金净流入增加超过经营活动现金净流入的增加所致。

收购南苑股份和如家酒店集团，分别导致固定资产在 2015 年和 2016 年较 2012 年增加 11.60 亿元和 19.29 亿元，增幅 159.22% 和 264.87%。

总资产 2016 年比 2012 年增加 150.38 亿元，增幅达到 666.70%。主要是源于收购如家酒店集团带来了 47.68 亿元的商誉和 40.85 亿元的无形资产。

负债总额也在 2015 年和 2016 年产生了跨越式增长，2015 年增长 15.35 亿元，增幅 150.51%。其中短期借款增长 10.06 亿元，增幅 321.4%，系包含南苑股份所致。2016 年增长 92.7 亿元，增幅 909.03%。其中短期借款期末余额 46.1 亿元，增长 1472%，系公司因收购如家酒店集团，本期净增如家项目贷款 35.93 亿元所致。

所有者权益总额随着留存收益的增加 2012～2015 年逐年增加。2016 年较 2012 年增加 57.68 亿元，增幅 466.72%，主要是发行股票收购如家酒店集团所致。其中，股本增幅 193.77%（4.48 亿元）；资本公积增加 48.72 亿元，增幅 2955.67%。

（二）垂直分析法

垂直分析法是通过计算报表各项目占总体的比重或结构，反映报表中的项目与总体关系情况及其变动情况。会计报表经过垂直分析法处理后，通常称为同度量报表或称总体结构报表、共同比报表。

垂直分析法的步骤如下：

第一，确定报表中各项目占总额的比重或百分比。

第二，分析各项目在经营中的重要性。

第三，研究各项目比重的变动情况。

表 2-7　资产负债表（简表）结构分析　　　　单位：%

项目 ＼ 年份	2012	2013	2014	2015	2016
货币资金	18.13	13.76	11.13	4.21	6.38
应收账款	1.66	2.40	0.91	0.89	1.02
存货	0.94	0.86	0.74	0.58	0.31
预付款项	12.14	10.86	7.72	3.49	1.60
流动资产	33.40	28.71	23.68	9.53	10.81
固定资产	32.29	31.73	28.81	47.66	15.37
非流动资产	66.60	71.29	76.32	90.47	89.19
总资产	100	100	100	100	100
负债	45.22	40.44	39.74	64.50	59.50
所有者权益	54.78	59.56	60.26	35.50	40.50

从表 2-7 结构分析我们可以得出以下结论：

1. 企业资产的构成情况

通过表 2-7 我们可以看到首旅酒店流动资产、非流动资产的构成情况。可以看出，近几年随着首旅酒店并购等经营战略的调整，货币资金发生了较大的变化，固定资产和流动资产的比重也发生了较大改变。

2. 企业的资本结构

通过表 2-7 我们可以看到负债、权益的比例构成情况。同时可以了解资本结构的变化情况。负债比率在 2015 年、2016 两年提高很快，企业融资风险加大。

第二节　旅游企业利润表

一、利润表的内容及结构

（一）利润表内容

利润表又叫损益表、收益表等，是关于企业收益和损耗情况的财务报表，反映的是企业在一定会计期间内（月份、年度）的业务经营状况和经营成果。利润表直接明了地揭示了企业获取利润的能力和潜力，以及经营趋势。其编制目的是反映企业在特定会计期间的经营成果，并说明形成利润（亏损）的各种细节情况。

资产负债表反映某一时点的财务状况，是静态的报表，而利润表则是动态的报表，反映的是一个时期的经营成果，其数据是当期发生额（不同于资产负债表的余额），因而各期数据可以累计。从结构上看，利润表就是会计等式"利润（亏损）＝收入－费用"的扩充和细化，按照其重要性，将收入、费用和利润项目依次排列，并根据会计账簿日常记录的大量数据累计整理后编制而成，而这一关系也清楚表明，企业的期间盈亏完全取决于收入与成本费用总额的对比。利润表为企业的投资者和管理者提供了有关企业的利润构成、获利能力、营运能力以及利润变化原因、利润发展趋势等方面的大量信息。通过分析利润表，可以分析、预测企业的经营成果和获利能力、偿债能力，分析、预测未来的现金流动状况，分析、考核经营管理人员的业绩，为利润分配提供重要依据。

利润表的作用主要有三个方面：其一，了解和分析企业的经营成果和获利能力。其二，为经营决策提供依据。通过比较、分析利润表中各项构成因素，可以了解企业各项收入、费用和利润的升降趋势及其变化幅度，还可以分析利润的形成结构，为企业的经营决策（包括投资决策、筹资决策）提供依据。其三，预测企业未来经营的盈利能力和发展趋势。对企业利润总额的增减变化及其构成情况进行分析，可以判断利润变化的趋势，预测企业未来的盈利能力。

另外，根据利润表中的利润项目与现金流量表中的现金净流量，还可以了解企业获利与收现的真实性，判断当期所实现利润的质量。

(二) 利润表的结构

利润表编制的理论基础为如下等式：收入－费用＝利润。利润表的格式为报告式，目前比较普遍采用的有单步式和多步式两种。《企业会计制度》规定，我国企业利润表采用多步式结构。

利润表的结构是依据"收入－费用＝利润"的会计等式，利润表的格式主要有多步式和单步式两种。按照我国企业会计制度的规定，我国企业的利润表采用多步式。其步骤和内容如下：

第一步，以主营业务收入为基础，减去主营业务成本、主营业务税金及附加，计算出主营业务利润。

第二步，以主营业务利润为基础，加上其他业务利润减去营业费用、管理费用、财务费用，计算出营业利润。

第三步，以营业利润为基础，加上投资收益、补贴收入、营业外收入，减去营业外支出，计算出利润总额。

第四步，以利润总额为基础，减去所得税，计算出净利润（或亏损）。

我国企业利润表这种多步式的结构，有一个明显的特点，即强调企业生产经营的收益配比（结构）。从而使报表使用者便于分析和掌握企业收入构成和费用构成，了解企业利润的增长点以及亏损的分布点，利润表中的每个项目通常又分为"本月数"和"本年累计数"两栏，分别填列。

利润表格式反映了从"核心业务"到"非核心业务"的扩展，其项目排列大致可按"主营业务、其他业务、非常项目"的顺序来描述，所涉及经营成果的范围也逐步由"主营利润""其他业务利润"扩展至"非经常性损益"。这种利润层次体系有助于报表使用者形象理解不同范围经营成果的形成原因，因为每一利润层次都可分解为相应收入与费用项目的比较。

　　利润分配表是利润表的附表，反映企业一定会计期间对实现净利润以及以前年度未分配利润的分配或者亏损弥补情况的报表。利润分配表包括在年度会计报表中。利润分配表一般也有表首、正表两部分。其中，正表是利润分配表的主体，具体说明利润分配表的各项内容，每项内容通常还区分为"本年实际"和"上年实际"两栏，分别填列（见表2-8）。

表2-8　首旅酒店合并利润表

2017 年 12 月 31 日

编制单位：北京首旅酒店（集团）股份有限公司　　　　　　　　　　　　　　　　单位：万元

项目	本期发生额	上期发生额
一、营业总收入	841665.19	652277.92
营业收入	841665.19	652277.92
二、营业总成本	745957.06	622652.27
营业成本	45121.59	35921.28
营业税金及附加	5836.42	10635.03
销售费用	571918.57	379267.96
管理费用	94802.89	149786.69
财务费用	22251.55	40496.39
资产减值损失	6026.04	6544.92
公允价值变动收益	—	
投资收益	−318.55	17101.19
其中：对联营企业和合营企业的投资收益	−835.96	−2312.70
汇兑收益		
三、营业利润	103593.34	46726.84
加：营业外收入	882.84	9276.26
减：营业外支出	4338.32	3177.70
其中：非流动资产处置损失	—	1792.14
四、利润总额	100137.85	52825.40
减：所得税费用	34216.11	19494.32
五、净利润	65921.74	33331.08
归属于母公司所有者的净利润	63088.81	21093.85
少数股东损益	2832.93	12237.23
六、每股收益		
基本每股收益（元/股）	0.7734	0.7196
稀释每股收益（元/股）	0.7734	—
七、其他综合收益	−21.45	−3639.89

续表

项目	本期发生额	上期发生额
八、综合收益总额	65900.29	29691.19
归属于母公司所有者的综合收益总额	63067.36	17453.97
归属于少数股东的综合收益总额	2832.93	12237.23

通过分析利润表，可以掌握以下信息：

（1）了解企业经营成果的形成和经营成果各组成部分的构成情况，为企业经营成果的分配提供依据。

（2）通过分析利润表中收入与成本费用之间的此消彼长关系，找出企业在经营过程中的差距，尤其是企业在成本费用开支过程中存在的问题，以便采取相应的改善措施，提高经营管理水平。

（3）通过比较企业在不同时期及同类企业在同一时期的经营成果信息，可以评价企业的经营业绩。

（4）企业利润形成的信息在一定程度上能够体现企业经营、融资、投资等活动的管理效率。

二、利润表的总体分析

对利润表进行总体分析可以采用水平分析法和垂直分析法。

（一）水平分析法

水平分析法是对于两个或两个以上的会计期间利润表中每个科目的数字分别进行绝对值或相对值的比较，方法类似于资产负债表的水平分析比较分析。可以将最近一个会计期的经营结果同经营预算进行绝对值分析或相对值分析。主要方法有绝对值比较分析法、绝对值增减变动分析法（定基）、百分比增减变动分析（定基）、绝对数增减变动分析法（环比）、百分比增减变动分析法（环比）等。

下面以首旅酒店的利润表为例进行分析：

1. 绝对值比较分析法

这种方法可以编制比较利润表，这种比较财务报表可以选取最近几年的数据并列比较，也可以选取预算的数据进行比较分析（见表2-9）。

表2-9 利润表绝对值比较分析

2016年12月31日 单位：元

项目	2012年	2013年	2014年	2015年	2016年
一、营业总收入	304075.81	296453.08	279062.24	133279.96	652277.92
营业收入	304075.81	296453.08	279062.24	133279.96	652277.92
二、营业总成本	287808.43	281569.94	265781.99	129505.21	622652.27
营业成本	204216.26	200834.31	185752.89	18133.53	35921.28

项目	2012 年	2013 年	2014 年	2015 年	2016 年
营业税金及附加	5670.28	5379.54	5201.17	7115.24	10635.03
销售费用	35946.85	34723.83	34501.21	47531.01	379267.96
管理费用	37539.85	37188.71	37111.87	45060.33	149786.69
财务费用	4399.20	3413.99	3102.09	11751.63	40496.39
资产减值损失	35.98	29.57	112.76	−86.53	6544.92
公允价值变动收益	—	—	—	—	—
投资收益	2275.53	2727.63	3621.68	9556.37	17101.19
其中：对联营企业和合营企业的投资收益	2157.66	2446.65	1890.54	−988.73	−2312.70
汇兑收益	—	—	—	—	—
三、营业利润	18542.91	17610.77	16901.92	13331.12	46726.84
加：营业外收入	104.66	138.73	225.75	1909.84	9276.26
减：营业外支出	191.68	179.67	126.51	565.98	3177.70
其中：非流动资产处置损失	144.99	42.12	21.97	423.77	1792.14
四、利润总额	18455.89	17569.82	17001.17	14674.99	52825.40
减：所得税费用	4622.34	3908.93	3641.96	3402.98	19494.32
五、净利润	13833.55	13660.89	13359.21	11272.01	33331.08
归属于母公司所有者的净利润	11238.04	11797.01	11247.31	10013.03	21093.85
少数股东损益	2595.50	1863.88	2111.91	1258.98	12237.23
六、每股收益					
基本每股收益（元）	0.4857	0.5098	0.4861	0.4327	0.7196
稀释每股收益（元）	—	—	—	—	—
七、其他综合收益	530.85	1409.91	2722.90	491.07	−3639.89
八、综合收益总额	14364.39	15070.80	16082.11	11763.08	29691.19
归属于母公司所有者的综合收益总额	11768.89	13206.92	13970.20	10504.09	17453.97
归属于少数股东的综合收益总额	2595.50	1863.88	2111.91	1258.98	12237.23

2. 绝对值增减变动分析法（定基）

表 2-10 利润表绝对值增减变动分析

2016 年 12 月 31 日   单位：元

年份	2013	2014	2015	2016
营业收入	−76227326	−250135728	−1707958516	3482021075
营业成本	−33819515	−184633762	−1860827363	−1682949873
净利润	−1726561	−4743352	−25615375	194975348

3. 百分比增减变动分析法（定基）

表 2-11　利润表百分比增减变动分析

2016 年 12 月　　　　　　　　　　　　　　　　　单位：%

年份	2013	2014	2015	2016
营业收入	-2.51	-8.23	-56.17	114.51
营业成本	-1.66	-9.04	-91.12	-82.41
净利润	-1.25	-3.43	-18.52	140.94

从表 2-9、表 2-10、表 2-11 可以看出：首旅酒店从 2012 年到 2015 年，营业收入和净利润连续 4 年降低，特别是 2015 年营业收入对比 2012 年降低了 1707958516 元，降幅最大达到 56.17%，而营业成本 2015 年对比 2012 年降低了 1860827363 元，降低降幅达 91.12%，2015 年净利润对比 2012 年降低了 25615375 元，降幅达到 18.52%；到了 2016 年营业收入和净利润则出现反弹，对比 2012 年分别增加了 3482021075 元和 194975348 元，增幅分别为 114.51% 和 140.94%。

（二）垂直分析法

利润表的垂直分析法也称纵向比较法或动态分析法，分析的结果也称百分比报表，即以利润表中的某一关键项目（一般是主营业务收入）为基数项目，其金额为 100，而将其余项目的金额分别计算出各占该项目金额的百分比，这个百分比则表示各项目的比重，通过比重对各项目做出判断和评价。这种仅有百分比，而不表示金额的财务报表称为共同比财务报表。它是纵向分析的一种重要形式。共同比财务报表也可用于几个会计期间的比较，为此而编制的财务报表称为比较共同比财务报表。

下面以首旅酒店的利润表为例加以分析：

表 2-12　首旅酒店合并利润百分比

2016 年 12 月 31 日　　　　　　　　　　　　　　单位：%

项目	2012 年	2013 年	2014 年	2015 年	2016 年
营业收入	100.00	100.00	100.00	100.00	100.00
营业成本	67.16	67.75	66.56	13.61	5.51
营业税金及附加	1.86	1.81	1.86	5.34	1.63
销售费用	11.82	11.71	12.36	35.66	58.15
管理费用	12.35	12.54	13.30	33.81	22.96
财务费用	1.45	1.15	1.11	8.82	6.21
投资收益	0.75	0.92	1.30	7.17	2.62
营业利润	6.10	5.94	6.06	10.00	7.16
营业外收入	0.03	0.05	0.08	1.43	1.42

项目	2012 年	2013 年	2014 年	2015 年	2016 年
营业外支出	0.06	0.06	0.05	0.42	0.49
利润总额	6.07	5.93	6.09	11.01	8.10
所得税	1.52	1.32	1.31	2.55	2.99
净利润	4.55	4.61	4.79	8.46	5.11

从表 2-12 可以看出：营业成本所占比重呈下降趋势。2012~2014 年基本平稳，2015 年和 2016 年营业成本比重下降明显，在 2016 年达到最低值 5.51%。这是由于 2014 年末置出旅行社业务，2015 年收购南苑股份，2016 年收购如家酒店造成的。旅行社业务毛利率最低。酒店业务毛利较其略高。而如家酒店以经济型连锁为主，毛利率更高。但是销售费用、管理费用相比 2012~2014 年有所增加，这也是业务调整所致。净利润的变化也与业务调整有密切关系。

垂直分析法可以进行同某些行业标准的比较，但要注意对于不同规模的企业要区别对待，行业平均值仅仅是用来参考的平均值，因为平均值里的企业可能拥有完全不同的市场，位于不同地点并且规模也各不相同。所以还要结合自身企业的情况综合考虑。

第三节　旅游企业现金流量表

一、现金流量表的内容及结构

(一) 现金流量表内容

为了使利润的核算更为合理，现行的会计确认和计量原则采用权责发生制，即将收益或损失归入导致发生收入或支出的那个报告期，而不归入实际收付现金的报告期，从而使收入、费用在不同期间能合理配比、分摊。但与此同时，无论是企业管理者还是债权人和投资者都应当关注企业的资金流量，因为它决定了企业能否正常运转和债权人、投资者能否实现他们的资金回流。

现金流量表是反映企业在一定会计期间现金流入与现金流出情况的报表。现金流量表中的"现金"，是指货币资金（库存现金、银行存款和其他货币资金等）和现金等价物（如短期投资等变现能力极强的资产）。

编制现金流量表的目的，就是为报表使用者提供企业一定会计期间内现金和现金等价物流入和流出的信息，以便于报表使用者了解和评价企业获取现金和现金等价物的能力，并据以预测企业未来的现金流量，是对资产负债表和利润表的补充。

旅游企业的现金流量表同其他企业一样，也包括三项内容：经营活动、投资活动和筹资活动产生的现金流量。旅游企业经营活动产生的主要现金流量：提供食品和饮料、安排餐饮宴会、出租客房、提供娱乐服务、旅游线路、代售各种商品、支付工资、购买各种原材料等。旅游企业投资活动产生的主要现金流量：取得和收回投资、购置和处置固定资产、无形资产和其他长期资产等。筹资活动产生的现金流量主要包括吸收投资、借款、偿还借款本金及利息等。

现金流量表分析是指对现金流量表上的有关数据进行分析、比较和研究，从而了解企业的财务状况及现金流量情况，发现企业在财务方面存在的问题，预测企业未来的财务状况，揭示企业的支付能力，为企业的科学决策提供依据。

对于报表的使用者，特别是企业的经营者，现金流量表的分析是十分必要的。因为通过现金流量表的分析，可以了解企业本期及以前各期现金的流入、流出和结余情况，正确评价企业当前及未来的偿债能力和投资及支付能力，发现企业在财务方面的问题，正确评价当期及以前各期取得利润的质量，科学预测企业未来的财务状况，才能做出准确的判断与决策。

第一，现金流量表能够说明企业一定期间内现金流入和流出的原因。如某旅游企业当期从银行借入1000万元，偿还银行利息6万元，在现金流量表的筹资活动产生的现金流量中分别反映借款1000万元，支付利息6万元。这些信息是资产负债表和利润表所不能提供的。

第二，现金流量表能够说明企业的偿债能力和支付股利的能力。通常情况下，报表阅读者比较关注企业的获利情况，并且往往以获利润的多少作为衡量标准，企业获利多少在一定程度上表明了企业具有一定的现金支付能力。但是，企业一定期间内获得的利润并不代表企业真正具有偿债或支付能力。在某些情况下，虽然企业利润表上反映的经营业绩很可观，但因为财务困难，有可能不能按时偿还到期债务；还有些企业虽然利润表上反映的经营成果并不可观，但却有足够的偿付能力。产生这种情况有诸多原因，其中会计核算采用的权责发生制、配比原则等所含的估计因素也是其主要原因之一。现金流量表完全以现金的收支为基础，消除了由于会计核算采用的估计等所产生的获利能力和支付能力。通过现金流量表能够了解企业现金流入的构成，分析企业偿债和支付股利的能力，增强投资者的投资信心和债权人收回债权的信心。

第三，现金流量表能够分析企业未来获取现金的能力。现金流量表中经营活动产生的现金流量，代表企业运用其经济资源创造现金流量的能力，便于分析一定期间内产生净利润与经营活动产生现金流量的差异；投资活动产生的现金流量，代表企业运用资金产生现金流量的能力；筹资活动产生的现金流量，代表企业筹资获得现金的能力。通过现金流量表及其他财务信息，可以分析企业未来获取或支付现金的能力。如企业通过银行借款筹得资金，从本期现金流量表中反映为现金流入，但却意味着未来偿还借款时要流出现金。又如，本期应收未收的款项，在本期现金流量表中虽然没有反映为现金的流入，但意味着未来将会有现金流入。

第四，现金流量表能够分析企业投资和理财活动对经营成果和财务状况的影响。资产负债表能够提供企业一定日期财务状况的情况，它所提供的是静态的财务信息，并不能反映财务状况变动的原因，也不能表明这些资产、负债给企业带来多少现金，又用去多少现金；利润表虽然反映企业一定期间的经营成果，提供动态的财务信息，但利润表只能反映利润的构成，也不能反映经营活动、投资和筹资活动给企业带来多少现金，又支付多少现金，而且利润表不能反映投资和筹资活动的全部事项。现金流量表提供一定时期现金流入和流出的动态财务信息，表明企业在报告期内由经营活动、投资和筹资活动所获得的现金，以及企业获得的这些现金是如何运用的，并能够说明资产、负债、净资产变动的原因，对资产负债表和利润表起到补充说明的作用，现金流量表是连接资产负债表和利润表的桥梁。

第五，现金流量表能够提供不涉及现金的投资和筹资活动的信息。现金流量表除了反映企业与现金有关的投资和筹资活动外，还通过附注方式提供不涉及现金的投资和筹资活动方面的信息，使会计报表使用者能够全面了解和分析企业的投资和筹资活动。

（二）现金流量表结构

现金流量表主要包括三个方面的内容：经营活动产生的现金流量、投资活动产生的现金流量和筹资活动产生的现金流量。

1. 现金流量表正表

现金流量表正表采用报告式的结构，分类反映经营活动产生的现金流量、投资活动产生的现金流量和筹资活动产生的现金流量，最后汇总反映企业现金及现金等价物净增加额。在有外币现金流量及境外子公司的现金流量折算为人民币的企业，正表中还应单设"汇率变动对现金的影响"项目，见表 2-13。

2. 现金流量表补充资料

补充资料包括三部分内容：①将净利润调节为经营活动的现金流量；②不涉及现金收支的投资和筹资活动；③现金及现金等价物净增加情况。

表 2-13 首旅酒店合并现金流量表

2017 年 12 月 31 日

编制单位：北京首旅酒店（集团）股份有限公司 单位：元

项目	2017 年	2016 年
一、经营活动产生的现金流量		
销售商品、提供劳务收到的现金	8971617842	6790414215
收到的税费返还	0	0
收到的其他与经营活动有关的现金	413810042.1	334576036.5
经营活动现金流入小计	9385427884	7124990252
购买商品、接受劳务支付的现金	4097487380	449970170.9
支付给职工以及为职工支付的现金	2172505468	1642610343
支付的各项税费	704105569.7	660940965.7
支付的其他与经营活动有关的现金	346787296.2	2889177486
经营活动现金流出小计	7320885714	5642698965
经营活动产生的现金流量净额	2064542170	1482291286
二、投资活动产生的现金流量		
收回投资所收到的现金	17886321.29	172530587.4
取得投资收益所收到的现金	3006860.5	3113660.5
处置固定资产、无形资产和其他长期资产所收回的现金净额	63317733.04	32530479.54

续表

项目	2017 年	2016 年
处置子公司及其他营业单位收到的现金净额	0	1483083.81
收到的其他与投资活动有关的现金	3737088	31612781.25
投资活动现金流入小计	87948002.83	241270592.5
购建固定资产、无形资产和其他长期资产所支付的现金	538894573.9	407084092.2
投资所支付的现金	3744880.78	29313310.31
取得子公司及其他营业单位支付的现金净额	81653889.19	6406459545
支付的其他与投资活动有关的现金	805000	0
投资活动现金流出小计	625098343.9	6842856947
投资活动产生的现金流量净额	-537150341.1	-6601586355
三、筹资活动产生的现金流量		
吸收投资收到的现金	0	3804273502
其中：子公司吸收少数股东投资收到的现金	0	0
取得借款收到的现金	4813000000	16473643500
发行债券收到的现金	0	0
收到其他与筹资活动有关的现金	400000000	320000000
筹资活动现金流入小计	5213000000	20597917002
偿还债务支付的现金	5726000000	13740323500
分配股利、利润或偿付利息所支付的现金	253079020.3	357065685.1
其中：子公司支付给少数股东的股利、利润	33379091.14	23243296.29
支付其他与筹资活动有关的现金	407380000	380050416.5
筹资活动现金流出小计	6386459020	14477439602
筹资活动产生的现金流量净额	-1173459020	6120477400
四、汇率变动对现金及现金等价物的影响	-7814422.8	-63908667.14
五、现金及现金等价物净增加额	346118385.5	937273664.4
加：期初现金及现金等价物余额	1103998452	166724787.2
六、期末现金及现金等价物余额	1450116837	1103998452
附注		
净利润	659217413	333310816.1
少数股东权益	0	0
未确认的投资损失	0	0
资产减值准备	60260379.51	65449207.05
固定资产折旧、油气资产折耗、生产性物资折旧	303396398	282205120
无形资产摊销	103505912.4	69069178.21

项目	2017 年	2016 年
长期待摊费用摊销	536188518.4	429218023.9
待摊费用的减少	0	0
预提费用的增加	0	0
处置固定资产、无形资产和其他长期资产的损失	−32327110.79	−6163321.23
固定资产报废损失	0	41606.55
公允价值变动损失	0	0
递延收益增加（减：减少）	0	0
预计负债	−6482279.73	0
财务费用	216358701.5	372202269.8
投资损失	3185518.4	−171011942.4
递延所得税资产减少	48439172.14	−52152558.03
递延所得税负债增加	−35339184.91	−15345633.24
存货的减少	8899740.19	−2308775.47
经营性应收项目的减少	122020024.2	−40132168.2
经营性应付项目的增加	101502716	218909463.4
已完工尚未结算款的减少（减：增加）	0	0
已结算尚未完工款的增加（减：减少）	0	0
其他	0	−1000000
经营活动产生现金流量净额	2064542170	1482291286
债务转为资本	0	0
一年内到期的可转换公司债券	0	0
融资租入固定资产	0	0
现金的期末余额	1450116837	1103998452
现金的期初余额	1103998452	166724787.2
现金等价物的期末余额	0	0
现金等价物的期初余额	0	0
现金及现金等价物的净增加额	346118385.5	937273664.4

分析现金流量表意义如下：

（1）有助于评价企业的支付能力、偿债能力和周转能力。可以判断企业的现金能否偿还到期债务、支付股利等，评价企业现金流转效率和效果。

（2）有助于预测企业未来现金流量。通过比较企业过去一定期间现金流量和其他经营指标，可以了解和判断企业现金流入和现金流出的数量是否合理，并可以在依赖外部资金的基础上，预测企业未来现金流量。

（3）有助于分析企业的收益质量和影响现金净流量的因素。通过将经营活动的现金流量与净利润相比较，可以从现金流量的角度了解净利润的质量，并逐个分析哪些因素影响现金流入与现金流出。

二、现金流量表的总体分析

（一）水平分析法

1. 绝对值比较分析法（见表2-14）

表 2-14　现金流量表绝对值比较分析　　　　　　　单位：元

年份	2012	2013	2014	2015	2016
经营活动产生的现金流量净额	337082096	239472460	246441436	363772213	1482291286
投资活动产生的现金流量净额	−99325372	−134311222	−371973402	−56207505	−6601586355
筹资活动产生的现金流量净额	−152993373	−215350986	74957846	−389097771	6120477400
现金流量净额	84763351	−110189747	−50574121	−81533063	1001182332

2. 绝对值增减变动分析法（定基）（见表2-15）

表 2-15　现金流量表绝对值增减变动分析（定基）　　　　　单位：元

年份	2013	2014	2015	2016
经营活动产生的现金流量净额	−97609636	−90640660	26690117	1145209191
投资活动产生的现金流量净额	−34985850	−272648031	43117867	−6502260983
筹资活动产生的现金流量净额	−62357612	227951219	−236104398	6273470773
现金流量净额	−194953098	−135337472	−166296414	916418981

3. 百分比增减变动分析法（定基）（见表2-16）

表 2-16　现金流量表百分比增减变动分析（定基）　　　　　单位：%

年份	2013	2014	2015	2016
经营活动产生的现金流量净额	−2.51	−8.23	−56.17	114.51
投资活动产生的现金流量净额	−1.66	−9.04	−91.12	−82.41
筹资活动产生的现金流量净额	−1.25	−3.43	−18.52	140.94
现金流量净额	−28.96	−26.89	7.92	339.74

通过对现金流量表水平分析可以看出：现金流量也是在 2016 年增幅明显。经营活动现金流量以流入为主，筹资活动现金流量以流出为主，主要是偿还贷款和支付利息。投资活动以现金流出为主。

经营活动产生的现金流量净额增加主要原因如下：2016 年公司经营活动现金净流入 14.82 亿元，比 2015 年增长了 307.48%，主要系公司合并范围变化，本期新增如家酒店集团所致，其中如家酒店集团 2016 年 4~12 月经营性现金净流入 11.97 亿元。

投资活动产生的现金流量净额变动原因说明如下：2016 年公司投资活动现金净流出 66.02 亿元，本期投资活动净流出比上期增长 11645.03%。主要系本期用重大现金购买收购如家酒店集团，支付投资款所致。本期重要投资活动：①本期出售首汽集团 8.2775% 股权，收回投资 1.6 亿元。②合并范围增加，新增如家酒店集团期初货币资金 10.78 亿元、宝利投资期初货币资金 0.32 亿元；上海璞风期初货币资金 0.7 亿元。③本期用重大现金购买收购如家酒店集团，支付投资款 74.73 亿元；如家酒店集团收购上海璞风酒店管理公司支付投资款 0.82 亿元。④资本性支出 4.07 亿元。

筹资活动产生的现金流量净额变动原因说明如下：2016 年公司筹资活动现金净流入 61.2 亿元，本期筹资活动净流入比上期增长 1673%。主要系本期用重大现金购买收购如家酒店集团新增贷款所致。本期重要筹资活动：①本年配套募集资金现金流入 38.04 亿元；②贷款净流入 27.33 亿元，其中收购如家酒店集团项目贷款净流入 35.93 亿元（贷款现金流入 75.93 亿元，用配套募集资金和公司自有资金偿还贷款 40 亿元）、公司另外偿还存量贷款 8.6 亿元；③支付银行贷款利息及分配股利 3.57 亿元，其中支付利息 2.99 亿元、支付股利 0.58 亿元；④支付发行股份相关费用 0.51 亿元、支付购买南苑股份 12.496%、少数股权尾款 0.09 亿元。

（二）垂直分析

现金流量的结构分析就是在现金流量有关数据的基础上，进一步明确现金收入的构成、现金支出的构成及现金余额的形成情况。主要包括现金收入构成分析、现金支出构成分析和现金余额结构分析。

1. 现金收入构成

现金收入构成是反映企业各项业务活动的现金收入，如经营活动、投资活动、筹资活动的现金收入等在全部现金收入中的比重及各项业务活动现金收入中具体项目的构成情况，明确企业的现金究竟来自何方，要增加现金收入主要靠什么等。

2. 现金支出构成

现金支出构成是指企业的各项现金支出占企业当期全部现金支出的百分比。它具体地反映现金的用途，让报表使用者能清楚地知道企业的钱花哪里去了，如何花的等。

3. 现金余额结构

现金余额结构分析是指企业的各项业务，包括经营活动、投资活动、筹资活动及非常性项目，其现金收支金额占全部现金余额的百分比，主要反映企业现金余额是如何形成的。

通过结构分析，报表的使用者可以进一步了解饭店财务状况的形成过程、变动过程及变动原因等，在分析的过程中，首先要分析现金流量的内部结构，即经营、投资、筹资三者对现金净流量的贡献。下面以首旅酒店为例，利用垂直分析法分析该企业现金流量表，见表 2-17。

表 2-17 首旅酒店现金流量百分比

2016 年 12 月 31 日

编制单位名称：首旅酒店   单位：%

报告期	2012 年	2013 年	2014 年	2015 年	2016 年
现金流入总额	100	100	100	100	100
经营活动现金流入小计	91.61	89.24	77.28	32.95	25.48
投资活动现金流入小计	0.34	0.98	0.39	3.52	0.86
筹资活动现金流入小计	8.05	9.77	22.33	63.53	73.66
现金流出总额	100	100	100	100	100
经营活动现金流出小计	84.90	80.48	70.68	25.40	20.93
投资活动现金流出小计	2.92	4.44	8.98	4.55	25.38
筹资活动现金流出小计	12.19	15.08	20.34	70.06	53.69

从表 2-17 可以看出：现金流入中经营活动现金流入所占比重呈逐年下降的趋势，由 2012 年的 91.61%下降至 2016 年的 25.48%；投资活动现金流入所占比重变化幅度不是很大，筹资活动现金流入所占比重呈逐年上升的趋势，由 2012 年的 8.05%上升到 2016 年的 73.66%，涨幅非常大，说明企业融资业务不断增强。

现金流出中经营活动现金流出所占比重呈逐年下降的趋势，由 2012 年的 84.90%下降至 2016 年的 20.93%；投资活动现金流出所占比重也发生了较大增幅，由 2012 年的 2.92%上升到 2016 年的 25.38%，增幅非常大；筹资活动现金流出所占比重呈逐年上升的趋势，由 2012 年的 12.19%上升到 2016 年的 53.69%，增幅非常大，说明企业随着融资业务不断展开，投资业务增加，相应融资支出也加大。

在这一分析过程中，我们还要结合企业所处的经营周期确定分析的重点。

第一，对处于成立初期的企业，经营活动现金流量可能为负，我们应重点分析企业的筹资活动和投资活动。筹资活动要分析企业筹措的资本金是否足额到位，流动性如何，是否过度负债，有无继续筹措足够经营资金的可能。同时判断其投资活动是否适合经营需要，有无出现资金挪用或费用化现象。我们应通过现金流量预测、分析将还款期限定于经营活动可产生净流入的时期。

第二，对处于增长期和成熟期的企业，经营活动现金流量应该为正，我们要重点分析其经营活动现金流入、流出结构，分析其营业款回笼速度、赊销是否有力、得当，了解成本、费用控制情况，预测饭店发展空间。此时的投资活动和筹资活动趋于正常化或适当萎缩，我们要重点分析其经营活动现金流入是否有保障，现金收入与销售收入增长速度是否匹配，同时关注饭店是否过分支付股利，有无资金外流情况，现金流入是否主要依赖投资收益或不明确的营业外收入。

第三，对处于衰退期的企业，经营活动现金流量开始萎缩，我们要重点分析其投资活动在收回投资过程中是否获利，有无冒险性的扩张活动，同时要分析企业是否及时缩减负债，减少利息负担。这一阶段的贷款期限不应超过其现金流量出现赤字。

　　值得注意的是，虽然通过对现金流量表的分析能够给广大报表使用者提供大量有关企业财务方面，尤其是关于现金流动方面的信息，但这并不意味着对现金流量表进行分析就能够替代其他会计报表的分析，现金流量表分析只是企业财务分析的一个方面。而且，同任何分析一样，现金流量表分析也有其局限性，为此还要结合其他相关信息资料进行综合分析，通过报表提供的信息资料发掘更深层次的内容，以便于报表使用者做出合理判断和决策。

第三章
旅游企业偿债能力分析

偿债能力分析是财务分析的一个重要方面，企业偿债能力是指企业偿还到期债务（本息）的能力，包括长期偿债能力及短期偿债能力。随着世界经济一体化和现代市场经济的不断发展，合理融资会给企业带来经济杠杆效应，实现利润最大化，但是融资不当有可能会加大企业的资金成本和财务风险。因此，深入分析企业偿债能力，是企业规避风险，保护自身利益的一种行之有效的方法。

蓝田股份曾经创造了中国股市长盛不衰的绩优神话。这家以养殖、旅游和饮料为主的上市公司，一亮相就颠覆了行业规律和市场法则，1996年发行上市以后，在财务数字上一直保持着神奇的增长速度：总资产规模从上市前的2.66亿元发展到2000年末的28.38亿元，增长了9倍，历年年报的业绩都在每股0.60元以上，最高达到1.15元。即使遭遇了1998年特大洪灾以后，每股收益也达到了不可思议的0.81元，5年间股本扩张了360%，创造了中国农业企业罕见的"蓝田神话"。

2001年中央财经大学研究所研究员刘姝威，应约写一本题目为《上市公司虚假会计报表识别技术》的书。蓝田这个上市5年的公司撞到了刘姝威的"枪口"上。2001年10月8日，蓝田发了一个公告，称"公司已接受中国证监会对本公司有关事项进行的调查"。这引起了刘姝威的注意。从2001年10月9日起，刘姝威对蓝田股份的财务报告进行了分析，得出的结果是，2000年蓝田的流动比率已经下降到0.77元，净营运资金已经下降到−1.27亿元。这几个简单的数字在刘姝威看来：蓝田股份在一年内难以偿还流动债务，有1.27亿元的短期债务无法偿还。这令刘姝威震惊，蓝田股份已经失去了创造现金流量的能力，完全是在依靠银行的贷款维持生存——它是一个空壳！10月23日，刘姝威毫不犹豫地将《应立即停止对蓝田股份发放贷款》的600字报告传真给了《金融内参》编辑部，两天之后顺利刊发。很快国家有关银行相继停止对蓝田股份发放新的贷款。此后引发了轰动全国的"蓝田事件"。这为她带来过诉讼和人身威胁，也成为终结蓝田神话的"最后一根稻草"。

非常偶然地对一个企业进行财务分析，特别是对企业偿债能力的分析，最终使一个企业破产倒闭退市，可见财务分析对企业有着非常重要的作用和意义。下面我们就企业偿债能力进行分析研究。

第一节 企业偿债能力分析概述

一、企业偿债能力分析的意义

(一)企业偿债能力的含义

偿债能力是指企业偿还各种到期债务的能力,即还本付息的能力,企业偿债能力是反映企业财务状况和经营能力的重要标志。偿债能力是企业偿还到期债务的承受能力或保证程度,是企业能否生存和健康发展的关键。企业偿债能力,静态地讲就是用企业资产清偿企业债务的能力;动态地讲就是用企业资产和经营过程创造的收益偿还债务的能力。企业有无现金支付能力和偿债能力是企业能否健康发展的关键。企业偿债能力分析是企业财务分析的重要组成部分。

企业的偿债能力分为短期偿债能力、长期偿债能力。

1. 短期偿债能力

短期偿债能力是指企业对短期债权人权益或其担负的短期债务的保障程度,它主要取决于企业资产的流动性。

短期偿债能力的高低对企业的生产经营活动和财务状况有重要影响。一个企业虽然拥有良好的营运能力和较强的盈利能力,但一旦短期偿债能力不强,就会因为资金周转困难影响企业正常的生产经营,降低企业的盈利能力,严重时会出现财务危机。

2. 长期偿债能力

长期偿债能力是指企业偿还到期长期债务的现金保障程度。

长期偿债能力是指企业偿还本身所欠长期负债,或者说是在长期负债到期时企业盈利或资产可用于偿还长期负债的能力。企业利用借入长期资金开展企业生产经营活动,一方面可以促进生产的快速发展,另一方面也会加大企业的资金成本和财务风险,因此如何规避融资风险,合理借入资金,搞好长期偿债能力分析就越发重要。

(二)企业偿债能力分析的意义

1. 企业偿债能力分析有利于投资者进行正确的投资决策

通过评价企业财务状况,能判断企业能否及时偿还到期债务及偿债能力的强弱,偿债能力是反映企业财务经济状况的重要指标。通过对企业偿债能力的客观分析,可以准确评价企业财务经济状况及其变动原因,帮助企业所有者、经营者、债权人及其他利益相关者了解企业经营状况,做出正确判断和决策。

2. 企业偿债能力分析有利于企业经营者进行正确的经营决策

举债必须以能偿还为前提,如果企业不能按时偿还所负债务的本息,势必影响企业筹措资金的信誉,从而影响企业正常的生产经营,甚至危及企业的生存。即使是盈利不错的企业,也存在由于资金调度不灵,不能及时偿还债务而破产的风险。因此,作为企业经营者处理好举债适度和收益与风险的关系，才能进行正确的经营决策。

3. 企业偿债能力分析有利于债权人进行正确的借贷决策

企业通过各种渠道筹集资金是维持正常经营活动的必要前提。正确评价企业偿债能力，准确预测企业筹资前景，是企业债权人进行正确信贷决策的基础。企业偿债能力强，则企业财务状况较好，信誉较高，债权人的本金与资金利息的保障程度较高。因此分析企业偿债能力，准确预测未来筹资前景，对于企业显示与潜在债权人的信贷决策至关重要。

4. 企业偿债能力分析有利于正确评价企业的财务状况

通过分析企业负债、资产、所有者权益之间的关系，可以使企业准确了解企业当前的现金与可变现资产状况，及企业需要偿还债务的规模及还债速度，从而合理安排企业的财务活动，提高资产的利用效率。

二、偿债能力分析的内容

企业偿债能力分析的内容受企业负债的内容和偿债所需资产内容的制约，偿债能力分析通常被分为短期偿债能力分析和长期偿债能力分析。

（一）短期偿债能力分析

短期偿债能力分析是指企业偿还流动负债的能力，或者说是指企业在短期债务到期时可以变现为现金用于偿还流动负债的能力。

流动负债是指在一年或者超过一年的一个营业周期内偿还的债务，包括短期借款、应付票据、应付账款、预收货款、应付工资、应交税金、应付利润、其他应付款、预提费用等。

（二）长期偿债能力分析

长期偿债能力分析是指企业偿还长期负债的能力，或者说是在企业长期债务到期时企业盈利或资产可用于偿还长期负债的能力。

长期负债指偿还期在一年或者超过一年的一个营业周期以上的债务，包括长期借款、应付债券、长期应付款。

第二节　旅游企业短期偿债能力分析

一、影响企业短期偿债能力的因素

影响短期偿债能力的因素，应从短期负债的规模和构成项目，可用于归还短期负债的流动资产规模和构成项目，短期负债规模与流动资产规模的适应情况等方面入手进行分析。

影响短期偿债能力的因素主要有三个：企业资产的流动性、流动负债的规模和结构、企业经营现金流量水平。

(一) 资产的流动性 (或者说是流动资产的质量)

资产的流动性是指企业资产转换成现金的能力,包括是否能不受损失地转换为现金以及转换需要的时间。流动资产是偿还流动负债的物质保证,流动资产的流动性从根本上决定了企业偿还流动负债的能力。

流动资产的流动性与流动资产的规模和结构有关。一般来说,流动资产越多,企业短期偿债能力越强。流动资产从变现能力角度看,通常可分为速动资产和存货资产两部分,在企业流动资产中,应收账款和存货的变现能力是影响流动资产变现能力的重要因素。

首旅酒店流动资产变化趋势如图 3-1 所示。

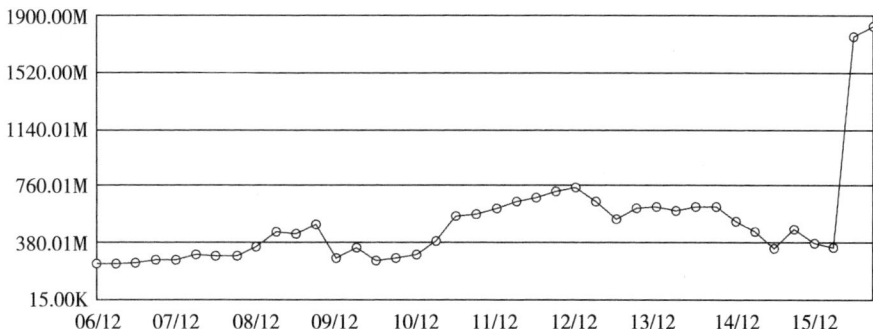

图 3-1 首旅酒店流动资产变化趋势

(二) 流动负债的规模与结构

流动负债的规模是影响企业短期偿债能力的重要因素。因为短期负债规模越大,短期企业需要偿还的债务负担就越重。

流动负债的结构是指流动负债各组成部分之间的关系及各项负债在流动负债总额中所占的比重,表明企业流动负债的分布状况和各项目提供资金的数额。流动负债也有"质量"问题,债务偿还的强制程度和紧迫性被视为负债的质量。

首旅酒店流动负债变化趋势如图 3-2 所示。

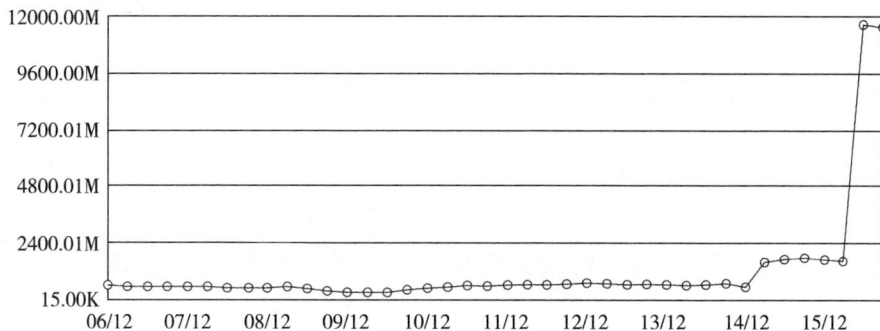

图 3-2 首旅酒店流动负债合计变化趋势

（三）企业经营现金流量水平

现金流量是决定企业偿债能力的重要因素。企业现金流量状况如何，受经营状况和融资能力两方面影响，主要受企业的经营状况影响。另外，企业的财务管理水平，母公司与子公司之间的资金调拨等也影响偿债能力。同时，企业外部因素也影响企业短期偿债能力，如宏观经济形势、证券市场的发育与完善程度、银行的信贷政策等。

首旅酒店经营活动产生的现金净流量变化趋势如图3-3所示。

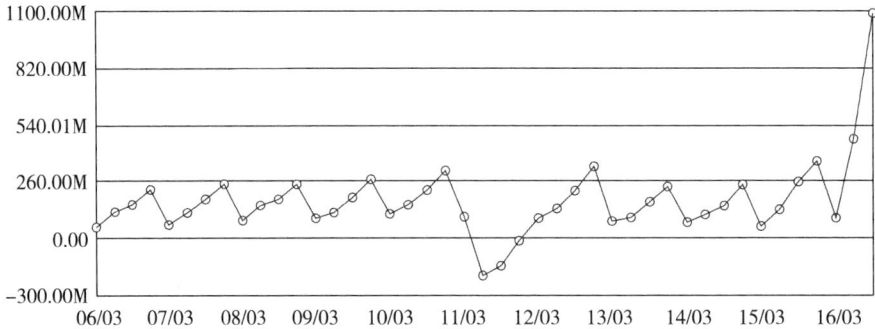

图3-3　首旅酒店经营活动产生的现金净流量变化趋势

二、短期偿债能力指标的计算与分析

分析企业短期偿债能力，通常可运用一系列反映短期偿债能力的指标来进行。从企业短期偿债能力的含义及影响因素可知，对企业短期偿债能力的指标分析，主要可采用流动负债与流动资产对比的指标，包括：营运资本、流动比率、速动比率、现金比率、现金到期债务比率、超现金比率等。

（一）营运资本的计算与分析

1. 营运资本的含义

营运资本是指流动资产总额减流动负债总额后的剩余部分，也称净营运资本，它意味着企业的流动资产在偿还全部流动负债后还有多少剩余。营运资本的计算公式如下：

营运资本＝流动资产－流动负债

[例3-1]　首旅酒店2007年末的流动资产是264202573元，流动负债是514775011元，则：

2007年末营运资本＝264202573－514775011＝－250572438（元）

从公司2007年末营运资本看，公司短期偿债能力较差，因为流动资产不足以偿还流动负债。从动态上分析：首旅公司2007年6月30日的流动资产是245336149元，流动负债是544001656元。

2007年年中营运资本＝245336149－544001656＝－298665507（元）

显然，2007年末公司的营运资金状况比2007年中期有所好转（增加了48093069万元的营运资本），公司的短期偿债能力有所提高。2013～2017年首旅酒店营运资本变化见

表 3-1。

表 3-1 首旅酒店营运资本（2013~2017 年） 单位：元

年份	2013	2014	2015	2016	2017
流动资产	623497	527910	37754	182856	196681
流动负债	657547	549040	171338	783460	381761
营运资本	−34050	−21130	−133584	−600604	−185080

如图 3-4 所示，2016 年营运资本出现大幅度下降，原因很多，其中：公司筹资活动现金净流入 61.2 亿元，本期筹资活动净流入比上期增长 1673%。主要系本期用重大现金收购如家酒店集团新增贷款所致。本期重要筹资活动如下：①年配套募集资金现金流入 38.04 亿元；②贷款净流入 27.33 亿元；其中收购如家酒店集团项目贷款净流入 35.93 亿元（贷款现金流入 75.93 亿元，用配套募集资金和公司自有资金偿还贷款 40 亿元）、公司另外偿还存量贷款 8.6 亿元；③支付银行贷款利息及分配股利 3.57 亿元，其中支付利息 2.99 亿元、支付股利 0.58 亿元；④支付发行股份相关费用 0.51 亿元、支付购买南苑股份 12.496% 少数股权尾款 0.09 亿元。其他应付款 13337.60 万元，短期借款 131900.00 万元。以上原因是导致首旅酒店流动负债增加、营运资本下降的重要因素。

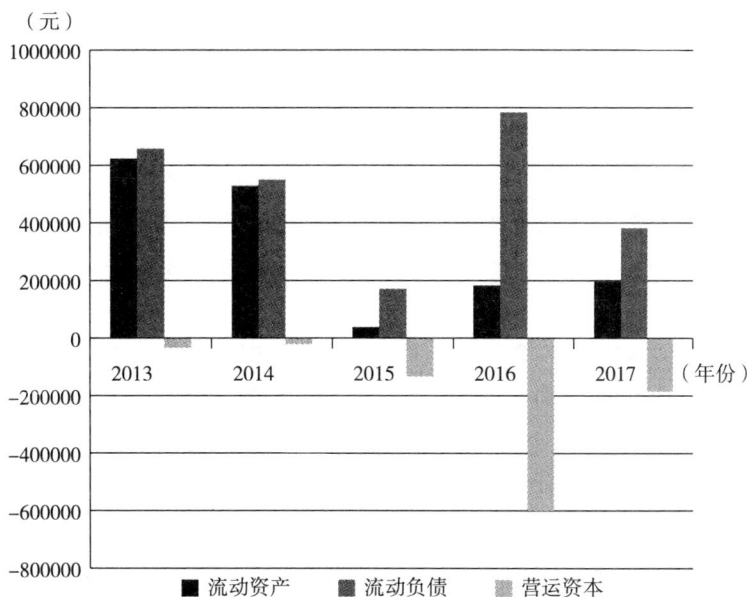

图 3-4 首旅酒店营运资本变化趋势

2. 营运资本分析

营运资本实际上反映的是流动资产可用于归还和抵补流动负债后的余额，营运资本越多，说明企业可用于偿还流动负债的资金越充足，企业的短期偿债能力越强，债权人收回债权的安全性越高。因此，可将营运资金作为衡量企业短期偿债能力的绝对数指标。

对营运资金指标进行分析，可以从静态上评价企业当期的偿债能力状况，也可从动态上评价企业不同时期的偿债能力变动情况。

[**结论**] 从公司 2007 年末营运资本看，公司短期偿债能力较差，因为流动资产不足以偿还流动负债。

（二）流动比率的计算与分析

1. 流动比率（营运资本比率）

流动比率是流动资产与流动负债之间的比率，其计算公式为：

$$流动比率 = \frac{流动资产}{流动负债}$$

流动比率是衡量企业短期偿债能力的重要指标，表明企业每元流动负债有多少流动资产作为支付的保障，反映了企业流动资产在短期债务到期时可变现用于偿还流动负债的能力。

[**例 3-2**] 首旅酒店 2007 年末的流动资产是 264202573 元，流动负债是 514775011 元，则计算流动比率为：

$$流动比率 = \frac{264202573}{514775001} = 0.51$$

首旅酒店 2011~2017 年流动比率如表 3-2 所示。

表 3-2 首旅酒店流动比率（2011~2017 年）

年份	2011	2012	2013	2014	2015	2016	2017
流动比率	0.9698	1.0564	0.9482	0.9615	0.2204	0.2386	0.5152

2. 流动比率分析

一般来说，或从债权人立场上来说，流动比率越高越好，因为流动比率越高债权越有保障，借出的资金越安全。但从经营者和所有者角度来看，并不一定要求流动比率越高越好。

一般认为，合理流动比率是 2。这是因为流动资产中变现能力最差的存货金额约占流动资产总额的一半，剩下的流动性较大的流动资产至少要等于流动负债，企业的短期偿债能力才会有保证。

计算出来的流动比率，只有和同行业平均流动比率、本企业历史的流动比率进行比较，才能知道这个比率是高还是低。

另外流动资产能否用于偿债，要看它们是否能顺利转换成现金。通过报表附注，可以了解各项流动资产的变现能力，并据此对计算口径进行调整。

但是流动比率也具有一定的局限性：①流动比率是一个静态指标。②流动资产的变现能力与其周转性有关，对流动比率的评价也应与流动资产的周转情况相结合。

（三）速动比率的计算与分析

流动比率虽然可以用来评价流动资产总体的变现能力，但人们（特别是短期债权人）还希望获得比流动比率更进一步的有关变现能力的比率指标。这个指标被称为速动比率，也被称为酸性测试比率。

1. 速动比率

速动比率是速动资产与流动负债的比值。所谓速动资产是流动资产扣除存货后的数额，速动比率的内涵是每一元流动负债有多少元速动资产作保障。速动比率的计算公式为：

$$速动比率 = \frac{流动资产 - 存货}{流动负债}$$

[例 3-3] 首旅酒店 2007 年末流动资产 264202573 元（其中存货 11116717 元），流动负债 514775011 元，则其速动比率为：

$$速动比率 = \frac{264202573 - 11116717}{514775011} = 0.94$$

首旅酒店 2011~2017 年速动比率如表 3-3 所示。

表 3-3　首旅酒店速动比率（2011~2017 年）

年份	2011	2012	2013	2014	2015	2016	2017
速动比率	0.9316	1.0267	0.92	0.92	0.207	0.2317	0.5033

图 3-5 显示了首旅酒店 2011~2017 年速动比率的变化趋势。

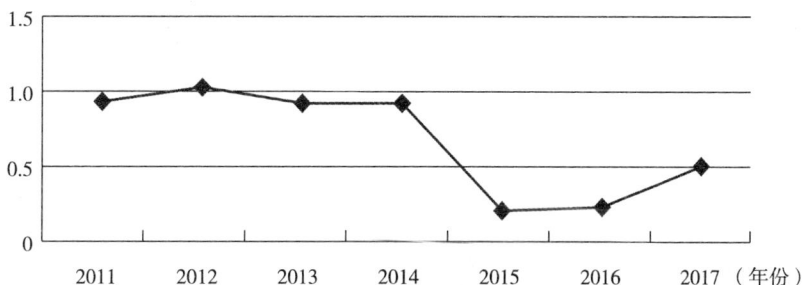

图 3-5　首旅酒店速动比率变化趋势

2. 速动比率分析

（1）速动比率可以衡量企业流动资产中可以很快变现用于偿还流动负债的能力。

（2）通常认为正常的速动比率为 1，低于 1 的速动比率被认为是短期偿债能力偏低。

（3）影响速动比率可信性的重要因素是应收账款的变现能力。

（4）速动比率也有其局限性。

速动比率只是揭示了速动资产与流动负债的关系，是一个静态指标。

速动资产中包含了流动性较差的应收账款，使速动比率所反映的偿债能力受到怀疑。

各种预付款项及预付费用的变现能力也很差。

（四）现金比率的计算与分析

1. 什么是现金比率

现金比率是现金类资产与流动负债的比值。现金类资产是指货币资金和短期投资净额。这两项资产的特点是随时可以变现，即现金流量表中所反映的现金（现金及现金等值或等价物）。现金比率的计算公式如下：

$$现金比率 = \frac{货币资金 + 现金等价物}{流动负债}$$

现金是指企业的库存现金以及可以随时用于支付的银行存款及其他货币资金，因而指定用途的或 1 年期以上的定期存款通常不包括在内（提前通知金融机构即可支付的除外）现金等值则指企业持有的期限短（不超过三个月）、流动性好、易于转换为已知金额现金、价值变动风险小的投资。

[**例 3-4**] 首旅酒店 2007 年末货币资金 197284043 元，短期投资（交易性金融资产）0，流动负债 514775011 万元，则其现金比率为：

$$现金比率 = \frac{197284043}{514775011} = 0.38$$

现金比率变化趋势如图 3-6 所示。

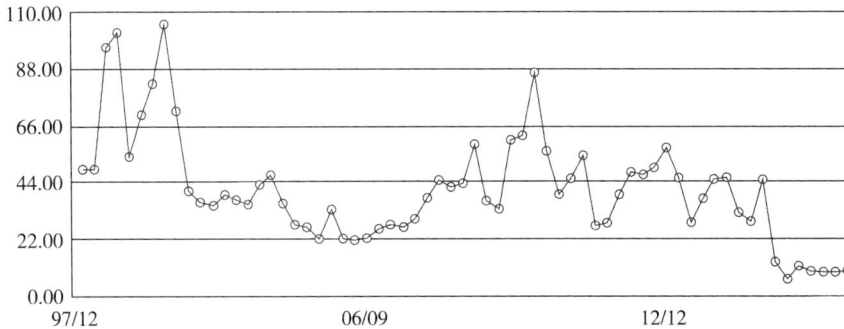

图 3-6 首旅酒店现金比率变化趋势

2. 现金比率分析

现金比率反映企业即时付现能力，就是随时可以还债的能力。企业保持一定的合理现金比率是很必要的。但是，如果这个比率过高，可能意味着企业拥有过多的获利能力，较低的现金类资产，企业的资产未能得到有效的运用。

一般来说现金比率重要性不大，因为不可能要求企业用现金和短期证券投资来偿付全部流动负债，企业也没必要总是保持足够还债的现金和短期证券投资。但是，当发现企业应收账款和存货的变现能力存在问题时，现金比率就显得很重要了。

(五) 超现金比率的计算与分析

1. 什么是超现金比率

超现金比率也称现金流动负债比率，超现金比率是超现金类资产与流动负债的比值：

$$超现金比率 = \frac{超现金资产}{流动负债}$$

超现金资产是指经营现金净流量，即经营活动的现金流入量与现金流出量的差额。

[**例 3-5**] 首旅酒店 2007 年末经营活动产生的现金流量净额 250445001 万元，流动负债 514775011 万元，则其超现金比率为：

$$现金比率 = \frac{250445001}{514775011} = 0.487$$

2. 超现金比率分析

该比率可以从现金流动的角度来反映企业当期偿付短期负债的能力。现金流动负债比率越高，表明企业短期偿债能力越好；反之，比率越低，则表明企业短期偿债能力越差，其现金流量的质量就越差。

（六）现金到期债务比率的计算与分析

1. 什么是现金到期债务比率

现金到期债务比率是企业经营活动现金净流量与到期债务的比率。其计算公式为：

$$现金到期债务比率 = \frac{经营活动现金净流量}{到期债务}$$

到期债务是指本期到期的债务，包括本期应付票据和一年内到期的非流动负债。这两种债务是不能延期的。且需要如数偿还，所以这类硬性约束的债务成为到期债务。

[例3-6] 首旅酒店 2017 年末应付票据为 0，一年内到期的非流动负债为 69106.13 万元，经营活动现金净流量为 206454.22 万元，则：

$$现金到期债务比率 = \frac{206454.22}{69106.13} = 2.99$$

2. 现金到期债务比率分析

这一比率是一个最谨慎、最能说明企业短期有无"支付不能"情况的比率，因而最能真实反映企业当前财务基础的稳固程度和未来短期的财务弹性。与前面其他比率指标相比，现金到期债务比率在反映企业短期的流动性、变现性、偿债能力及财务弹性方面更加逼近经济现实。

从首旅集团 2007 年的营运资本、流动比率、速动比率、现金比率的计算结果（见表3-4）可以看出，该企业的短期偿债能力与国际标准及行业标准比较属于一般水平。从现金到期债务比率可以看出：由于该企业没有到期债务，企业到期还债风险很小。从超现金比率可以看出：由于该企业经营活动产生的现金流量净额较高，所以在本行业中处于短期偿债能力优秀水平。综上所述，首旅集团虽然营运资本、流动比率、速动比率、现金比率属于一般水平，但由于该企业经营活动产生的现金流量净额较高，所以该企业短期偿债能力较好。

表 3-4 2007 年首旅酒店短期偿债能力比率

营运资本（元）	流动比率	速动比率	现金比率	超现金比率	现金到期债务比率
−250572438	0.51	0.49	0.38	0.49	—

三、影响短期偿债能力的表外因素

除报表之外，还有一些财务报表资料中没有反映出来的因素，也会影响企业短期偿债能力，甚至影响力相当大。

（一）增加变现能力的因素

增加变现能力的因素包括可动用的银行贷款指标、准备很快变现的长期资产和偿债能力的声誉。

（二）减少变现能力的因素

1. 未作记录的或有负债

或有负债是有可能发生的债务。对这些或有负债，按我国《企业会计准则》并不作为负债登记入账，也不在报表中反映。只有已办贴现的商业承兑汇票，作为附注列示在资产负债表的下端。其他的或有负债，包括售出产品可能发生的质量事故赔偿、尚未解决的税额争议可能出现的不利后果、诉讼案件和经济纠纷案可能败诉并需赔偿等，都没有在报表中反映。这些或有负债一旦成为事实上的负债，将会加大企业的偿债负担。

2. 担保责任引起的负债

企业有可能以自己的一些流动资产为他人提供担保，如为他人向金融机构借款提供担保，为他人购物担保或为他人履行有关经济责任提供担保等。这种担保有可能成为企业的负债，增加偿债负担。

第三节　长期偿债能力分析

一、影响长期偿债能力的因素

企业对一笔债务总是负两种责任：一种是偿还债务本金的责任；另一种是支付债务利息的责任。分析一个企业长期偿债能力，主要是为了确定该企业偿还债务本金和支付债务利息的能力。

由于长期债务的期限长，企业的长期偿债能力主要取决于企业资产与负债的比例关系，取决于获利能力。影响长期偿债能力的因素如下：

（一）资本结构

资本结构是指企业各种长期筹资来源的构成和比例关系。长期资本来源主要是指权益筹资和长期债务。资本结构对企业长期偿债能力的影响主要体现在以下两个方面：权益资本是承担长期债务的基础。资本结构影响企业的财务风险，进而影响企业的偿债能力。

（二）获利能力

长期偿债能力与获利能力密切相关。企业能否有充足的现金流入偿还长期负债，在很大程度上取决于企业的获利能力。一般来说，企业的获利能力越强，长期偿债能力越强；反之，则越弱。

因此，研究企业长期偿债能力可从盈利能力和资本结构两方面进行分析。

二、衡量长期偿债能力的指标

长期偿债能力分析的具体分析方法是，通过财务报表中的有关数据来分析权益与资产之间的关系，分析不同权益之间的内在关系，分析权益与收益之间的关系，计算出一系列的比率，可以看出企业的资本结构是否健全合理，评价企业的长期偿债能力。

通常，反映企业长期偿债能力的比率主要有资产负债率、产权比率、已获利息倍数、现金全部债务比率。

（一）资产负债率

1. 资产负债率

资产负债率是全部负债总额除以全部资产总额的百分比，也就是负债总额与资产总额的比例关系，也称为债务比率。资产负债率反映在总资产中有多大比例是通过借债来筹资的，也可以衡量企业在清算时保护债权人利益的程度。

资产负债率的计算公式如下：

$$资产负债率 = \frac{负债总额}{资产总额} \times 100\%$$

公式中的负债总额指企业的全部负债，不仅包括长期负债、流动负债，还包括递延所得税、可赎回优先股等其他负债。公式中的资产总额则是扣除累计折旧额、减值准备及坏账准备后的净额。

[**例3-7**]　首旅酒店2007年12月31日资产总额是1883484070元，负债总额是628527707元（流动负债合计514775011元，长期负债合计85439417元，递延税款贷项是28313279元）。则：

$$资产负债率 = \frac{628527707}{1883484070} \times 100\% = 33.37\%$$

递延税款借款属于一项资产，递延税款贷项是一项负债。递延税款是由于收入或支付计算口径或计算时期不一致导致会计利润总额和应纳税额不一致，来调节纳税时间的一个会计科目。

表3-5　首旅酒店资产负债率（2012~2017年）

年份	2012	2013	2014	2015	2016	2017
资产负债率（%）	82.523	67.902	64.177	181.664	146.9285	120.8839

2. 资产负债率分析

资产负债率是衡量企业负债水平及风险程度的重要标志。一般认为，资产负债率不宜超过50%，如果资产负债率超过50%，意味着风险加大。对于经营风险比较高的企业，为减少财务风险应选择比较低的资产负债率；对于经营风险低的企业，为增加股东收益应选择比较高的资产负债率。

资产负债率也称举债经营比率，它具有以下几方面的含义：①从债权人的角度来看，

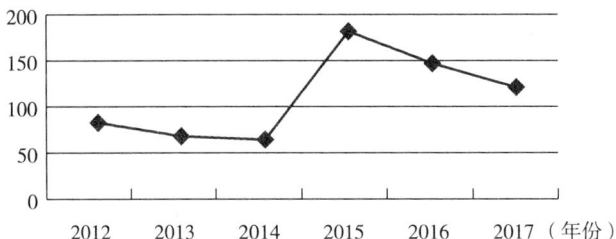

图 3-7 首旅酒店负债与权益比率变化趋势

资产负债率越低越好。②从股东的角度来看，在全部资本利润率高于借款利息率时，负债比例越高越好。③从经营者的立场来看，取决于企业预期的利润和对外来财务风险的承受能力，在两者之间权衡得失做出正确的决策。

（二）负债与所有者权益比率

1. 负债与所有者权益比率定义

负债与所有者权益比率是指负债总额与股东权益总额之间的比率，也称为债务股权比率。它也是衡量企业长期偿债能力的指标之一。计算公式如下：

$$负债与所有者权益比率 = \frac{负债总额}{所有者权益} \times 100\%$$

[例 3-8] 首旅酒店 2007 年度负债总额为 628528000 元，所有者权益总额为1254960000元，则：

$$负债与所有者权益比率 = \frac{628528000}{1254960000} \times 100\% = 50.08\%$$

[例 3-9] 首旅酒店 2011 年度负债总额为 979710000 元，所有者权益总额为1228410000元，则：

$$负债与所有者权益比率 = \frac{979710000}{1228410000} \times 100\% = 79.75\%$$

2. 负债与所有者权益比率分析

该项指标反映了债权人提供的资本与股东提供的资本的相对关系，反映企业基本财务结构是否稳定。一般来说，股东资本大于借入资本较好。该项指标小于 1 较好。该指标同时也表明债权人投入的资本受到股东权益保障的程度，或者说是企业清算时对债权人利益的保障程度，是资产负债率的延伸。

（三）已获利息倍数（支付利息倍数）

1. 已获利息倍数

已获利息倍数是指企业经营业务收益与利息费用的比率，用以衡量偿付借款利息的能力，也叫利息保障倍数。已获利息倍数的计算公式为：

$$已获利息倍数 = \frac{息税前利润}{利息费用}$$

息税前利润（EBIT）包括净利润、所得税及利息费用。

公式中的分母"利息费用"是指本期发生的全部应付利息，不仅包括财务费用中的利息费用，还应包括计入固定资产成本的资本化利息。

［**例 3-10**］　首旅酒店 2007 年度末净利润为 122373519 元，所得税为 54078630 元，利息费用财务费用为 17073831 元，则：

$$已获利息倍数 = \frac{(122373519 + 54078630 + 17073831)}{17073831} = 11.33$$

首旅酒店 2013～2017 年已获利息倍数见表 3-6。图 3-8 显示了首旅酒店 2013～2017 年已获利息倍数变化趋势。

表 3-6　首旅酒店已获利息倍数（2013～2017 年）

年份	2012	2013	2014	2015	2016
已获利息倍数	519. 5281	614. 6426	648. 0545	224. 8762	230. 4447

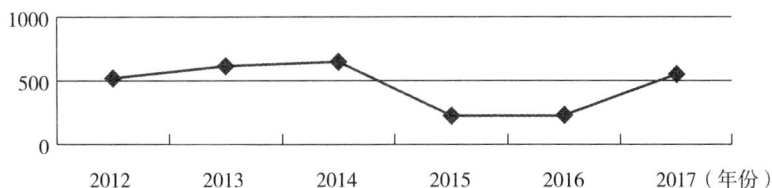

图 3-8　首旅酒店已获利息倍数变化趋势

2. 已获利息倍数分析

（1）已获利息倍数指标反映企业经营收益为所需支付的债务利息的多少倍。只要已获利息倍数足够大，企业就有充足的能力偿付利息，否则相反。

（2）如何合理确定企业的已获利息倍数？需要将该企业的这一指标与其他企业，特别是本行业平均水平进行比较，来分析决定本企业的指标水平。同时从稳健性的角度出发，最好比较本企业连续几年的该项指标，并选择最低指标年度的数据，作为标准。

（3）因企业所处的行业不同，利息保障倍数有不同的标准界限。一般认为，利息保障倍数足够大，企业就有足够的能力偿付利息。国际上通常认为，该指标为 3 时较为适当，从长期来看，若要维持正常偿债能力，利息保障倍数至少要大于 1，如果该值太小，企业将面临亏损以及偿债的安全性与稳定性下降的风险。

该指标反映的是债权人利息收入的保障程度，如果指标低于 1，则说明企业取得的利润太少，连债权人的利息都无法支付，经营面临严峻考验，再度举债经营将非常危险。利息保障倍数越高，至少说明企业偿还利息的能力就越强。

（4）结合这一指标，企业可以测算一下长期负债与营运资金的比率。

$$长期债务与营运资金比率 = \frac{长期负债}{流动资产 - 流动负债}$$

一般情况下，长期债务不应超过营运资金。长期债务会随时间推移不断转化为流动负债，并需动用流动资产来偿还。

（四）现金全部债务比率

1. 现金全部债务比率

该比率是指经营活动的年净现金流量与流动负债的比率，可以利用该比率反映企业获得现金偿还长期债务的能力。计算公式为：

$$现金全部债务比率 = \frac{经营活动的净现金流量}{负债总额}$$

[**例3-11**]　首旅酒店2007年度负债总额为628527707元，经营活动产生的现金流250445001元，则：

现金全部债务比率=0.3985

2. 现金全部债务比率分析

该比率指标表明企业经营活动所得现金对全部债务的支付保障程度，反映企业的长期偿债能力。它对于人们理解、分析及评价现金到期债务比率、资产负债率等指标具有一定的修正和补充作用。

首旅集团2007年长期偿债能力分析结论：从首旅集团2007年的资产负债率、产权比率、已获利息倍数、现金全部债务比率可以看出企业长期债务偿还能力很好。从企业短期偿债能力、长期偿债能力来看首旅集团（600258）债务偿还能力较好。

三、影响长期偿债能力的其他因素

（一）长期租赁

财产租赁有两种形式：融资租赁和经营租赁。在融资租赁形式下，租入的固定资产作为企业的固定资产入账进行管理，相应的租赁费用作为长期负债处理。这种资本化的租赁，在分析长期偿债能力时，已经包括在债务比率指标计算之中。当企业的经营租赁量比较大、期限比较长或具有经常性时，则构成了一种长期性筹资，这种长期性筹资虽然不包括在长期负债之内，但到期时必须支付租金，会对企业的偿债能力产生影响。因此，如果企业经常发生经营租赁业务，应考虑租赁费用对偿债能力的影响。

（二）担保责任

如果被担保的企业经营上出现问题，企业将负有连带责任。在分析企业的长短期偿债能力时，应当根据有关资料判断担保责任带来的潜在负债问题。

（三）或有项目

由于或有项目是将来可能发生的，因而在企业财务报表上往往并不反映，但这些项目一旦发生便会改变企业的财务状况。所以，在进行长期偿债能力分析时，就必须考虑它们的潜在影响。

从企业短期偿债能力、长期偿债能力来看，首旅集团（600258）债务偿还能力较好。

第四章
旅游企业营运能力分析

营运能力是指企业充分利用现有资源创造社会财富的能力，它可以用来评价企业对其拥有资源的利用程度和营运活动能力。其实质是要以尽可能少的资源占用，尽可能短的周转时间，生产出尽可能多的产品，创造出尽可能多的销售收入，而要实现这个目的，就必须提高企业的营运能力水平。而企业的核心竞争力归根结底就是营运效率与管理能力的竞争，面临日益激烈的竞争与多变的市场环境，旅游企业要在竞争中生存和发展，必须做好企业营运能力分析工作，不断提高企业的营运效率，从而提高企业的经济效益，增强企业的竞争能力。

第一节　旅游企业营运能力分析概述

一、企业营运能力分析的意义

（一）企业营运能力的含义

企业的营运能力主要指企业营运资产的效率与效益。企业营运资产的效率主要指资产的周转率或周转速度。企业营运资产的效益通常是指企业的产出额与资产占用额之间的比率。旅游企业资产运转越快，说明旅游企业利用经济资源的效率越高，旅游企业的营运能力越强。因此，旅游企业的营运能力既影响偿债能力，又影响盈利能力，是企业财务分析中非常重要的一环。

对旅游企业营运能力的分析可以从静态和动态两个角度进行。从静态角度出发，旅游企业的营运能力分析主要表现为对旅游企业资产组合状况有效性、资本结构合理性的考察和评价，以及对旅游企业收益与风险的影响；从动态角度出发，旅游企业的营运能力分析主要体现为对旅游企业调节、配置及控制经济资源的能力与水平的考察和评价，即衡量与体现旅游企业管理当局运营资金的有效性和合理性。

（二）企业营运能力分析的意义

1. 有利于加强与改善企业经营管理

当企业的各项资产占用资金过多或者出现资产利用率不高时，就会形成资金问题，从而导致企业经营资金不足，资金周转速度不畅。另外，在企业经营时各类资产的配置比例也不同，通过资产结构分析，可以及时地进行调整和改善资产构成，形成合理的资产配置。

2. 有助于投资人进行正确的投资决策

企业营运能力分析有助于判断企业财务的安全性、资本的保全程度以及资产的收益能力，可用于进行相应的投资决策。一是企业的安全性与其资产结构密切相关。如果企业流动性强的资产占有的比重大，企业资产的变现能力强，企业一般不会遇到现金拮据的压力问题，企业的财务安全性则较高。二是要保全所有者或股东的投入资本。除了要求在资产的运用过程中资产的净损失不得冲减资本金外，还要有高质量的资产作为其物质基础，否则资产周转价值不能实现，也就无从谈及资本保全。三是企业的资产结构直接影响企业的收益。

3. 有助于信贷决策

在分析企业资产结构时，应将其资产结构与债务结构相互联系，进行相关联分析，考察企业的资产周转率与债务的期限结构是否匹配，以更深层次地了解企业内部各种资金结构是否匹配。通过企业运营能力分析，还可以对企业偿还能力有更直接的认识，有助于企业进行正确的信用决策。

二、企业营运能力分析的主要内容

（一）按照分析的具体内容

按照分析的具体内容不同，可以划分为静态营运能力分析和动态营运能力分析。

1. 静态营运能力分析

旅游企业静态营运能力分析是资产组合及其影响因素、资本结构及其影响因素以及资产组合和资本结构对风险与收益的影响等。

资产组合是指旅游企业资产中各种资产之间的比例关系，尤其是流动资产与非流动资产之间的比例关系。不同的资产组合会导致不同的风险与收益水平。从性质上划分，资本结构是权益资金与债务资金的比例关系；从时间上划分，资本结构可以是短期资金和长期资金的比例关系。

无论资产组合还是资本结构都会对旅游企业的风险与收益产生重要的影响。因此，旅游企业在安排资产组合、确定资本结构进行两者间的搭配时，应充分考虑并认真权衡风险、收益及其关系。这在一定程度上从效率的角度用于衡量和评价旅游企业管理当局配置资源与调控资金的能力与水平，也是静态考察和分析旅游企业效率的重要内容。它表明旅游企业的效率既影响流动性和盈利性，又影响风险性及成长性，因而效率性分析是旅游企业财务分析的重要组成部分。效率性分析要同流动性、盈利性等评价结合起来，以便全面、科学、合理地评价旅游企业的财务状况。

2. 动态营运能力分析

动态营运能力分析是旅游企业资产使用有效性的分析。通过旅游企业生产经营资金周转速度的有关指标所反映出来的旅游企业资金利用效率，表明旅游企业管理人员经营管理、运用资金的能力。旅游企业生产经营资金周转的速度越快，说明旅游企业资金利用的效果越好、效率越高，旅游企业管理人员的经营能力越强。动态营运能力分析包括应收账款周转情况分析、存货周转情况分析、营业周期和现金周期分析、流动资产周转情况分析、固定资产周转情况分析和总资产周转情况分析。

（二）按照分析时间长短

按照分析时间长短不同，可以划分为短期营运能力分析和长期营运能力分析。

1. 短期营运能力分析

短期营运能力分析是指就企业短期资产运营效率与效益进行的分析。如对应收账款、存货、流动资金周转速度以及现金周期、营业周期进行的分析。

2. 长期营运能力分析

长期营运能力分析是指就企业长期资产运营效率与效益进行的分析。如对固定资产、总资产周转速度进行的分析。固定资产是企业长期资产中的重要组成部分，占用资金大、使用时间长，因此，在对企业长期资产营运能力进行分析时主要是对固定资产的使用、更新等进行分析评价。

第二节　旅游企业短期营运能力分析

旅游企业进行短期营运能力分析的主要指标包括应收账款营运能力分析、存货营运能力分析、营业周期及现金周期分析、流动资产营运能力分析等。

一、应收账款营运能力分析

应收账款是企业对外销售商品、提供劳务等应向购货或接受劳务单位收取的款项。应收账款营运能力分析指标：应收账款周转率、应收账款周转天数，这两个指标在一定程度上可以反映应收账款变现速度快慢与管理效率的高低。

（一）应收账款周转率

应收账款周转率又称为应收账款周转次数，是指公司一定会计期间内应收账款转为现金的平均次数。计算公式如下：

$$应收账款周转率（次数）＝\frac{销售收入}{应收账款平均余额}$$

$$应收账款周转天数＝\frac{360\ 天}{应收账款周转次数}$$

公式中的分子，即销售额，是指扣除折扣和折让后的销售净额，通常有两种口径：一种是不包括现金销售的销售净额或赊销净额；另一种是包括现金销售的销售净额。实务中采用第二种口径。

公式中的分母，即应收账款，这里应收账款是扣除坏账准备后的余额，并且包含应收票据的金额。且该应收账款使用平均数作分母。最直接的办法是将应收账款期初与期末数相加除以 2，如果使用月份或季度数据计算平均数，结果更为准确。

［**例 4-1**］　首旅酒店 2010 年实现收入 2304640000 元，2009 年应收账款期末余额 26218100

元，2010 年应收账款期末余额 27334800 元，则 2010 年首旅酒店应收账款周转率为：

$$应收账款周转率 = \frac{2304640000}{(27334800+26218100)/2} = 86.07 （次）$$

应收账款周转率反映了应收账款的流动性和质量，即应收账款收回的速度与应收账款管理工作的效率。在一般情况下，应收账款周转率越大，表明应收账款回收的速度越快，企业管理工作的效率越高。同时有利于提高资产的流动性，增强企业短期偿债能力。但在一定的营业规模下，应收账款周转次数越多，应收账款额越小，企业的信用标准和付款条件较为苛刻。

在对应收账款周转率指标进行分析时，可以纵向进行比较，如对 2012~2017 年六年的数据（见表 4-1）进行比较。图 4-1 显示了首旅酒店 2012~2017 年应收账款周转率变化趋势。这六年首旅酒店的应收账款周转率分别为 98.37 次、66.12 次、76.97 次、47.81 次、61.41 次、44.61 次。

表 4-1　2012~2017 年首旅酒店应收账款周转率

年份	2012	2013	2014	2015	2016	2017
应收账款（元）	37473189	52198650	20313970	35445778	177003838	200303911
应收账款平均余额（元）	30910595	44835920	36256310	27879874	106224808	188653874
营业收入（元）	3040758122	2964530796	2790622395	1332799606	6522779198	8416651932
应收账款周转率（次）	98.37	66.12	76.97	47.81	61.41	44.61

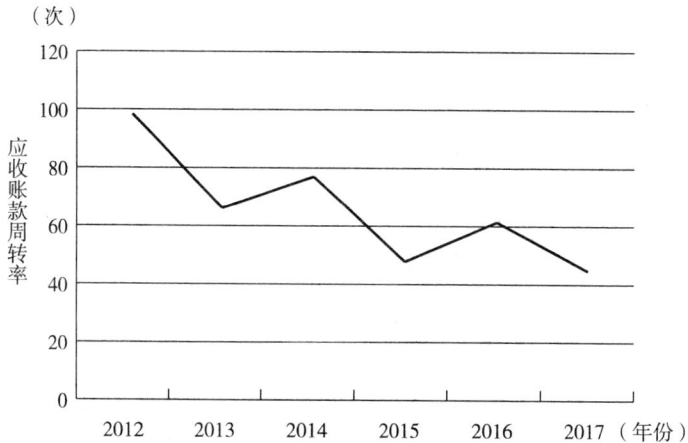

图 4-1　首旅酒店应收账款周转率变化趋势

也可以横向进行比较，如与同年度其他同类企业或是行业平均值、最优值、最差值等指标进行比较。如国资委公布的《企业绩效评价标准值》规定了企业绩效评价标准中大旅游全行业应收账款周转率的最优值、平均值、较差值。也可以与计划数或者预算数等进行比较。

（1）2013 年应收账款周转率分析。

应收账款变化：由于部分客户的回款期限较长，导致应收账款较 2012 年增加 1473 万元，增幅 39.30%。营业收入变化：2013 年面对严峻的经济环境和复杂的市场发展态势，营业收入为 29.6 亿元，比 2012 年下降了 2.51%。虽然南山景区入园人数增加带来景区板块收入有小幅增加，但其中占比 67.53% 的旅行社板块下降为 2034 万元，酒店类市场遭受重创，属于酒店运营板块的三家产权酒店（民族饭店、前门饭店、京伦饭店）的收入减少 0.5 亿元。

业务构成变化：公司置出北展分公司，置入首旅建国、欣燕都、首旅酒店三家酒店管理公司，展览广告业态退出，新增酒店管理业态，业务结构发生改变。以上因素导致 2013 年度首旅酒店应收账款周转速度下降，周转率为 66.12 次。

（2）2014 年应收账款周转率分析。

首旅酒店 2014 年 12 月置出神舟国旅，2014 年末的资产负债表中不包含神州国旅的数据，因此期末应收账款同比减少 3188 万元，下降 61.08%。2014 年全国酒店业仍处于低谷状态，酒店业收入仍低位运行。2014 年首旅酒店实现营业收入 27.91 亿元（包含神州国旅收入数据），比 2013 年同期减少 1.74 亿元，下降 5.87%。其中，虽然酒店管理板块因收购雅客怡家，收入同比增加 528 万元，增长了 2.68%；但难抵其他板块收入的减少。其中，旅游服务业务收入（占比 66.68%）较 2013 年减少 1.41 亿元，下降 7.05%；酒店运营业务收入同比减少 3623 万元，下降 8.68%。景区运营板块收入较上年减少了 178 万元，下降了 0.51%。上述因素导致 2014 年度首旅酒店应收账款周转速度略有加快，周转率变为 76.97 次。

（3）2015 年应收账款周转率分析。

2015 年，首旅酒店收购南苑股份，导致应收账款较 2014 年增加 1513 万元，增幅 74.49%。2015 年，首旅酒店实现营业收入 13.33 亿元，比 2014 年减少 14.58 亿元，下降 52.24%。主要是 2015 年利润表中不包含神舟国旅，新增南苑股份所致。神州国旅 2014 年营业收入 18.6 亿元，而南苑股份 2015 年收入则为 3.97 亿元（不足以弥补因置出神舟国旅而带来的营业收入的减少）。由于上述因素，首旅酒店 2015 年应收账款周转速度放缓，周转率下降到 47.81 次。

（4）2016 年应收账款周转率分析。

2016 年首旅酒店应收账款较 2015 年增加 14.16 亿元，增长 399.37%，是期末包含如家酒店集团数据所致。2016 年首旅酒店实现营业收入 652278 万元，比 2015 年同期增长 389.40%。其中，酒店板块营业收入增加 51.74 亿元，增幅 529.28%（如家酒店集团 4~12 月实现营业收入 52.22 亿元）。景区板块营业收入增加 1636 万元，增幅 4.60%。首旅酒店 2016 年购入如家酒店集团，业务规模及盈利能力较 2015 年有较大提升，酒店主业更加突出。由于上述因素，首旅酒店 2016 年应收账款周转速度加快，周转率较 2015 年略有提高，为 61.41 次。

（5）2017 年应收账款周转率分析。

市场向好：宏观经济整体运行平稳，国内酒店行业自 2016 年第二季度开始全面复苏，目前仍在持续。

产品对路：收购如家集团，并及时进入中端酒店领域。不断推出新产品，包括商务型、休闲型、主体型等。酒店产品适时满足各层次消费群体的消费升级需求。中端的和颐、如家精选、如家商旅及经济型新推出的如家 NEO 和社交酒店 YUNIK 均获得市场好评，产品不断吻合市场。

经营不错：RevPAR、ADR、OCC 全部增长，核心业务经营表现出色。整体业绩超预期。2016 年首旅酒店应收账款较 2015 年增长 399.37%，2017 年首旅酒店应收账款较 2016 年增长 13.16%。因此，2017 年和 2016 年的平均值大于 2016 年和 2015 年的平均值，增长了 77.6%。

2017 年首旅酒店实现营业收入 841665 万元，比 2016 年同期增长 29%。其中，酒店业务营业收入 797274 亿元，占比 94.7%（如家酒店集团 2017 年实现营业收入 705159 亿元，占比 83.8%）。入园人数增长，带来景区板块营业收入增加。

首旅酒店 2017 年购入如家酒店集团，业务规模及盈利能力较 2016 年有较大提升，酒店主业更加突出。2016 年计入的数据为 4~12 月，2017 年全部计入首旅。应收账款增幅 77.6%，大于营业收入增幅 29%，首旅酒店 2017 年应收账款周转速度放缓，周转率较 2016 年略有下降，为 44.61 次。

（二）应收账款周转天数

应收账款周转天数是指从形成应收账款到收回款项所需时间，即应收账款周转一次所需时间。

[例 4-1] 中已知 2010 年首旅酒店应收账款周转率是 86.07 次，则：

$$应收账款周转天数 = \frac{360}{应收账款周转率} = 4.18（天）$$

表 4-2　2012~2017 年首旅酒店应收账款周转天数

年份	2012	2013	2014	2015	2016	2017
应收账款周转天数（天）	3.66	5.44	4.68	7.53	5.86	8.07

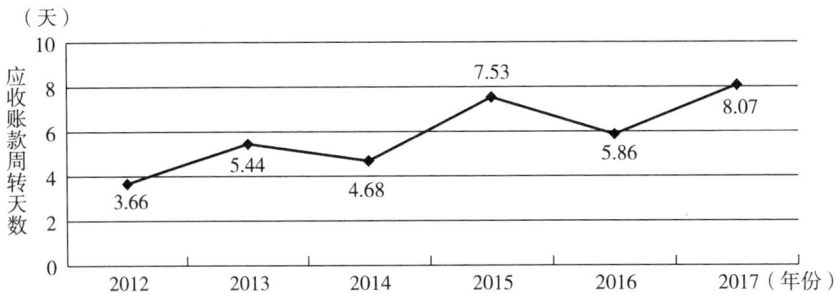

图 4-2　首旅酒店应收账款周转天数变化趋势

图 4-2 显示了首旅酒店 2012~2017 年应收账款周转天数变化趋势。一般情况下，应收账款周转天数越小，表明应收账款回收的速度越快，资金被其他单位占用的时间越短，企业管理应收账款的效率也越高。但该指标不宜过小，过小表明企业执行了过严的信用政策，其结果可能不利于或限制销售量的扩大，造成存货积压和流动资金周转缓慢。在分析应收账款周转天数时，可以将应收账款账龄与原订的赊销期限进行对比，可以评价购买方的信用程度、企业原订信用政策的宽松程度以及信用条件恰当与否。

首旅酒店应收账款营运能力评价：从纵向来看，首旅酒店的应收账款周转率呈下降趋势。说明首旅酒店应收账款周转速度在减慢，管理效率在下降，应收账款回收天数在延长。从横向来看，首旅酒店的应收账款周转率远高于行业优秀值，在行业中处于领先地位，其应收账款管理效率高。

二、存货营运能力分析

存货是指企业在日常活动中持有以备出售或者耗用的材料、物料等。存货包括各种材料、商品、包装物、低值易耗品和物料用品等。在所有情况相同的条件下，存货周转得越快越好，因为持有存货会使费用增加。存货成本包括储存费用、冷藏费用、人工费用和记录管理方面的费用，还包括与存货相关资金的机会成本。存货营运能力分析指标：存货周转率、存货周转天数，这两个指标可以反映存货的周转速度和存货管理的效率。

（一）存货周转率

存货周转率是指存货每年周转的次数。侧重于反映存货销售的速度。其计算公式如下：

$$存货周转率（次数）= \frac{销货成本}{存货}$$

$$或存货周转率（次数）= \frac{营业成本}{存货平均余额}$$

公式中的分子即销货成本，通常使用利润表中的营业成本指标。公式中的分母即存货，一般是指平均存货，也就是存货期初与期末数相加除以2。

[例4-2] 首旅酒店2010年营业成本总额为1438400000元，2009年存货期末余额为14736700元，2010年存货期末余额为15068300元，则2010年首旅酒店存货周转率为：

$$存货周转率（次数）= \frac{销货成本}{存货平均余额}$$

$$= \frac{1438400000}{(15068300+14736700)/2} = 96.52（次）$$

一般情况下，存货周转次数越高越好。在平均存货水平一定时，存货周转次数越高，表明销货成本越大，产品的销售数量也越大，企业产品的销售能力也越强。存货周转率低，可能由于产品落后，质量不合格等导致产品销售能力不强，最终积压。此外，存货周转次数还可以反映存货结构是否合理，存货储存是否恰当，是否能保证生产不间断地进行和产品有序的销售。

表4-3 2012~2017年首旅酒店存货周转率

年份	2012	2013	2014	2015	2016	2017
存货（元）	21161564	18581357	16421653	22792445	54412290	45512550
存货平均余额（元）	22953282	19871461	17501505	19607049	38602367	49962420
营业成本（元）	2042162624	2008343109	1857528862	181335261	359212751	451215910

年份	2012	2013	2014	2015	2016	2017
存货周转率（次）	88.97	101.07	106.14	9.25	9.31	9.03

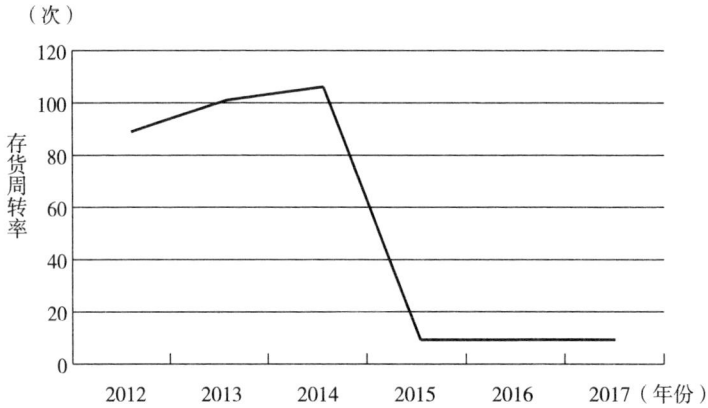

图 4-3　首旅酒店存货周转率变化趋势

从 2012~2017 年各年的存货周转次数可以看到，存货周转率发生了很大变化，主要原因如下：2012 年存货数额较往年略高，主要是民族饭店购进食品、原材料增加所致。集中采购了一批海鲜类干货。2015 年营业成本比 2014 年减少了 90.24%，主要是因为 2015 年减少了旅行社业务，2014 年旅行社代收代付成本占公司营业成本的比重为 95.5%。酒店运营板块营业成本较上期又有大幅增加，系新增南苑股份所致。首旅酒店 2016 年存货期末余额为 5441.23 万元，比 2015 年上升了 138.73%。首旅酒店 2017 年存货期末余额为 4551.25 万元，比 2016 年下降了 16.36%。

（二）存货周转天数

存货周转天数是指从存货的购买到存货的销售所用天数，即存货周转一次所需要的时间。

$$存货周转天数 = \frac{360}{存货周转率} = \frac{平均存货 \times 360}{销货成本}$$

［例 4-2］ 中已知 2010 年首旅酒店应收账款周转率是 96.52 次，则：

$$存货周转天数 = \frac{360}{存货周转率} = 3.73（天）$$

一般情况下，存货周转天数越少，表明存货周转速度越快，资金占用于存货的时间越短，企业存货管理的效率越高。但过低的存货周转天数也意味着企业存货占用水平过低，易于频繁发生存货缺货。

表 4-4　2012~2017 年首旅酒店存货周转天数

年份	2012	2013	2014	2015	2016	2017
存货周转天数	4.05	3.56	3.39	38.92	38.67	39.87

存货营运能力评价：

从纵向来看，首旅酒店存货周转率在 2012～2014 年保持增长趋势，但是 2015 年和 2017 年存货周转率迅速大幅下降。说明首旅酒店在 2015 年和 2017 年存货周转速度迅速变慢，存货管理效率较低（见图 4-4）。

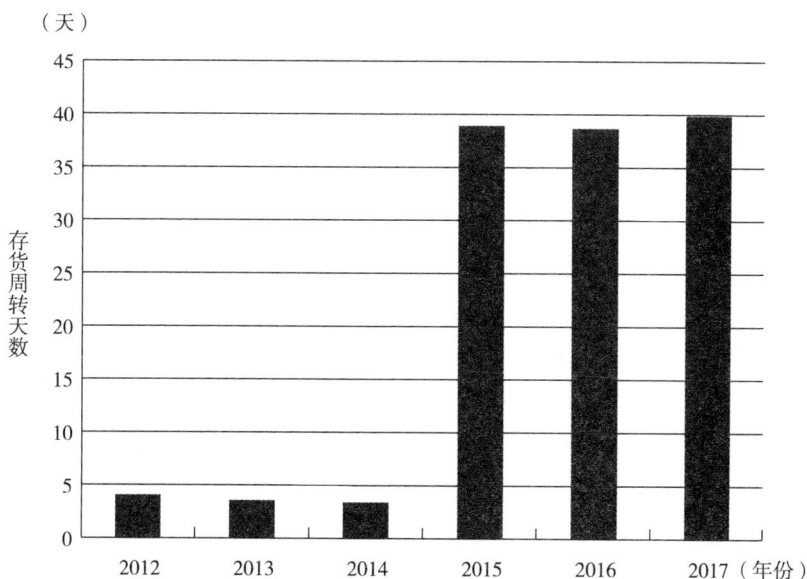

图 4-4　首旅酒店存货周转率天数变化趋势

从横向来看，2012～2014 年，首旅酒店存货周转率远高于行业优秀水平，处于领先地位；2015～2017 年随着存货周转率的大幅下跌，低于行业优秀值，但仍高于行业平均值。在行业中仍处于中等偏上，具有一定优势。

总之，在一般情况下，存货周转率越高越好。在存货水平一定的情况下，存货周转率越高，表明企业的销售量越大，销售能力越强。存货周转天数越少，表明存货周转速度越快，资金占用于存货的时间越短，管理存货的效率也越高。因此，存货周转率不仅可以反映企业的销售能力，而且能用于衡量企业生产经营中运用和管理存货各方面的工作水平。

三、营业周期及现金周期分析

(一) 营业周期

营业周期是指从取得存货到销售存货并收回现金所需的时间。因此营业周期通常表示为：

营业周期=存货周转期+应收账款周转期

营业周期长短对企业的生产经营与管理绩效具有重要的影响。一般来说，营业周期越短，说明资金周转速度越快，资产使用效率越高，获利能力越强。同时，因营业周期的长短是决定流动资产需要量的重要因素，因此该指标还可以评价企业的流动性。营业周期越短，企业流动资产数量往往相对较少，公司的流动性相对较好，流动比率、速动比率大都相对较低，应收账款或存货占用较少。

[例4-3]　首旅酒店2010年存货周转天数为3.73天，2010年存货期末余额为15068300元，应收账款周转天数为4.18天，则2010年首旅酒店营业周期为：

营业周期＝4.18+3.73＝7.91（天）

表4-5　2012~2017年首旅酒店营业周期　　　　　　　　　单位：天

年份	2012	2013	2014	2015	2016	2017
应收账款周转天数	3.66	5.44	4.68	7.53	5.86	8.07
存货周转天数	4.05	3.56	3.39	38.93	38.69	39.86
营业周期	7.71	9.01	8.07	46.46	44.55	47.93

[评价]　从纵向来看，首旅酒店营业周期逐渐延长（受存货周期的影响），在2015年和2017年延长到一个半月。从横向来看，虽然营业周期在延长，但仍短于行业优秀值，处于行业领先地位（见图4-5）。

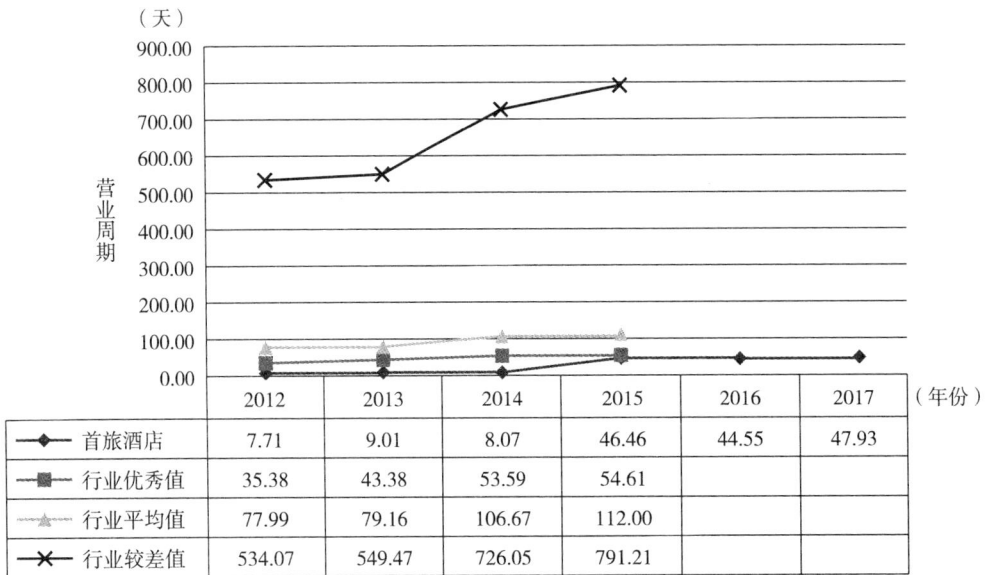

	2012	2013	2014	2015	2016	2017
首旅酒店	7.71	9.01	8.07	46.46	44.55	47.93
行业优秀值	35.38	43.38	53.59	54.61		
行业平均值	77.99	79.16	106.67	112.00		
行业较差值	534.07	549.47	726.05	791.21		

图4-5　首旅酒店营业周期变化趋势

(二) 现金周期

现金周期反映了现金的占用和流动状况。现金周期是指从外购商品或接受劳务支付现金开始，到因销售商品或提供劳务而收回现金时为止的这段时间。通常表示为：

现金周期＝营业周期-应付账款周转期

现金周期通常用来分析和评价企业营运资本的流动性以及充足性。

现金周期越短，说明现金流动得越快，资金占用的时间越短，运营效率越高；反之，则说明资金被占用时间长，资金使用效率低，运营效率低。

在应付账款周转天数不变的情况下，加快应收账款的收回和加速存货的周转，都可以缩短现金周期；如果应收账款周转天数和存货周转天数不变，而应付账款周转天数延长，也可以缩短现金周期。

当应付账款周转天数大于营业周期时，就会出现现金周期为负值的情况。

$$应付账款周转率 = \frac{赊购额}{应付账款}$$

$$或应付账款周转率 = \frac{赊购额}{应付账款平均余额}$$

$$赊购额 = 本期外购额$$

$$= 销货成本 + 期末存货 - 期初存货$$

$$应付账款周转期 = \frac{360 \text{ 天}}{应付账款周转率}$$

[例4-4] 首旅酒店2010年营业成本总额为1438400000元，2009年存货期末余额为14736700元，2010年存货期末余额为15068300元，则2010年首旅酒店赊购额为：

赊购额 = 销货成本 + 期末存货 - 期初存货

　　　 = 营业成本 + 期末存货 - 期初存货

　　　 = 1438400000 + 14736700 - 15068300

　　　 = 1438731600（元）

又知：2009年应付账款期末余额为86725000元，2010年应付账款期末余额为98235800元，则：

$$应付账款周转率（次数） = \frac{赊购额}{应付账款平均余额} = 15.56（次）$$

$$应付账款周转天数 = \frac{360}{应付账款周转率} = 23.14（天）$$

表4-6　2012~2017年首旅酒店应付账款周转速度

年份	2012	2013	2014	2015	2016
存货（元）	21161564	18581357	16421653	22792445	54412290
营业成本（元）	2042162624	2008343109	1857528862	181335261	359212751
期末存货-期初存货（元）	-3583436	-2580208	-2159704	6370792	31619844
赊购额（元）	2038579188	2005762901	1855369159	187706053	390832595
应付账款（元）	151775658	115508013	47491143	82702071	109838318
应付账款平均余额（元）	136330086	133641836	81499578	65096607	96270195
应付账款周转率（次）	14.95	15.01	22.77	2.88	4.06
应付账款周转天数（天）	24.08	23.99	15.81	124.85	88.68

2010年现金周期：

营业周期 = 4.18 + 3.73 = 7.91（天）

现金周期 = 7.91 - 23.14 = -15.23（天）

现金周期的长短可以分析和评价营运资本的流动性及其充足性。一般现金周期越短，说明营运资本需要量越小，企业管理情况相对较好，营运资金流动性强。但是要避免因追求现金周期缩短而导致的拖延应付账款支付，降低企业信誉的情况。

表 4-7　2012~2016 年首旅酒店现金周期　　　　　　　　　单位：天

年份	2012	2013	2014	2015	2016
应收账款周转天数	3.66	5.44	4.68	7.53	5.86
存货周转天数	4.05	3.56	3.39	38.93	38.69
营业周期	7.71	9.01	8.07	46.46	44.55
应付账款周转天数	24.08	23.99	15.81	124.85	88.68
现金周期	（16.37）	（14.98）	（7.74）	（78.39）	（44.13）

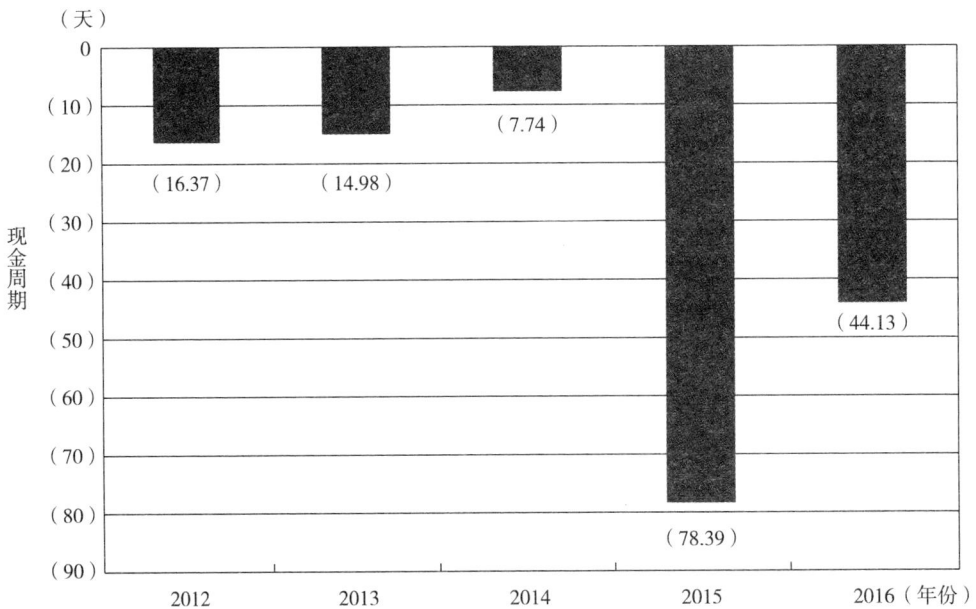

图 4-6　首旅酒店现金周期变化趋势

2012~2016 年，首旅酒店现金周期都为负值，说明其应付账款周期一直大于其营业周期，存在占用供应商资金的情况。并且随着 2015 年和 2016 年应付账款周转天数的延长，则表现为更长时间占用供应商的资金。

需要注意的是，过多过长时间占用供应商的资金，可能会造成企业与供应商之间的矛盾。

四、流动资产营运能力分析

流动资产周转率是反映企业流动资产周转速度的一个综合指标。流动资产周转率指企业一定时期内主营业务收入净额同平均流动资产总额的比率，流动资产周转率是评价企业资产利用率的一个重要指标。主营业务收入净额是指企业当期销售产品、销售商品、提供劳务等主要经营活动取得的收入减去折扣与折让后的数额。

$$流动资产周转率 = \frac{销售收入}{流动资产平均余额}$$

$$流动资产周转天数 = \frac{360\ 天}{流动资产周转率}$$

[**例4-5**] 首旅酒店 2010 年实现营业收入总额为 2304640000 元，2009 年流动资产期末余额为 276999000 元，2010 年流动资产期末余额为 305068000 元，则 2010 年首旅酒店流动资产周转率如下：

$$流动资产周转率 = \frac{销售收入}{流动资产平均余额} = 7.92（次）$$

$$流动资产周转天数 = \frac{360}{流动资产周转率} = 45.46（天）$$

在一定时期内，流动资产周转率越高，表明以相同的流动资产完成的周转额越多，流动资产利用的效果越好，能够相对节约流动资金投入，增强企业的盈利能力，提高企业的短期偿债能力。如果周转速度过低，会形成资产的浪费，使企业现金过多地占用在存货、应收账款等非现金资产上，变现速度慢，影响企业资产的流动性及偿债能力。

表 4-8 反映了 2013~2017 年首旅酒店流动资产的周转速度，通过与行业标准值比较（见表 4-9）可以了解首旅酒店流动资产周转速度处于行业标准值的对应水平。

表 4-8 2013~2017 年首旅酒店流动资产周转速度

年份	2013	2014	2015	2016	2017
流动资产（元）	623496888	527910126	377543819	1869536251	1966814577
流动资产平均余额（元）	688419127	575703507	452726973	1123540035	1918175414
营业收入（元）	2964530796	2790622395	1332799606	6522779198	8416651932
流动资产周转率（次）	4.31	4.85	2.94	5.81	4.39
流动资产周转天数（天）	83.53	74.23	122.45	61.96	82.01

表 4-9 2012~2017 年首旅酒店与行业流动资产周转速度标准值

年份	2012	2013	2014	2015	2016	2017
首旅酒店	4.45	4.31	4.85	2.94	5.81	4.39
行业优秀值	2.4	5.7	5.5	5.4	5.4	5.5
行业良好值	1.8	1.8	1.6	1.5	1.5	1.6
行业平均值	1.2	1.2	1	0.9	0.9	1
行业较差值	0.7	0.8	0.6	0.5	0.5	0.2

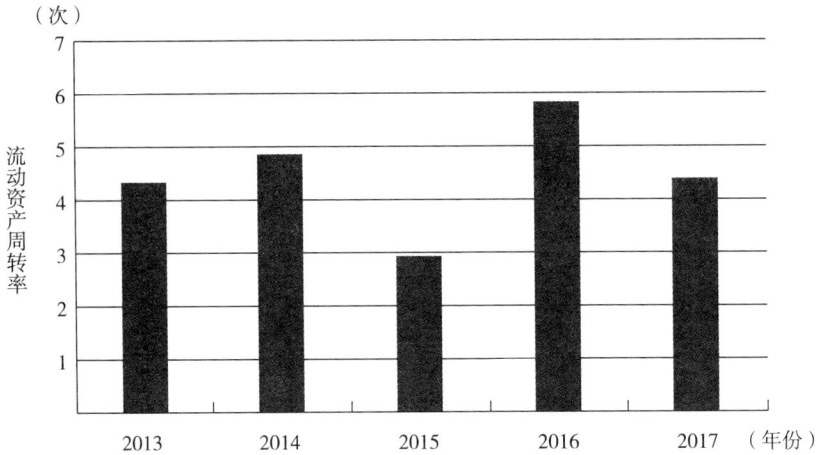

图 4-7　首旅酒店流动资产周转率变化趋势

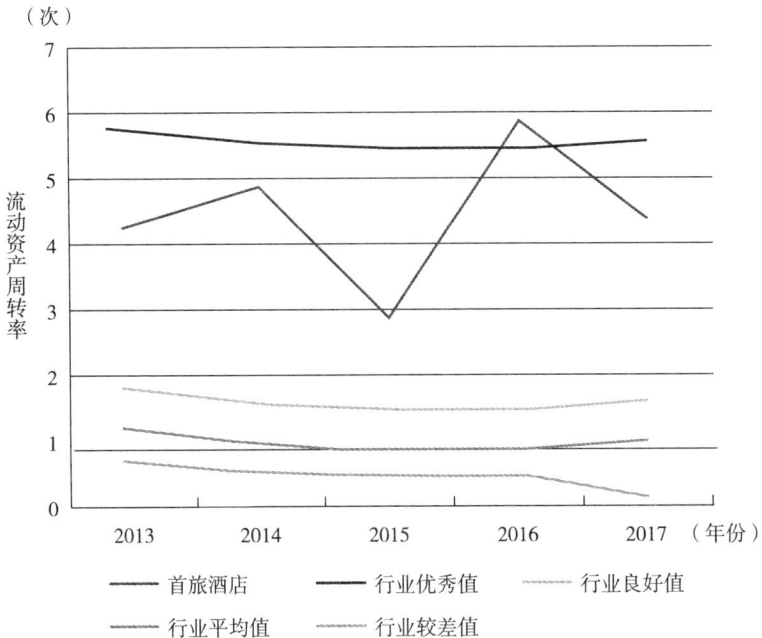

图 4-8　首旅酒店流动资产周转天数变化趋势

（一）首旅酒店流动资产营运能力

从纵向来看（见表 4-7），首旅酒店流动资产营运能力除 2015 年出现大幅下滑外，整体呈上升趋势。说明整体上，首旅酒店流动资产周转速度在加快，流动资产管理效率在提高。

从横向来看（见表 4-8），首旅酒店流动资产营运能力虽然在 2015 年出现大幅下滑，但整体上仍高于行业平均值，接近或有可能超过行业优秀值，因此其流动资产营运能力具有加大优势，仍处于行业领先地位。

（二）短期资产营运能力总体评价

从纵向发展趋势来看，首旅酒店的各项营运能力指标在 2012~2014 年基本平稳，但 2015 年由于减少旅行社业务，增加了南苑股份，所以各项指标出现下滑趋势。虽 2016 年各项指标有所回升，但 2017 年各项指标继续下降，难掩营运能力整体下滑的趋势，见表 4-10。

表 4-10 2012~2017 年首旅酒店短期资产营运能力指标

年份	2012	2013	2014	2015	2016	2017
应收账款周转率（次）	98.37	66.12	76.97	47.81	61.41	44.61
应收账款周转天数（天）	3.66	5.44	4.68	7.53	5.86	8.07
存货周转率（次）	88.97	101.07	106.14	9.25	9.31	9.03
存货周转天数（天）	4.05	3.56	3.39	38.93	38.69	39.86
营业周期（天）	7.71	9.07	8.07	46.46	44.55	47.93
流动资产周转率（次）	4.45	4.31	4.85	2.94	5.81	4.39
流动资产周转天数（天）	80.90	83.53	74.23	122.45	61.96	82.01

从横向比较来看，与行业水平相比，首旅酒店的各项营运能力指标虽然存货周转率偏低，但各项指标仍高于行业的平均值，说明其短期资产投资效率在行业中处于中等偏上水平，短期资产营运能力较强。

第三节 旅游企业长期营运能力分析

旅游企业长期营运能力分析的主要指标有固定资产周转率及总资产周转率。

一、固定资产营运能力分析

固定资产营运能力可以通过固定资产周转率和固定资产周转天数来反映。

固定资产周转率是指企业年销售收入净额与固定资产平均净值的比率，又称固定资产周转次数。

该指标反映企业固定资产在一定时期内实现营业收入的多少，以此说明企业固定资产的运用效率。

$$固定资产周转率 = \frac{销售收入}{固定资产平均净值}$$

$$固定资产周转天数 = \frac{360 天}{固定资产周转率}$$

需要指出的是，固定资产平均净值，这里净值表示扣除折旧和减值准备后的金额。运用固定资产周转率指标时，需要考虑固定资产净值因计提折旧而逐年减少。且不同单位的折旧方式不同，会导致不同企业固定资产周转率不具有可比性（当企业固定资产净值率过低、过于陈旧，或者当企业属于劳动密集型企业时，这一比率就可能没有太大的意义）。固定资产周转率的分析，应该结合固定资产的更新、报废、重置等情况的变化，同时还应结合流动资产的规模、周转速动进行分析。

固定资产周转率高，表明企业固定资产投资得当，固定资产结构合理，能够充分发挥效率。反之，则表明固定资产使用效率不高，提供的生产成果不多，存在固定资产过多或者有闲置，企业的运营能力不强。

[**例4-6**] 首旅酒店2010年实现营业收入总额为2304640000元，2009年固定资产期末余额为276999000元，2010年固定资产期末余额为305068000元，则2010年首旅酒店固定资产周转率为：

$$固定资产周转率 = \frac{销售收入}{固定资产平均净值} = 2.68（次）$$

$$固定资产周转天数 = \frac{360}{固定资产周转率} = 134.35（天）$$

运用固定资产周转率时，需要考虑固定资产净值因计提折旧而逐年减少，因更新重置而突然增加的影响；在不同企业间进行分析比较时，还要考虑采用不同折旧方法对净值的影响等。

固定资产周转率及周转天数没有绝对的判断标准，一般要通过与公司历史水平相比较加以衡量，从而进行趋势分析。

由于公司之间机器设备与厂房等主要固定资产在种类、数量、形成时间等方面均有加大差异，因而较难找到外部可以借鉴的标准公司或标准比率，因此，此指标进行同业比较分析的意义相对不大。

表4-11　2012~2016年首旅酒店固定资产周转速度指标

年份	2012	2013	2014	2015	2016
固定资产（元）	728296018	689020126	642302240	1887904042	2657307552
固定资产平均余额（元）	781905360	708658072	665661183	1265103141	2272605797
营业收入（元）	3040758122	2964530796	2790622395	1332799606	6522779198
固定资产周转率（次）	3.89	4.18	4.19	1.05	2.87
固定资产周转天数（天）	93	86	86	342	125

表4-12　2012~2017年首旅酒店固定资产周转天数

年份 项目	2012	2013	2014	2015	2016	2017
固定资产周转天数（天）	92.57	86	86	342	125	110.25

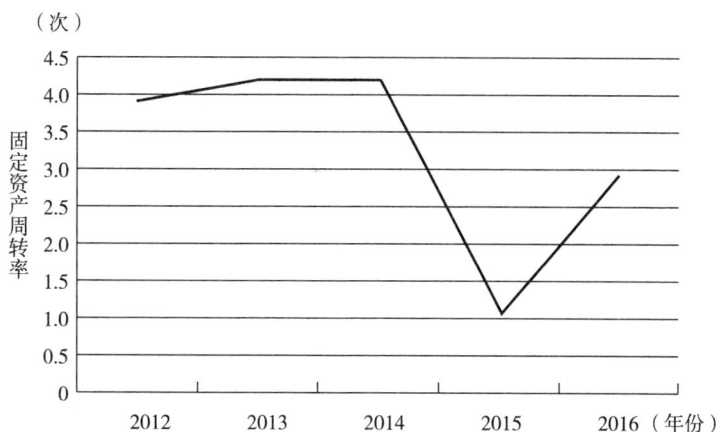

图 4-9 首旅酒店固定资产周转率变化趋势

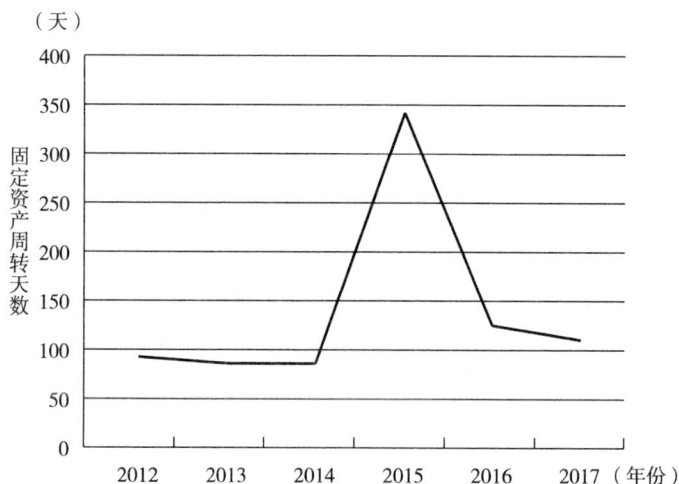

图 4-10 首旅酒店固定资产周转天数变化趋势

[**评价**] 从表4-11、表4-12、图4-9、图4-10可以看出：首旅酒店的固定资产周转率在2012~2014年平稳增长，收购南苑股份导致2015年固定资产周转率大幅下跌，2016年收购如家酒店集团带来固定资产周转率的提升，2017年固定资产周转率继续上升，但比2012~2014年的水平还是下降了不少。因此，整体来说，固定资产的周转速度在下降，运用效率在降低，固定资产的利用效率有待提高。

二、总资产营运能力分析

企业资产在经营过程中使用效果如何，取决于企业的经营能力、资产构成比率是否合理等因素。评价企业总资产营运能力可以使用总资产周转率和总资产周转天数指标。

$$总资产周转率（次数）= \frac{销售收入}{平均资产总额}$$

$$总资产周转天数 = \frac{360 天}{总资产周转率}$$

[例4-7] 首旅酒店2010年实现营业收入总额为2304640000元，2009年总资产期末余额为1887010000元，2010年总资产期末余额为1991870000元，则2010年首旅酒店总资产周转率如下：

$$总资产周转率（次数）= \frac{销售收入}{平均资产总额} = 1.21（次）$$

$$总资产周转天数 = \frac{360 天}{总资产周转率} = 296.71（天）$$

总资产周转率是综合评价企业全部资产经营质量和利用效率的重要综合性指标，反映企业单位资产创造的销售收入，与反映盈利性的指标结合起来有助于评价企业的盈利性。同时，该指标又能说明企业在一定期间全部资产从投入到产出周而复始的流转速度，体现企业的流动性。

总资产周转率越高，则总资产周转速度越快，说明全部资产经营利用的效果越高，企业的经营效率越高；反之，则说明企业没有充分发挥资产的效能，需要采取措施提高各项资产的利用程度，从而需要增加销售额，削减部分资产或调整资产组合。如果这个比率较低，则说明企业利用全部资产进行经营的效率较差，最终会影响企业的获利能力。这样，企业就应该采取措施提高各项资产的利用程度从而提高销售收入或处理多余资产。

表4-13　2013~2017年首旅酒店总资产周转速度指标

年份	2013	2014	2015	2016	2017
总资产（元）	2171741972	2229143172	3960965175	17293282893	16847195797
总资产平均余额（元）	2213643873	2200442572	3095054174	10627124034	17070239345
营业收入（元）	2964530796	2790622395	1332799606	6522779198	8416651932
总资产周转率（次）	1.34	1.27	0.43	0.61	0.49
总资产周转天数（天）	268.82	283.86	836.00	586.52	730.13

1. 评价

从纵向发展趋势来看，虽2016年有小幅震荡，但总体来说，首旅酒店的总资产周转速度大幅下降，说明首旅酒店总资产的运营效率在降低，全部资产的利用效果不足（见表4-13、图4-11、图4-12）。

从横向来看，首旅酒店的总资产周转率在行业平均值附近波动，说明其总资产的管理效率处于行业平均水平。

2. 总体评价

从纵向发展趋势来看，首旅酒店长期资产营运能力在2012~2014年较为平稳，2015年长期资产营运能力大幅下滑，2016年略有回升，但不能改变整体的下滑趋势。说明首旅酒店的长期资产运营效率在下降，长期资产的利用效率不足。

从横向来看，首旅酒店的总资产营运能力在行业中处于平均值附近，长期资产运营效率有待提高，营运能力表现一般。

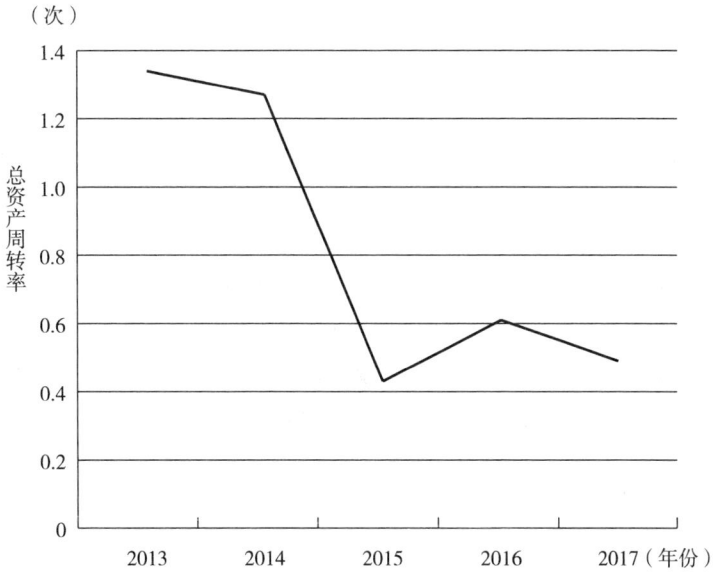

图 4-11　首旅酒店总资产周转率变化趋势

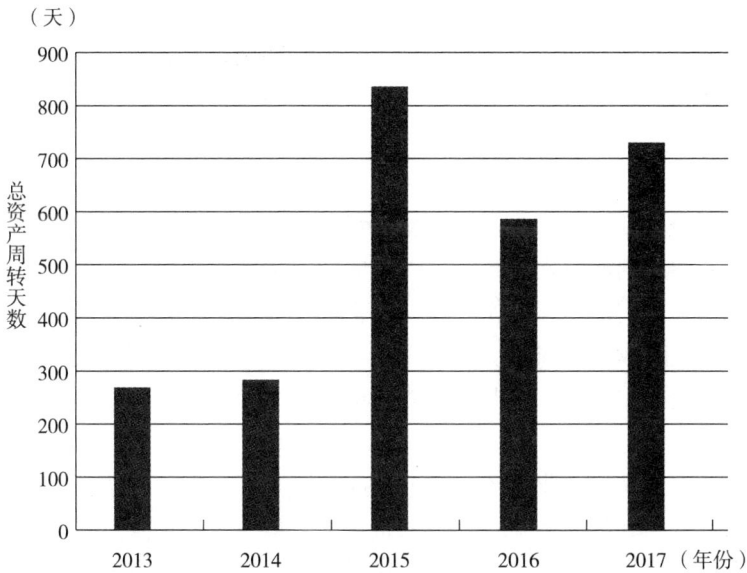

图 4-12　首旅酒店总资产周转天数变化趋势

3. 首旅酒店营运能力总体评价

2014 年置出神舟国旅，2015 年收购南苑股份，2016 年收购如家酒店集团的这一系列举措，对首旅酒店的营运能力产生了很大影响，在 2015～2017 年其营运能力出现了较大幅度的下滑。但随着内部业务板块调整和相互适应，未来还是有上升空间的。

从纵向来看，首旅酒店的短期资产营运能力处于行业领先水平，具有较强优势；但长期资产营运水平一般，处于行业中游。

第五章
旅游企业盈利及发展能力分析

    盈利能力是指旅游企业获取利润的能力，盈利是企业经营的主要目标。利润是企业内外有关各方都关心的中心问题，利润是投资者取得投资收益、债权人收取本息的资金来源，是经营者经营业绩和管理效能的集中体现，也是职工集体福利设施不断完善的重要保障，因此盈利能力分析是财务分析中的一项重要内容。

    从企业的角度来看，企业从事经营活动，其直接目的是最大限度地赚取利润并维持企业持续稳定地经营和发展。持续稳定地经营和发展是获取利润的基础；而最大限度地获取利润又是企业持续稳定发展的目标和保证；只有在不断地获取利润的基础上，企业才可能发展；同样，盈利能力较强的企业比盈利能力较弱的企业具有更大的活力和更好的发展前景。因此，盈利能力是企业经营人员最重要的业绩衡量标准和发现问题、改进企业管理的突破口。

    对于债权人来讲，利润是企业偿债的重要来源，特别是对长期债务而言。盈利能力的强弱直接影响企业的偿债能力。企业举债时，债权人势必审查企业的偿债能力，而偿债能力的强弱最终取决于企业的盈利能力。因此，分析企业的盈利能力对债权人也是非常重要的。

    对于股东（投资人）而言，企业盈利能力的强弱更是至关重要的。在市场经济下，股东往往会认为企业的盈利能力比财务状况、营运能力更重要。股东们的直接目的就是获得更多的利润，因为对于信用相同或相近的几个企业，人们总是将资金投向盈利能力强的企业；股东们关心企业赚取利润的多少并重视对利润率的分析，是因为他们的股息与企业的盈利能力是紧密相关的；此外，企业盈利能力增加还会使股票价格上升，从而使股东们获得资本收益。

    企业的发展能力，又称企业的增长能力或成长能力。根据很多企业因成长过快而破产的事实可知：增长率达到最大化不一定代表企业价值最大化，增长并不是一件非要达到最大化的事情。很多企业保持适度的增长率，在财务上积蓄能量是非常必要的。总之，从财务角度来看，企业发展必须具有可持续性的特征，即在不耗尽财务资源的情况下，企业财务具有增长的最大可能。

    分析考核企业的发展能力，可以抑制企业的短期行为，有利于完善现代企业制度。企业的短期行为集中表现为追求眼前的利润，忽视企业资产的保值与增值。为了实现短期利润，有些企业不惜拼耗设备、少计费用和成本。增加了对企业发展能力的考核后，不仅要考核企业目前实现的利润，还要考核企业资产的保值与增值情况，这就可以从一定程度上抑制企业的短期行为，真正增加企业的经济实力，完善现代企业制度。

第一节　企业盈利及发展能力分析概述

一、盈利及发展能力的含义

（一）盈利能力的含义及意义

盈利能力是指企业获取利润的可能性与潜力。利润及盈利能力对于企业来说有非常重要的意义：

1. 利润是股东创办企业的出发点和归宿

股东之所以创办或投资企业，其中最主要的目的就是获取报酬，实现财富的保值与增值。而股东获取的报酬来源于企业的利润，企业没有利润，股东也不可能取得报酬，股东也就无法实现自身创办或投资企业的目的。

2. 盈利是现代社会赋予企业最主要的功能

现代社会要取得发展，其中最主要与最基本的内容是实现经济规模的扩张。在现代社会，能够帮助其实现经济扩张最主要的，甚至可以说是唯一的组织就是企业。企业要履行这种功能，只有通过盈利才能实现。因此，企业盈利就成为实现现代社会经济发展最主要的途径与手段。一个企业是否是一个合格的企业，最基本的判断标准就是这个企业是否盈利，以及盈利水平是否恰当。

3. 利润及盈利能力是企业经营者证明自身能力与业绩的主要手段

企业经营管理者经营管理水平的高低，并不通过学历、智力或经验来证明，只能通过自身所经营企业的利润及盈利能力来证明，因此利润及盈利能力是企业经营者证明自身能力与业绩的主要手段，甚至可以说是唯一手段。从某种意义上讲，企业经营者的所有荣誉来自于所经营企业的利润及盈利能力。

（二）发展能力的含义及意义

企业发展能力（又称成长能力）是指在市场竞争中，实现长期盈利，并保证持续价值增值的可能性和潜力。

企业发展能力对企业的生存与成长来说，有非常重要的意义，主要表现在以下几个方面：

1. 发展是企业生存环境对企业的外在要求

企业作为一个营利性的组织，始终面临着激烈的市场竞争环境。在这种市场竞争环境中，企业或者在竞争中不断壮长，在成长中实现生存，或者是在竞争中不断衰弱，在衰退中倒闭关张。于是，如何在竞争中实现成长与生存，就成为所有企业始终必然面临和思考的问题，即成长问题是企业经营管理的永恒主题，在竞争中实现成长是所有企业的内在要求。

2. 发展是企业作为一个特殊营利性组织的内在要求

这种特殊性表现在企业所追求的盈利性不是短期的盈利，而是通过长期努力与奋斗实现利润回报。这是企业与其他投机营利性组织，如商人、股票投机商等的不同之处。投机性组织往往是有机会就干，没有机会就算了，通常没有长期的追求与打算。相反，企业作为一个营利性的组织，是以企业的长期生存与盈利为目标的，为了这一目标可以在相当长的时间内承受困难与亏损，以期在长期的市场竞争中实现盈利与发展。

3. 企业作为一个人造组织，可以超越人的生理寿命，实现长期的生存与发展

人类作为一个自然生命体，有着其生理上所赋予的生命极限。但是，企业作为一个组织，不存在生理寿命，如果经营恰当，能够长期生存与发展，能够超越创办者的生命，成长为百年企业。

二、盈利及发展能力分析的内容

（一）盈利能力分析的内容

就企业盈利能力关注的程度来看，对企业盈利能力最关注的主要有两个群体：一个是企业经营管理者，另一个是企业投资者，即企业的股东（包括现在投资者和潜在投资者）。因此企业盈利能力分析可以分为经营者盈利能力分析与投资者盈利能力分析。

1. 经营者角度的盈利能力分析

经营者对企业财务的分析视角主要是关注企业的收入、成本费用、利润的规模及其对比关系。经营者对企业财务分析会从这些角度入手，原因为企业收入的规模是经营者努力的结果，是能够证明其经营业绩的主要指标。

2. 投资者角度的盈利能力分析

从投资者角度来看，投资者投入企业的资源是其自身的资本投入，形成了企业的净资产（即所有者权益）。投资者从企业获得的报酬是企业的净利润，因此，从投资者角度来看，其所关注的是企业净资产、净利润及其对比程度，也就是投入资金获得收益的水平。

（二）发展能力分析的内容

与企业盈利能力分析一样，企业发展能力分析也可以分为经营者成长能力分析与投资者成长能力分析。

1. 经营者成长能力分析

经营者成长能力分析是从经营者角度出发，考虑和分析企业的成长能力，主要关注对企业利润规模、收入规模等经营数据变化的分析。

2. 投资者成长能力分析

投资者成长能力分析是从投资者角度出发，考虑和分析企业的成长能力，主要关注对企业利润规模、资产规模等投资数据变化的分析。

第二节　旅游企业盈利能力分析

旅游企业要满足投资者、债权人、员工、政府及其他利益相关者的要求，履行自身的责任，就必须以企业的盈利能力来支撑与实现。因此，利润是众多利益相关者共同关心的问题，企业盈利能力分析具有十分重要的意义。

企业盈利能力通常是企业获取利润的可能性和潜力。对于如何衡量企业的盈利能力，不同的利益群体从不同的利益角度出发，可能存在不同的认识。通常，人们主要从经营管理者角度和投资者角度对企业盈利能力进行分析。

因此企业盈利分析可以分为基于经营管理者的盈利分析与基于投资者的盈利能力分析。

一、基于经营管理者的盈利分析

经营者对企业财务分析的视角主要是关注企业的收入、成本费用、利润的规模及其对比关系。经营者对企业财务分析会从这些角度入手，原因为企业的盈利多少是经营者努力的结果，是能够证明其经营业绩的主要指标。

企业是凭借对企业所拥有资源的运作，生产出能够使顾客接受的产品或服务，从而从顾客那里取得收入。企业所拥有多少资源，经营者在很大程度上是没有控制能力的，这主要由企业股东投入或决定。经营所能够做的只是在企业资源既定的基础上，通过有效的方式，提高顾客乐于接受并愿意付出对价的产品。顾客付出的对价越多，企业的收入规模就越大，经营者的付出与能力就能够得到更多有效的体现与证明。

但是向顾客提供产品或服务需要耗费企业资源，在收入既定的条件下，企业所消耗的资源越少，说明企业经营者的经营水平越高、能力就越强。因此，经营不仅会关注企业的收入，还要关注企业对资源的耗费。能够用尽可能少的资源消耗实现尽可能多的产出，就成为经营者证明其业绩最有效的手段。因此，经营者主要从收入、成本费用与利润的对比中发现经营管理中存在的问题，证明自己的业绩与能力。

从企业经营者的角度入手，财务分析主要指标有营业毛利率、营业净利率、成本费用利润率、营业现金比率。

（一）营业毛利率

营业毛利率是指营业毛利（营业收入-营业成本）与营业收入的比率。具体计算公式如下：

$$营业毛利率 = \frac{营业毛利}{营业收入} \times 100\% = \frac{营业收入-营业成本}{营业收入} \times 100\%$$

该指标表明，每单位营业收入在扣除相关的营业成本后，尚有多少可用于弥补期间费用并形成净利润。它是企业营业净利润的基础，没有足够大的营业毛利率，就不能实现盈利或无盈利能力。同时，营业毛利率也是反映一线经营部门（销售部门）能力与业绩的重要指标。

由于该指标具有明显的行业特性，因此，在分析利用该指标时，应当结合企业所处的行业特点，可以将之与行业平均值、行业先进水平相比较，以评价企业的盈利性及企业在同行业中所处的位置。

在此分析的基础上，可以进一步分析产生盈利差距的原因，从而挖掘潜力，改善经营管理，提高企业的盈利能力。

[**例5-1**] 首旅酒店2017年实现收入8416651931.85元，营业成本支出是451215910.48元。则计算首旅酒店营业毛利率如下：

$$2017年首旅酒店营业毛利率 = \frac{8416651931.85 - 451215910.48}{8416651931.85} \times 100\% = 94.64\%$$

表5-1 首旅酒店营业毛利率（2013~2017年）

报告期	2013年	2014年	2015年	2016年	2017年
毛利率（%）	32.2543	33.4368	86.3944	94.4929	94.639

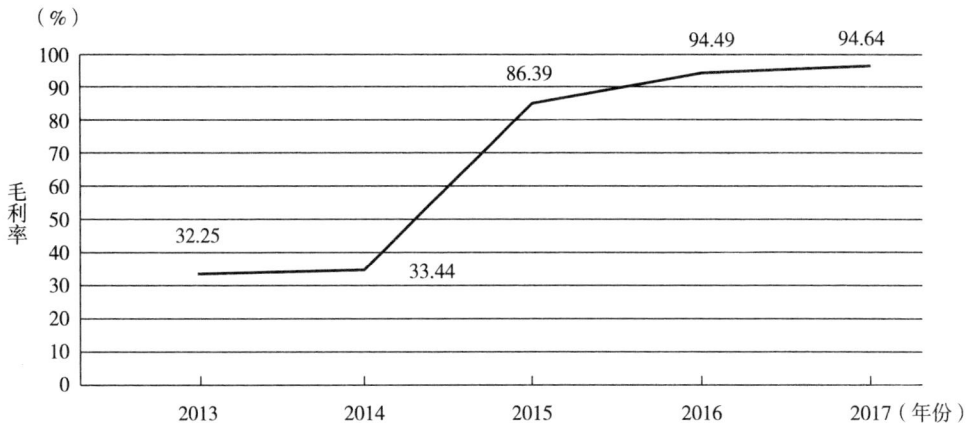

图5-1 首旅酒店毛利率变化趋势

从表5-1、图5-1可以看出：首旅酒店毛利率2013年、2014年相对平稳，在2015年发生了非常大的改变，达到了86.39%，到2016年、2017年分别达到了94.49%、94.64%，形成这种情况的原因还要结合收入、营业成本的变化进行进一步深入分析。

（二）营业净利率（销售净利率）

营业净利率是净利润与营业收入的比率，该指标反映了每单位营业收入所带来的净利润额是多少。其计算公式如下：

$$营业净利率 = \frac{净利润}{营业收入} \times 100\%$$

该指标越高越好，这说明经营者在扩大企业营业收入的同时，必须加强费用控制，必须注重为投资者创造利润，增加净利润额。

[**例5-2**] 首旅酒店2017年实现收入8416651931.85元，实现净利润659217413.04

元。则计算首旅酒店营业净利率如下：

$$2017 年首旅酒店营业净利率 = \frac{659217413.04}{8416651931.85} \times 100\% = 7.83\%$$

2017 年，首旅酒店的营业净利率为 7.83%，同期锦江股份为 7.28%。在同行业、相同商业竞争模式下本年营业净利润率基本保持同一水平。

首旅酒店 2013～2017 年营业净利率见表 5-2。

表 5-2 首旅酒店营业净利率（2013～2017 年）

报告期	2013 年	2014 年	2015 年	2016 年	2017 年
营业净利率（%）	4.6081	4.7872	8.4574	5.11	7.8323

下面采用趋势分析法，我们可以发现，首旅酒店近几年的营业净利率处于整体趋势上升期，但在 2015～2016 年出现较大振幅，这与首旅酒店在这两年间进行公司合并与收购的融资动作相关，见图 5-2。

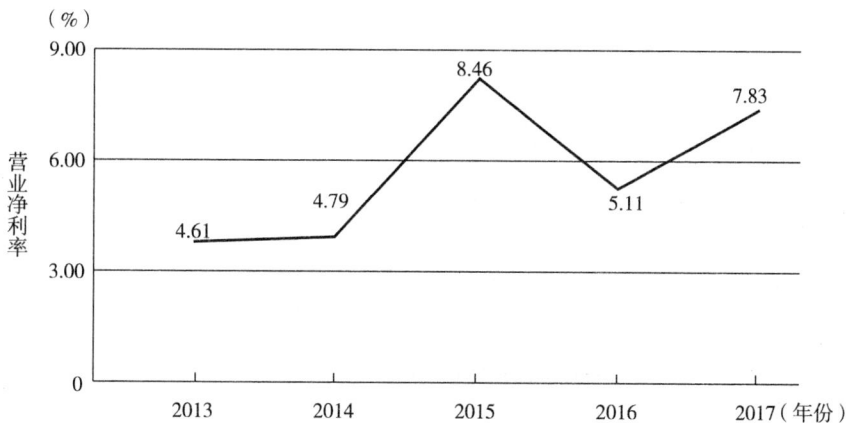

图 5-2 首旅酒店营业净利率变化趋势

（三）成本费用利润率

成本费用利润率是企业营业利润与企业成本费用的比率。其计算公式为：

$$成本费用利润率 = \frac{营业利润}{成本费用} \times 100\%$$

其中，成本费用一般指营业成本、营业税金及附加、销售费用（营业费用）、管理费用、财务费用之和。成本费用利润率这个指标反映了企业在生产经营过程中，付出代价与取得收益之间的关系。

该比率越高，表明企业为取得收益（营业利润）所付出的代价越小，同时成本费用控制得越好，企业的盈利性越强。

该指标可以直接反映企业增收节支、增产节约等情况。因此，企业任何生产销售的增加和成本费用的节约都能提高企业的营业利润，它有利于分析者从企业支出方面衡量以营业利润为基础的盈利性。同时，也有利于企业发现、挖掘降低成本费用的潜力。

[例 5-3] 根据表 5-3 简化的资产负债表，计算首旅酒店成本费用利润率如下：

表 5-3 首旅酒店利润表（简表） 单位：万元

一、营业总收入	841665.19
营业收入	841665.19
二、营业总成本	745957.06
营业成本	45121.59
营业税金及附加	5836.42
销售费用	571918.57
管理费用	94802.89
财务费用	22251.55
资产减值损失	6026.04
公允价值变动收益	—
投资收益	−318.55
其中：对联营企业和合营企业的投资收益	−835.96
汇兑收益	—
三、营业利润	103593.34

$$成本费用利润率 = \frac{103593.34}{739931.02} \times 100\% = 14\%$$

2017 年首旅酒店的成本费用利润率为 14%，也就是说，首旅酒店每花费 100 元的成本和费用，可以赚取 14 元的营业利润。

而历史同期，锦江股份的成本费用利润率为 9.89%。

表 5-4 首旅酒店成本费用利润率（2013~2017 年）

报告期	2013 年	2014 年	2015 年	2016 年	2017 年
成本费用利润率（%）	6.25	6.40	10.29	7.5	14

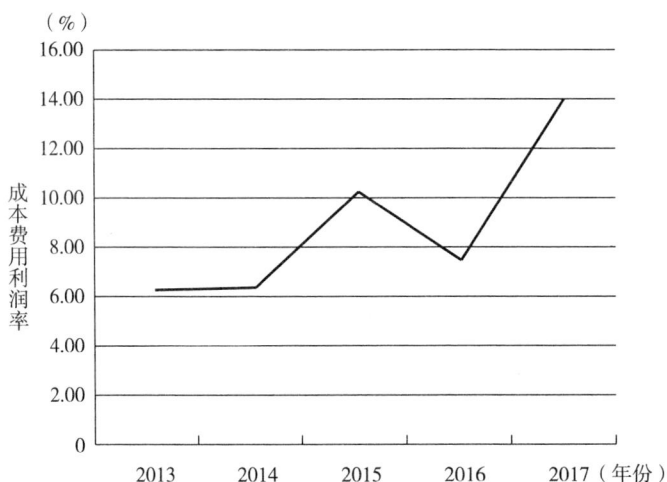

图 5-3 首旅酒店成本费用率变化趋势

由表 5-4 和图 5-3 可见，首旅酒店在成本费用控制方面虽然在 2016 年由于公司主要现金流量和资金力度集中在收购如家酒店，出现了一次较为明显的下降，但总体趋势仍保持上升势头，尤其在 2017 年取得了一些成绩，提高了企业的盈利能力。

分析该指标时要注意到：由于在产品的生产过程中，不同产品的生产所消耗的直接材料、直接人工和其他费用具有很大差异，同时不同的行业在计算产品成本时可能会由于传统习惯也存在差异，这样会使不同产品或产业的毛利率存在较大差异。

旅游企业作为以提供服务为主业的企业，其毛利率通常要高于工业企业。原因主要有以下三个：其一，旅游企业的产品主要以服务为主，对直接材料的消耗较少。其二，旅游企业在营业成本核算过程中，按照传统做法通常不像工业企业，对员工区分为生产员工和行政管理员工，将生产员工的薪酬作为直接人工成本，计入产品的生产成本，相反旅游企业将所有员工的薪酬都作为营业费用计入期间费用，这样人为地降低了营业成本，提高了企业的毛利率。其三，在固定资产折旧的入账方面，工业企业将生产用固定资产的折旧计入生产成本，而旅游企业并不对固定资产进行区分，而是将所有的折旧全部计入管理费用，这样同样降低了企业营业成本，提高了企业的营业毛利率。

（四）营业现金比率

营业现金比率又称销售现金比率，是企业经营现金净流量与营业收入（销售额）的比率，表明营业收入的质量（现金含量）。其计算公式如下：

$$营业现金比率 = \frac{经营现金净流量}{营业收入} \times 100\%$$

该指标表明了每 1 元的营业收入能够给企业带来的净现金流量是多少，表现了企业通过经营活动赚取现金的能力。该指标数值越大，说明企业营业收入的质量越高，营业活动的风险越小。

该指标的水平与企业的经营环境、行业特点、销售政策水平等许多因素有关。

同样，可以将其与行业平均值、行业先进水平和企业历史相比较，以比较客观地评价企业的盈利质量。

[例 5-4] 首旅酒店 2017 年实现收入 8416651931.85 元，营业净现金流量 2064542169.63 元。则计算首旅酒店营业现金比率如下：

$$营业现金比率 = \frac{经营现金净流量}{营业收入} \times 100\% = \frac{2064542169.63}{8416651931.85} \times 100\% = 24.53\%$$

2017 年首旅酒店的营业现金比率为 24.53%，同期，锦江股份的营业现金比率为 23.94%，二者通过经营活动获取现金的能力差不多。

通过计算可以看到：首旅酒店 2017 年营业利润率为 12.31%（营业利润率＝营业利润÷营业收入），营业现金比率高于营业利润率，可见首旅酒店在回收现金方面，还是取得了一些成绩，通过资产负债表上应收账款和其他应收款的减少也可以得到证实。

表 5-5 首旅酒店营业现金比率（2013~2017 年）

报告期	2013 年	2014 年	2015 年	2016 年	2017 年
经营现金净流量（元）	239472459.99	246441435.89	363772212.88	1482291286.43	2064542169.63
营业收入（元）	2964530795.94	2790622394.51	1332799606.39	6522779197.52	8416651931.85
营业现金比率（%）	8.08	8.83	27.29	22.72	24.53

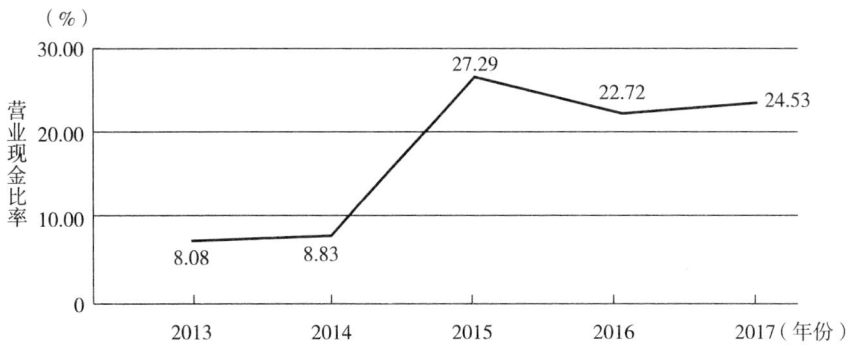

图 5-4 首旅酒店营业现金比率变化趋势

由表 5-5 和图 5-4 可见，近几年，首旅酒店营业现金比率波动较大，但基本保持整体上升的趋势，从 2014 年到 2015 年形成了一次大的断层式涨幅。

通过表 5-5 和图 5-4 对于公式各个变量的具体数值分析可以看出，2013~2014 年整体营业收入额基本保持了两倍的优势高于 2015 年，但营业现金比率结果却恰恰相反，关键是 2015 年的现金净流量绝对值高于 2013 年和 2014 年的水平，从 2015 年起，营业现金比率，即营业现金的质量大幅趋于利好状态，不仅整体经营性现金净流量大幅增长，当年营业收入也呈正向持续增长。

2013~2014 年整体现金净流量较大的原因是经营活动现金流出额度居高不下，是 2015~2017 年 1.5 倍甚至超过 1.5 倍以上的水平，公司整体经营性可变现能力不高。

2015 年后，营业现金比率要高于同期营业净利率，说明首旅酒店收益质量很好，可以为企业成长提供丰富的现金资源。

二、基于投资者的盈利分析

从投资者的角度来看，投资者投入企业的资源是其自身的资本投入，形成了企业的净资产（即所有者权益）。投资者从企业获得的报酬是企业的净利润，因此从投资角度来看，其所关注的是企业净资产、净利润及其对比程度。即投资者关心的是自身投入企业的资源是否得到有效利用，是否产生丰厚的收益（利润回报）。

资产报酬率，又称资产收益率，是企业收益（净利润）与资产（平均资产总额）的比率，反映资产的获利程度，表明企业资本的收益水平。

$$资产报酬率 = \frac{净利润}{平均资产总额} \times 100\%$$

该指标表明了企业应用每 1 元的资产能够给企业带来的净利润是多少。

其中，平均资产总额 =（年初资产总额+年末资产总额）÷2。

该指标可以细分为总资产报酬率和净资产报酬率（权益报酬率）。

1. 总资产报酬率

总资产报酬率是收益（净利润）与总资产（平均资产总额）的比率，反映企业利用总资产的获利程度，表明企业利用全部资产的盈利水平。

$$总资产报酬率 = \frac{净利润}{平均（总）资产总额} \times 100\%$$

该指标表明，企业应用每 1 元的总资产能够给企业带来的净利润是多少。

[例 5-5]　首旅酒店 2017 年实现净利润 659217413.04 元，年初资产总计 17293282893.04 元，年末资产总计 16847195796.90 元，则计算首旅酒店总资产报酬率如下：

$$总资产报酬率 = \frac{659217413.04}{(16847195796.90+17293282893.04) / 2} \times 100\% = 3.86\%$$

表 5-6　首旅酒店总资产报酬率（2013~2017 年）

报告期	2013 年	2014 年	2015 年	2016 年	2017 年
总资产报酬率（%）	6.17	6.07	3.64	3.14	3.86

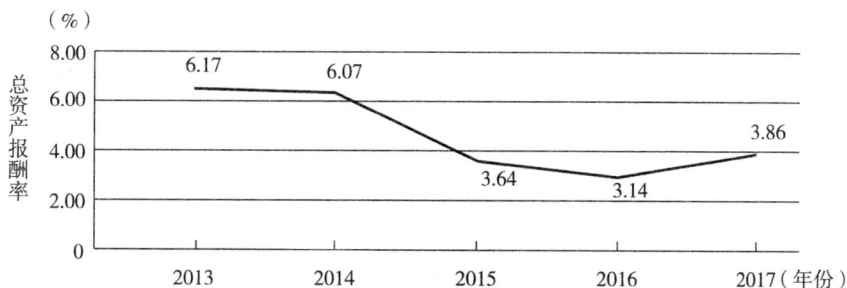

图 5-5　首旅酒店总资产报酬率变化趋势

由表 5-6 和图 5-5 可知，首旅酒店自 2014 年起资产报酬率开始出现一次大幅近一倍的下降后逐渐趋于平稳。2014~2015 年，根据审计报告可以看出，首旅酒店在资产总额上实现了大幅度的增长，增长幅度自 2014 年起超过 2013 年同期 70%，持续猛增，到 2016 年底资产增长幅度较 2015 年同期上涨 330%，但与此同时，净利润的实际回报额则没有跟上应有的增长比例，始终维持在 13000 万元左右的净利润，尤其在 2014~2015 年，实际净利润仍保持在 2013 年的利润水平，导致 2015 年总资产报酬率出现大幅下跌，盈利水平随后持一般状态并一直维稳到 2017 年底，但根据统计指标标准进行衡量可以看出，首旅酒店依然保持在行业内的一般水平状态。

表5-7是首旅酒店和锦江股份的对比数据。

表5-7　首旅酒店与锦江股份2017年盈利主要指标（1）

项目	首旅酒店	锦江股份
主营业务收入（元）	8416651931.85	13582583602.89
收益（净利润）（元）	659217413.04	990061491.61
总资产（平均）（元）	17070239344.97	43877880746.63
营业净利率（%）	7.83	7.28
总资产周转率（次）	0.49	0.31
总资产报酬率（%）	3.86	2.26

通过表5-7可以看到：2017年首旅酒店的总资产报酬率为3.86%，同期锦江股份的总资产报酬率为2.26%。在总资产规模方面，锦江股份整体资产规模是首旅酒店的2.57倍，造成这种现象的原因在于，首旅酒店不仅其资产利用效率要高于锦江股份，且总资产报酬率也略高于锦江股份。产生这种现象的深层原因是，自2016年首旅酒店成功收购如家酒店、保利酒店等多个酒店的股份后，其合并报表所体现的总资产规模以及盈利能力逐渐赶超锦江股份，在总资产的周转率和报酬率上逐渐明显。

2. 净资产报酬率（权益报酬率）

净资产报酬率是企业收益（净利润）与净资产（平均净资产总额）的比率，反映企业运用净资产的获利程度，表明投资者投入资产的盈利水平。

$$净资产报酬率 = \frac{净利润}{平均净资产总额} \times 100\%$$

它是所有盈利能力财务分析指标中综合性最强、最具有代表性和可比性的指标。该指标可以对不同旅游企业、不同旅游行业之间盈利能力进行比较。该指标反映所有者权益的收益水平，指标值越高，说明投资人投入资本带来的收益越高。分析该指标时，应注意如下问题：

（1）净资产收益率反映投资者投资的回报率，因此，要将该指标与银行存款利率相比较。

（2）净资产收益率的高低还要与利润分配率相比较。

（3）净资产收益率的高低要结合净利润的构成进行分析，净利润的构成要看主营业务利润、其他业务利润、投资收益等的构成比例。

分析该指标时，应该注意到和净利润成正比，和平均所有者权益成反比，不仅要看净资产收益率指标的高低，更要结合净利润和所有者权益的绝对值来分析：有些企业有较高的净资产收益率也可能是由于较低的资本充足率所致，即由于亏损而导致净资产严重不足。净资产收益率是一个综合性很强的财务指标，著名的杜邦分析法就是在净资产收益率基础上展开分析的，本书后面部分将进行详细讲解。

[例5-6]　首旅酒店2017年实现净利润659217413.04元，年初净资产总计7003356529.77元，年末净资产总计7627171539.12元，则计算首旅酒店净资产报酬率如下：

$$净资产报酬率=\frac{净利润}{平均净资产总额}\times100\%=\frac{659217413.04}{(7627171539.12+7003356529.77)/2}\times100\%=9.01\%$$

表 5-8　2013~2017 年首旅酒店净资产报酬率

报告期	2013 年	2014 年	2015 年	2016 年	2017 年
净资产报酬率（%）	10.8	10.13	8.2	7.93	9.01

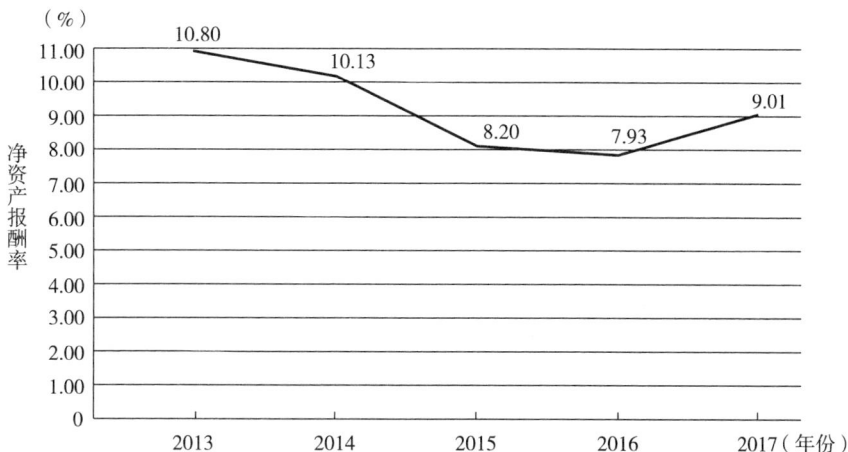

图 5-6　首旅酒店净资产报酬率变化趋势

由表 5-8 和图 5-6 可知，和总资产报酬率相比，权益报酬率体现的首旅酒店的投资报酬能力更加准确，5 年其总体保持在同一个水平状态，期间出现小幅波动，并在 2016 年触底，这也是在总资产报酬率当中所提到的一个因素，即企业当年大幅增长资产总额拉大比例差距所导致，然而从 2017 年开始，净资产报酬率开始逐渐趋于上升状态，这一态势比在总资产报酬率中的分析表现得更为明显。

3. 每股收益

每股收益也称每股盈余，是当期（如本年）净收益与期末（如年末）普通股股份总数的比值，表明普通股的获利水平。其计算公式如下：

$$每股收益=\frac{净利润}{年末普通股数}$$

每股收益是衡量公司（尤其是上市公司）盈利性较重要的财务指标之一。正确计算与合理使用该项指标，对于分析与评价公司的盈利性至关重要。

持股数（持股比例）决定了股东能够占到总利润的多少与比例，而且股东很清楚的是自身购买了多少股股票。每个股东用自身所拥有股份数乘以每股收益，就可以方便地计算出该企业当年的净利润中有多少归自身所有。同时，每股收益也是每股股利的基础。

[例 5-7]　首旅酒店 2017 年实现净利润 659217413.04 元，年末普通股股数为815742752.00 元，则计算首旅酒店每股收益如下：

$$每股收益=\frac{净利润}{年末普通股数}=\frac{659217413.04}{815742752}=0.81（元）$$

2017 年首旅酒店的每股收益为 0.81 元，同期锦江股份的每股收益为 0.92 元。两者每股收益基本持平。

表 5-9 首旅酒店每股收益（2013~2017 年）

报告期	2013 年	2014 年	2015 年	2016 年	2017 年
每股收益（元）	0.59	0.58	0.49	0.49	0.81

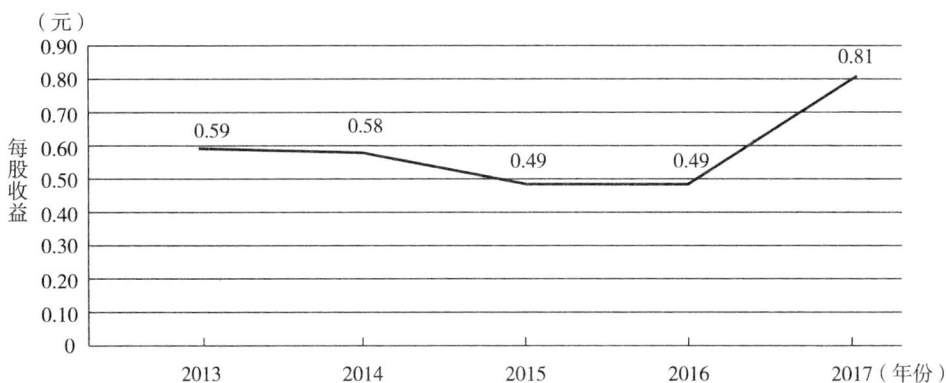

图 5-7 首旅酒店每股收益变化趋势

由表 5-9 和图 5-7 可见，2013~2017 年首旅酒店每股收益的基本态势与总资产报酬率和净资产报酬率保持一致，均为从 2013~2014 年保持较高水平后在 2015 年发生一次较大波动回落，并在 2017 年开始升温，这一点在每股收益中表现得尤为明显。

对于 2017 年每股收益呈现上涨 65% 的涨幅，其主要原因是其通过股东大会决议，以资本公积转增股本，同年净利润上涨 1.96 倍，使每股收益大幅上涨。

下面就首旅酒店与锦江股份的主要盈利指标进行对比分析：

表 5-10 首旅酒店与锦江股份 2017 年盈利主要指标（2）

项目	首旅酒店	锦江股份	变动比例
营业毛利率（%）	94.64	90.46	0.05
营业净利率（%）	7.83	7.28	0.08
成本费用利润率（%）	13.88	9.89	0.40
营业现金比率（%）	24.53	23.94	0.02
总资产报酬率（%）	3.86	2.26	0.71
净资产报酬率（%）	9.01	6.84	0.32
每股收益（元）	0.81	0.92	-0.12

通过表 5-10 可以看出，尽管锦江股份总资产规模大于首旅酒店，但是首旅酒店各个盈利指标均优于锦江股份，这说明首旅酒店整体盈利能力更优于锦江股份。

三、首旅酒店盈利能力总体评价

表 5-11　首旅酒店盈利能力指标（2013~2017 年）

报告期	2013 年	2014 年	2015 年	2016 年	2017 年
营业毛利率（%）	32.25	33.44	86.39	94.49	94.64
营业净利率（%）	4.61	4.79	8.46	5.11	7.83
成本费用利润率（%）	6.25	6.40	10.29	7.50	14
营业现金比率（%）	8.08	8.83	27.29	22.72	24.53
总资产报酬率（%）	6.17	6.07	3.64	3.14	3.86
净资产报酬率（%）	10.80	10.13	8.20	7.93	9.01
每股收益（元）	0.59	0.58	0.49	0.49	0.81

从表 5-11 可以看出：首旅酒店盈利能力在 2015 年、2016 年发生了较大变化，主要原因如下：

（一）公司内部业务合并重组

2015 年首旅酒店合并范围发生变化，新增南苑股份，置出神舟国旅，但由于南苑股份所处行业、资产规模、经营模式、发展阶段与神舟国旅皆不同，导致公司 2015 年财务指标与 2014 年相比波动较大。其中尤其以酒店业务板块业绩突出，为 2015 年度财务合并报表带来大幅度增长性的资金收益：2015 年公司酒店运营业务实现收入 77166 万元，同比增长 102.43%；实现利润总额 4797 万元，比上年下降 6.15%。其中，①北京地区 3 家产权酒店（民族饭店、京伦饭店、前门饭店）2015 年实现营业收入 35761 万元，较 2014 年同期下降 1.14%；实现利润总额 3649 万元，较 2014 年同期增长 1.49%。②南苑股份 2015 年实现营业收入 39681 万元，利润总额 -458 万元。其中，南苑股份经审计的合并报表利润总额 3799 万元、收购溢价摊销影响首旅酒店合并报表层面利润 -4257 万元。其中：浙江宁波 5 家酒店加权平均房价 497 元/间，出租率 58%，每间可供出租实际产生的平均营业收入 288 元（包括 4 家拥有物业资产酒店：南苑饭店、环球管理、新城酒店、温泉山庄；1 家租赁经营的酒店：五龙潭酒店）。

（二）业务规模及盈利能力提升

2016 年首旅酒店实现营业收入 652278 万元，比 2015 年同期增长 389.40%。2016 年公司非经常性损益对合并报表归属母公司净利润的影响金额为 6566 万元，比 2015 年同期减少 306 万元，下降 4.46%。2016 年扣除非经常性损益后归属于上市公司股东的净利润为 14528 万元，比 2015 年同期增长 362.6%；本期扣除非经常性损益后的归属于上市公司股东的每股收益为 0.4956 元，比 2015 年同期增长 265.22%。公司重大资产重组后，扣除非经常性损益后的盈利能力较 2015 年有较大提高。

同期公告还显示，首旅酒店拟以 40000 万元现金按照 3.311 元/股价格增资南苑股份，持有南苑股份18090.8916万股，持股比例92.697%；增资后持有南苑股份30171.6377万股，持股比例为95.4892%。2016年公司酒店业务实现营业收入615111.5万元，占比94.30%，其中如家酒店集团4~12月营业收入522153万元。景区运营业务实现营业收入37166万元，占比5.70%。2016年公司实现利润总额52825万元，比2015年同期增长259.97%。

2016年公司酒店业务实现利润总额65446万元，占比123.89%。其中如家酒店集团4~12月实现利润总额55703万元（以购买日可辨认资产、负债公允价值为基础进行后续计量）。景区运营业务实现利润总额9762万元，占比18.48%。2016年公司实现归属母公司净利润21094万元，比2015年同期增长110.66%；实现每股收益0.7196元，比2015年同期增长66.3%（见表5-12）。

表5-12　首旅酒店各业务板块收入利润明细　　　　　　　　单位：万元,%

指标	项目	酒店板块	景区板块	合并报表
收入	2016年营业收入	615111.50	37166.42	652277.92
	2016年结构比	94.30	5.70	100.00
	2015年营业收入	97749.05	35530.91	133279.96
	2015年结构比	73.34	26.66	100.00
	2016年比2015年营业收入增减比	529.28	4.60	389.40
	2016年比2015年营业收入结构比百分点变化	20.96	−20.96	—
利润	2016年利润总额	65445.95	9.762.06	52825.40
	2016年利润结构比	123.89	18.48	—
	2015年利润总额	8448.68	8288.22	14674.99
	2015年利润结构比	57.57	56.48	—
	2016年比2015年利润总额增减比	674.63	17.78	259.97
	2016年比2015年利润总额结构比百分点变化	66.32	−38.00	—

第三节　旅游企业成长能力分析

企业成长能力（又称发展能力）是指在市场竞争中，实现长期盈利，并保持持续价值增值的可能性和潜力。企业成长能力对企业的生存与发展来说，有着非常重要的意义，主要表现在以下几个方面：

首先，成长是企业生存环境对企业的外在要求。企业作为一个营利性的组织，始终面临着激烈的市场竞争环境。在这种市场竞争环境中，企业要么在竞争中不断成长，在成长中实现生存；要么在竞争中不断衰弱，在衰退中倒闭关张。于是，如何在竞争中实现成长与生存，就成为所有企业始终必然面临和思考的问题，即成长问题是企业经营管理的永恒主题，在竞争中实现成长是所有企业的内在要求。

其次，成长是企业作为一个特殊营利性组织的内在要求。这种特殊性表现在企业所追求的盈利性，不是短期的盈利，而是通过长期努力与奋斗实现利润回报。这是企业与其他投机营利性组织，如商人、股票投机商等的不同之处。投机性组织通常没有长期的追求与打算。相反，企业作为一个营利性的组织，是以企业的长期生存与盈利为目标的，为了这一目标可以在相当长的时间内承受困难与亏损，以期在长期的市场竞争中实现盈利与发展。

最后，企业作为一个个人造组织，可以超越人的生理寿命，实现长期的生存与发展。人类作为一个自然生命体，有着其生理上所赋予的生命极限。但是，企业作为一个个人组织，不存在生理寿命，如果经营恰当，能够长期生存与发展，能够超越创办者的生命，成长为百年企业。

与企业盈利能力分析的分类一样，企业成长能力分析也可以分为经营者成长能力分析与企业投资成长能力分析。

一、经营者成长能力分析

经营者成长能力分析是从经营者角度出发，考虑和分析企业的成长能力，主要关注影响企业利润规模、收入规模等经营数据变化的分析。具体指标有企业收入增长的分析、总资产规模增长的分析、资产更新程度的分析、企业持续盈利能力的分析等指标。

（一）企业收入增长的分析

销售收入是企业最主要的资金来源，收入的持续扩大是企业成长的重要体现。收入的扩大能够为企业扩大市场、新产品研发和提升品牌提供更加充足的资金，是企业成长能力的主要表现。从经营管理者的角度来看，能够体现自身经营管理能力和业绩的主要指标是企业所创造利润的规模和质量（收入是经营的成果，成本是经营的付出，付出来自于资源，利润（收入−成本）是经营的贡献）。利润的规模主要体现在规模的大小和发展趋势，这部分内容可以归入成长能力分析方面。

企业收入增长分析包括营业收入增长率和营业收入平均增长率两个指标。

1. 营业收入增长率

营业收入增长率，又称销售收入增长率，指企业本年营业收入增长额与上年同期营业收入的比率。

$$营业收入增长率 = \frac{本年营业收入增长额}{上年营业收入} \times 100\%$$

该指标越高越好，指标值越高，说明企业市场发展前景越好，企业成长速度越好。同时该指标是衡量企业经营状况和市场占有能力、预测企业经营业务拓展趋势的重要标志。不断增加的营业收入，是企业生存的基础和发展的条件。

[例5-8] 首旅酒店 2017 年实现利润 8416651931.85 元，2016 年实现利润 6522779197.52 元，则：计算首旅酒店营业收入增长率如下：

$$2017 年首旅酒店营业收入增长率 = \frac{8416651931.85 - 6522779197.52}{6522779197.52} \times 100\% = 29.03\%$$

表 5-13　首旅酒店营业收入增长率

报告期	2013 年	2014 年	2015 年	2016 年	2017 年
营业收入增长率（%）	-2.51	-5.87	-52.24	389	29.03

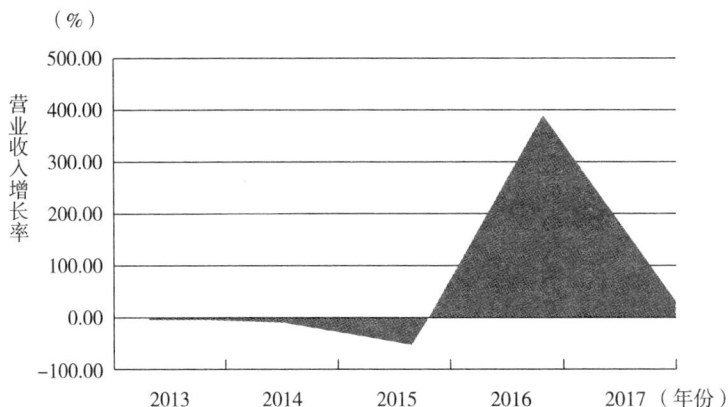

图 5-8　首旅酒店营业收入增长率变化趋势

从表 5-13 和图 5-8 中可以发现，近五年来，尤其以 2015 年指标显示出较大波动，振幅比例高达 1 倍，随后在 2016 年出现一次大反弹，营业收入增长率创高达 400%，在 2015~2016 年首旅酒店出现了较大震荡，直到 2017 年实现了较为稳定的持续增长。首旅酒店营业收入增长率下降主要是因为 2015 年首旅酒店合并范围发生变化，新增南苑股份，置出神舟国旅，但是由于南苑股份所处行业、资产规模、经营模式、发展阶段与神舟国旅皆不同，导致公司 2015 年财务指标与 2014 年相比波动较大。同时在 2016 年，首旅酒店成功收购如家酒店，2016 年 4 月公司顺利完成重大现金及发行股份购买如家酒店集团，业务规模及盈利能力较 2015 年有较大提升，酒店主业更加突出。酒店板块收入、利润占比显著提升。

2. 营业收入平均增长率

营业收入平均增长率，表明企业连续几年营业收入的增长情况，体现企业的成长态势和市场扩大能力。其计算公式如下：

$$营业收入平均增长率 = \left[\left(\frac{当年营业收入}{三年前营业收入} \right)^{1/3} - 1 \right] \times 100\%$$

该指标越高越好，为了获取更加全面的信息，可以对不同企业进行横向比较。

[例 5-9]　首旅酒店 2017 年实现利润 8416651931.85 元，2014 年实现利润 2790622394.51 元，则计算首旅酒店营业收入平均增长率如下：

$$2017 年首旅酒店营业收入平均增长率 = \left[\left(\frac{8416651931.85}{2790622394.51} \right)^{1/3} - 1 \right] \times 100\% = 10.00\%$$

（二）总资产规模增长的分析

资产规模是显现企业实力和信用的重要特征，是企业抵御风险的基础，不断扩大的资产规模是企业成长能力的重要体现。

1. 总资产增长率

总资产增长率指本年年末资产（通常指总资产）总额增长额与本年初（上年年末）资产总额的比率。

$$总资产增长率 = \frac{本年总资产增长额}{本年年初总资产额} \times 100\%$$

该指标从资产总量的扩张来衡量企业的成长能力。当然，还可计算流动资产增长率、固定资产增长率和无形资产增长率等。

[例5-10]　首旅酒店2017年年初资产总计17293282893.04元，年末资产总计16847195796.90元，则计算首旅酒店总资产增长率如下：

$$2017年首旅酒店总资产增长率 = \frac{(16847195796.9 - 17293282893.04)}{17293282893.04} \times 100\% = -2.58\%$$

表5-14　首旅酒店总资产增长率（2013~2017年）

报告期	2013年	2014年	2015年	2016年	2017年
总资产规模增长率（%）	-3.72	2.64	77.69	336.59	-2.58

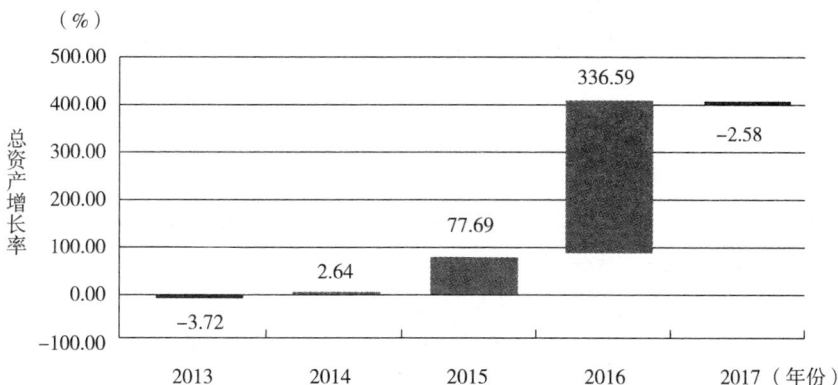

图5-9　首旅酒店总资产增长率变化趋势

从表5-14和图5-9中可以发现，首旅酒店总资产规模增长率和营业收入增长率的变化趋势保持一致，同样在2015~2016年呈现较大的断层式增长点，因为在这两年中，首旅酒店在战略和财务规划上发生了较重大的合并以及收购，尤其在2016年4月1日，首旅酒店（香港）通过支付货币资金的方式购买如家酒店集团66.14%的股权，同时将其子公司首旅酒店集团（开曼）控股有限公司与如家酒店集团吸收合并，如家酒店集团作为存续公司成为首旅酒店（香港）的控股子公司。这一较大幅度的兼并工作使本年度总资产规模发生加剧性增长，截至2017年出现了基本稳定状态。

2. 总资产平均增长率

总资产平均增长率表明企业连续几年总资产的增长情况，体现企业的成长态势和资金规模扩张能力。其计算公式如下：

$$总资产平均增长率 = \left[\left(\frac{年末资产总额}{三年前资产总额} \right)^{1/3} - 1 \right] \times 100\%$$

总资产平均增长率排除了个别年份由于特殊原因造成的总资产额的大幅波动，将总资产增长率进行平滑，体现了总资产的长期发展态势。

[**例 5-11**] 首旅酒店 2017 年末资产总计 16847195796.90 元，2014 年末资产总计 2229143172.01 元。则计算首旅酒店总资产平均增长率如下：

$$首旅酒店总资产平均增长率 = \left[\left(\frac{16847195796.90}{2229143172.01} \right)^{1/3} - 1 \right] \times 100\% = 152\%$$

（三）资产更新程度的分析

固定资产的更新程度也是反映企业持续成长能力的重要指标。对于依靠固定资产进行经营的企业来说非常重要。反映资产更新程度的指标是固定资产成新率。

固定资产成新率是企业当期平均固定资产净额（固定资产账面价值）与平均固定资产原值的比率。

固定资产净额（固定资产账面价值）＝固定资产原值－累计折旧－固定资产减值准备

固定资产净值＝固定资产原值－累计折旧

固定资产净额＝固定资产净值－固定资产减值准备

$$固定资产成新率 = \frac{平均固定资产净额}{平均固定资产原值} \times 100\%$$

该指标反映了企业拥有固定资产的新旧程度，体现了企业固定资产更新快慢和持续成长的能力。由于该指标具有明显的行业特性，因此在分析利用该指标时，应结合企业所处行业。

[**例 5-12**] 首旅酒店 2016 年末固定资产总计 5246324196.22 元，固定资产净额 2657307551.99 元；2017 年末固定资产总计 4162373980.70 元，固定资产净额为 2497847230.77 元。则计算首旅酒店固定资产成新率如下：

$$2017 年首旅酒店固定资产成新率 = \frac{（2497847230.77 + 2657307551.99）/2}{（5246324196.22 + 4162373980.7）/2} \times 100\% = 54.79\%$$

表 5-15　首旅酒店固定资产成新率（2013~2017 年）

报告期	2013 年	2014 年	2015 年	2016 年	2017 年
固定资产成新率（%）	54.99	51.08	58.62	55.04	54.79

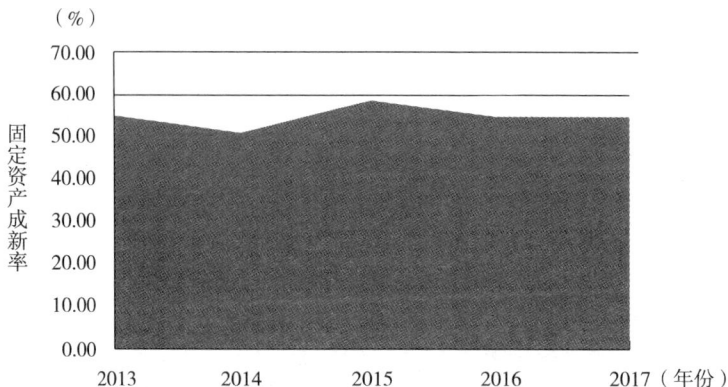

图 5-10　首旅酒店固定资产成新率变化趋势

从表5-15和图5-10中可以发现，近五年首旅酒店固定资产成新率基本保持较稳定的状态，尚未出现较大变化，总体趋势保持在55%左右的成新比率状态。

（四）企业持续盈利能力的分析

以盈利指标分析企业是否具有持续的盈利能力。从企业经营者角度出发，反映企业持续盈利能力的主要财务指标有净利润增长率和净利润平均增长率。

1. 净利润增长率

$$净利润增长率 = \frac{本年净利润增长额}{上年净利润额} \times 100\%$$

净利润是企业实现内含式成长最重要的资金来源。只有具有足够的净利规模和持续的增长能力才能使企业实现稳定的成长。

[例5-13]　首旅酒店2017年实现净利润659217413.04元，2016年实现净利润333310846.14元，则计算首旅酒店净利润增长率如下：

$$2017年首旅酒店净利润增长率 = \frac{659217413.04 - 333310846.14}{333310846.14} \times 100\% = 97.78\%$$

表5-16　首旅酒店净利润增长率（2013~2017年）

报告期	2013年	2014年	2015年	2016年	2017年
净利润增长率（%）	-1.25	-2.21	-15.62	195.70	97.78

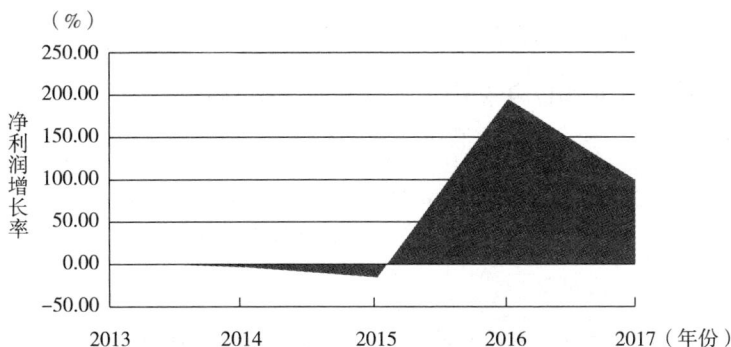

图5-11　首旅酒店净利润增长率变化趋势

从表5-16和图5-11中可以看出，近五年来波动不稳定的焦点主要在2015年和2016年两年，在2015年净利润出现了一次较大幅度下降并在2016年实现了195%的急剧增长。至2017年保持在97.78%的增长率，逐渐趋于回稳。

2. 净利润平均增长率

净利润平均增长率，表明企业连续几年净利润的增长情况，体现企业的成长态势和市场扩大能力。其计算公式如下：

$$净利润平均增长率 = \left[\left(\frac{当年净利润}{三年前净利润} \right)^{1/3} - 1 \right] \times 100\%$$

该指标越高越好，指标值越高，说明企业市场盈利前景越好，企业成长速度越快。

[例5-14]　首旅酒店2017年实现净利润659217413.04元，2014年实现净利润133592116.81元。则计算首旅酒店净利润平均增长率如下：

$$2017年首旅酒店净利润平均增长率 = \left[\left(\frac{659217413.04}{133592116.81}\right)^{1/3} - 1\right] \times 100\% = 64.49\%$$

二、企业投资成长能力分析

企业经营成长能力是企业投资成长能力的基础，企业投资成长能力主要是基于企业投资者的角度，对企业的成长能力进行分析。具体包括净资产增长分析、股利增长分析等指标。

（一）净资产增长分析

1. 净资产增长率

企业获得净资产有两种途径：一种是企业留存的利润，另一种是投资者新注入的资金。前者反映了企业原股东对企业成长前景的认可；后者反映了投资者（包括新投资者）对企业成长前景的信心。

净资产增长率，又称资本积累率，是指企业本年净资产（所有者权益）增长额与本年初净资产（上年末净资产）的比率。

$$净资产增长率 = \frac{本年净资产增加额}{本年初净资产} \times 100\%$$

[例5-15]　首旅酒店2017年初净资产总额为7003356529.77元，2017年末净资产总额为7627171539.12元。则计算首旅酒店净资产增长率如下：

$$2017年首旅酒店净资产增长率 = \frac{(7627171539.12 - 7003356529.77)}{7003356529.77} \times 100\% = 8.91\%$$

表5-17　首旅酒店净资产增长率（2013~2017年）

报告期	2013年	2014年	2015年	2016年	2017年
净资产增长率（%）	4.67	3.85	4.69	398.01	8.91

净资产增长率反映了投资者投入企业的资本保值和增值的程度，是评价企业成长能力的重要指标。净资产的积累是企业扩大再生产的重要资源，积累越多，企业持续成长的能力越强。净资产增长率若为负，表明企业资本正在受到侵蚀，所有者的权益受到伤害。

从表5-17和图5-12中可以看出，同净利润一样，2016年出现了较大的一次急剧增长，同比增长400%，这一特殊的激增，主要归因于2016年首旅酒店并购如家酒店，并在同年合并报表中体现了其对应净资产的增长。

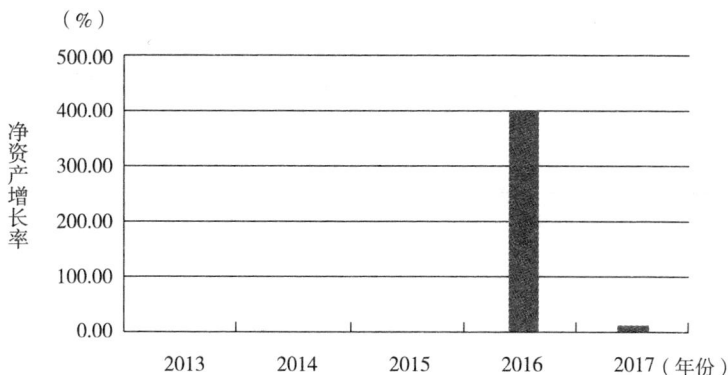

图 5-12　首旅酒店净资产增长率变化趋势

2. 净资产平均增长率

为了弥补资本受短期波动因素影响的缺陷，可以计算三年的资本平均增长率，以反映企业在较长的时间内资本积累的平均增长情况。

$$净资产平均增长率 = \left[\left(\frac{年末所有者权益总额}{三年前所有者权益总额} \right)^{1/3} - 1 \right] \times 100\%$$

[例 5-16]　首旅酒店 2017 年年末净资产总额为 7627171539.12 元，2014 年末净资产总额为 1343233359.02 元。则计算首旅酒店净资产平均增长率如下：

$$2017 年首旅酒店净资产平均增长率 = \left[\left(\frac{7627171539.12}{1343233359.02} \right)^{1/3} - 1 \right] \times 100\% = 89\%$$

净资产平均增长率体现了企业成长的平均水平。该指标越高，表明企业所有者权益保障程度越大，企业抗风险和持续成长能力越强。

(二) 股利增长分析

企业长期投资者获得投资回报的主要方式为企业发放的股利。因此，如果不考虑其他因素（如战略性收缩、大股东套现等），从长期角度观察，企业能够持续地为投资者发放股利，可以认为企业具备持续的成长能力。

股利增长率是本年发放现金股利增长额与上年发放现金股利的比率，反映了企业现金股利的增长情况。股利发放率与资本积累率呈反向变动。当然，适当的股利发放可以提高公司股价，增加投资者信心，有利于企业的长期成长与发展。

$$股利增长率 = \frac{本年每股股利增长额}{上年每股股利} \times 100\%$$

[例 5-17]　首旅酒店 2016 年每股股利为 0.44 元，2017 年每股股利为 0.81 元。则计算 2017 年首旅酒店股利增长率如下：

$$2017 年首旅酒店股利增长率 = \frac{0.81 - 0.44}{0.44} \times 100\%$$

表 5-18　首旅酒店股利增长率（2013~2017 年）

报告期	2013 年	2014 年	2015 年	2016 年	2017 年
每股股利（元）	0.65	0.70	0.51	0.44	0.81
股利增长率（%）	4.84	7.7	−27.14	−13.73	84.10

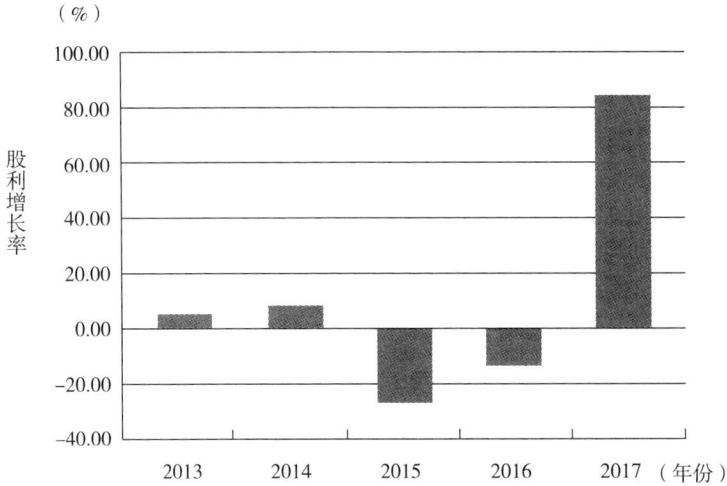

图 5-13　首旅酒店股利增长率变化趋势

从表 5-18 和图 5-13 中可以看出，2015~2016 年首旅酒店股利增长率持续走低，2017 年突然达到 84% 的增长率。从 2017 年审计报告可以看出：经中国证券监督管理委员会证监许可［2016］1677 号批准，本公司于 2016 年 10 月 14 日向 8 名特定对象非公开发行股份 246862552 股，用以购买宝利投资有限公司（以下简称"宝利投资"）100% 的股权和如家酒店集团（Homeinns Hotel Group）19.03% 的股权；又于 2016 年 12 月 29 日非公开发行 201523075 股以募集资金。发行完成后，本公司股本变更为 679785627 股。于 2017 年 5 月 10 日，据股东大会审议通过的转增股本方案，本公司以方案实施前的公司总股本 679785627 股为基数，以资本公积金向全体股东每股转增 0.2 股，本次方案实施后，本公司股本变更为 815742752 股。

由此可见，公司 2016~2017 年持续扩大股本，对于可分配的综合收益始终并未实现应有的同比增长，在 2015~2016 年持续进行公司重组收购，财务整体盈利能力属于振荡期，截至 2017 年，对于可分配的股东综合收益才得以有一次大幅增长。

根据以上计算结果，汇总企业成长能力计算指标如表 5-19 所示。

表 5-19　2013~2017 年首旅酒店成长能力指标　　　　　　　　　　单位：%

报告期	2013 年	2014 年	2015 年	2016 年	2017 年
营业收入增长率	−2.51	−5.87	−52.24	389	29.03
营业收入平均增长率			10.00		
总资产增长率	−3.72	2.64	77.69	336.59	−2.58

报告期	2013 年	2014 年	2015 年	2016 年	2017 年
总资产平均增长率			152.00		
固定资产成新率	54.99	51.08	58.62	55.04	54.79
净利润增长率	−1.25	−2.21	−15.62	195.70	97.78
净利润平均增长率			64.49		
净资产增长率	4.67	3.85	4.69	398.01	8.91
净资产平均增长率			89.00		
每股股利（元）	0.65	0.7	0.51	0.44	0.81
股利增长率	4.84	7.70	−27.14	−13.73	84.10

通过表 5-19 以上数据可以看出，首旅酒店从 2015 年开始，各个盈利指标持续向好，尤其在 2016 年实现最高值。显示企业成长能力的财务指标，如总资产平均增长率、净利润规模增长率、净资产规模增长率均已远远超过平均水平，表现非常良好，显示出良好的成长能力，达到行业优秀水平，并且呈现出良好的发展势头。

第四节　旅游企业综合财务分析

在对旅游企业进行会计报表分析时，不仅需要计算某类财务指标，对企业的某一财务能力进行分析评价，而且需要利用综合分析方法，对企业的总体财务状况进行分析评价，以便有针对性地做出科学决策。对企业进行总体分析与评价的方法主要有杜邦分析法和沃尔评分法。

一、杜邦分析法

杜邦分析法是一种分解财务比率的分析方法，从评价企业绩效最具综合性和代表性的净资产报酬率指标出发，利用主要财务比率指标间的内在联系，对企业财务状况及经营业绩进行综合分析评价，同时杜邦分析法还可以进行财务战略决策。

（一）杜邦财务分析体系反映的主要财务比率及其相互关系

杜邦分析法从评价企业绩效最具综合性和代表性的指标——权益净利率出发，以资产净利率和权益乘数展开，重点揭示企业获利营运能力及权益乘数对净资产收益率的影响，以及各相关指标间的相互影响作用关系，层层分解至企业最基本生产要素的使用，成本与费用的构成和企业风险，从而满足经营者通过财务分析进行绩效评价需要，在经营目标发生异动时能及时查明原因并加以修正。由权益净利率可以引申出一系列比率之间的关系。

权益净利率＝资产净利率×权益乘数

其中：资产净利率＝销售净利率×总资产周转率

权益乘数＝1/（1–资产负债率）

因此，权益净利率＝销售净利率×总资产周转率×［1/（1–资产负债率）］

公式中的权益净利率即净资产收益率，销售净利率即主营业务净利率，从以上公式中可以看出，决定净资产率高低的因素有三个：销售净利率、总资产周转率和资产负债率。销售净利率对权益净利率有很大作用，销售净利率越高，权益净利率也越高，影响销售净利率的因素是销售额和销售成本。销售额高而销售成本低，则销售净利率高。饭店行业的销售净利率可以用主营业务净利率来代替。

（二）杜邦分析法的特点

1. 杜邦分析法的要点

（1）净资产收益率是一个综合性极强的投资报酬指标，是杜邦分析系统的核心。决定因素主要是资产净利率和权益乘数。

（2）资产净利率是影响权益净利率最重要的指标，具有很强的综合性，而资产净利率又取决于销售净利率和总资产周转率的高低，销售净利率和资产周转率越大，资产净利率越大；而资产净利率越大，则净资产收益率越大，反之亦然。

销售净利率反映销售收入的收益水平。销售净利率可以分解为销售成本率、销售其他利润率和销售税金率等，销售成本率还可进一步分解为毛利率和销售期间费用率。深层次的指标分解可以将销售利润率变动的原因定量地揭示出来，最终需要从销售收入和销售成本两个方面进行，如售价、成本或费用的高低等，进而分析投入付出和产出回报的关系，为企业决策服务。要想提高销售净利率，一方面要扩大销售收入，另一方面要降低成本费用。扩大销售收入，降低成本费用是提高企业销售利润率的根本途径，而扩大销售，同时也是提高资产周转率的必要条件和途径。

总资产周转率是反映总资产周转速度和企业通过资产运营实现销售收入能力的指标。对资产周转率的分析，需要对影响资产周转的各因素进行分析，以判明影响公司资产周转的主要问题出在哪里。分析资产周转率要对影响资产周转的各因素进行分析，除了对资产的各构成部分从占用量上是否合理进行分析外，还可以通过对流动资产周转率、存货周转率、应收账款周转率等有关资产组成部分使用效率进行分析，判明影响资产周转的问题出在哪里。

（3）权益乘数表示企业的负债程度，受资产负债率影响，反映了公司利用财务杠杆进行经营活动的程度。需要注意的是，公式中的资产负债率是指全年的资产负债率，而不是年末的资产负债率。企业负债程度越高，资产负债率越大，权益乘数就越大，这说明公司负债程度高，公司会有较多的杠杆利益，同时也给企业带来了较多的风险。反之，资产负债率低，权益乘数就小，这说明公司负债程度低，公司会有较少的杠杆利益，但相应所承担的风险也低。

权益乘数对净资产收益率具有倍率影响，反映了财务杠杆对利润水平的影响。财务杠杆具有正反两方面的作用。在收益较好的经营周期，它可以使股东获得的潜在报酬增加，但股东要承担因负债增加而引起的风险；在收益不好的经营周期，则可能使股东潜在的报酬下降。当然，从投资者角度而言，只要资产报酬率高于借贷资本利息率，负债比率越高越好。企业的经营者则应审时度势，全面考虑，在制定借入资本决策时，必须充分估计预期的利润和增加的风险，在二者之间权衡，从而做出正确决策。在资产总额不变的条件下，适度开展负债经营，可以减少所有者权益所占的份额，达到提高净资产收益率的目的。最终不断把"蛋糕"做大，促进企业成长，拓宽企业发展空间。

2. 杜邦分析法的局限性

杜邦分析法的作用，主要是解释各项主要财务比率指标的变动原因和揭示各项财务比率指标相互之间的关系。从企业绩效评价的角度来看，杜邦分析法只包括财务方面的信息，不能全面反映企业的实力，有很大的局限性，主要表现如下：

（1）对短期财务结果过分重视，有可能助长公司管理层的短期行为，忽略企业长期的价值创造。

（2）财务指标反映的是企业过去的经营业绩，衡量工业时代的企业能够满足要求。但在目前的信息时代，顾客、供应商、雇员、技术创新等因素对企业经营业绩的影响越来越大，而杜邦分析法在这些方面是无能为力的。

（3）在目前的市场环境中，企业的无形知识资产对提高企业长期竞争力至关重要，杜邦分析法却不能解决无形资产的估值问题。

（三）杜邦财务分析体系案例

在利用杜邦分析法对权益报酬率进行分析时，可以进一步将财务指标进行分解，直至资产负债表和利润表的各项目。以 2017 年首旅酒店资产负债表和利润表数据为例，杜邦分析法财务指标的分解如图 5-14 所示。

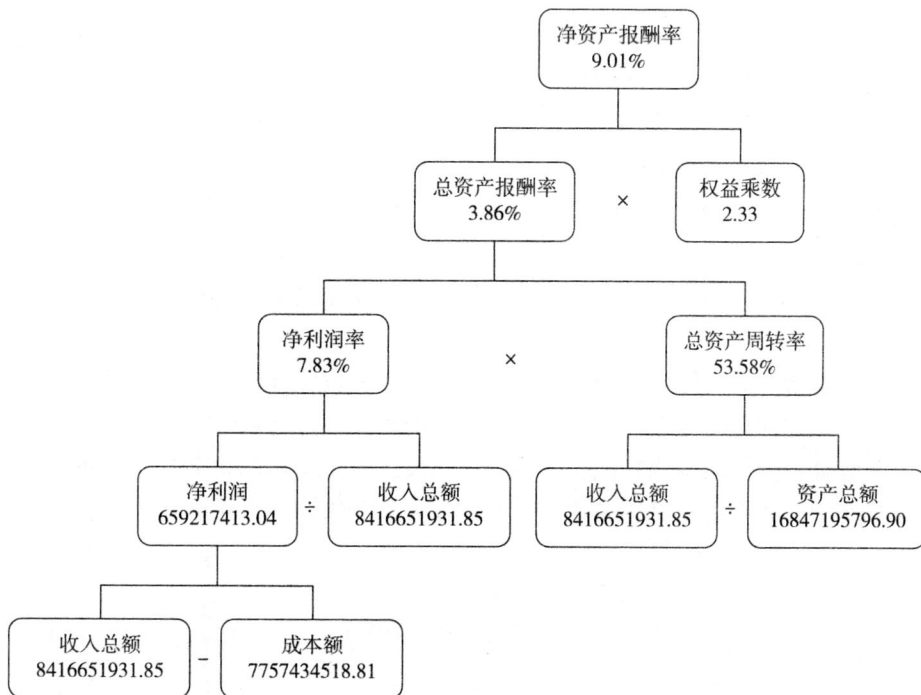

图 5-14　2017 年首旅酒店杜邦分析图

从图 5-14 中可以发现权益报酬率（净资产报酬率）是核心内容，是一个综合性最强的财务比率。它代表了所有者投入资金的获利能力，反映了企业筹资、投资、资产运营等活动的效率。

提高权益报酬率是基于所有者财富最大化的理财目标和经营目标的综合反映。以首旅酒店为例，2016 年与 2017 年相比，公司的权益报酬率由 7.93% 提高到 9.01%，说明首旅酒店为所有者创造财富的能力（即获利能力）提高了。而权益报酬率提高的原因来源于总资产报酬率的提高。总资产报酬率的提高是由于营业净利率 3.14% 提高到 3.86% 的涨幅高于总资产周转率的降低幅度（由 0.61% 降低到 0.49%）。营业净利率 7.83%（由 2016 年的 5.11% 提高到 7.83%）提高的原因在于公司净利润的大幅提高（增长率为 97.78%）和营业收入的总体提升（营业收入的增长率为 30%）。

总资产周转率 53.83%（由 2016 年的 61.38% 降至 53.83%）降低的原因在于 2016 年收购如家酒店，当年总资产增长幅度高达约 337%，从 2016 年初的 3960965175.22 元增长到年底的 17293282893.04 元，到 2017 年资产总额水平一直保持在 2016 年底水平未体现更大波动，所以平均资产总额低于 2017 年。

总之，通过杜邦分析，我们可以系统地发现首旅酒店财务状况改进、盈利能力提高的关键因素是，能够不断开发重点业务，扩大收入规模，加速企业资金周转，从而提高了企业净资产报酬率。

二、沃尔评分法

沃尔评分法是将若干个财务指标用线性关系结合起来，以此评价企业的信用水平。沃尔评分法是亚历山大·沃尔在 20 世纪初出版的《信用晴雨表研究》和《财务报表比率分析》中首先提出的。沃尔评分法的步骤如下：

选定评价企业财务状况的财务指标，一般认为需要选取评价企业盈利能力、偿债能力、发展能力等方面的比率指标。

根据各项比率指标的重要程度，确定其评分值，所有指标的评分值之和必须等于 100，或确定各比率指标的评分比率。

确定各比率指标的标准值。标准值通常是企业在现实状态下的最优值，也可以是行业最佳值等。

计算企业各指标的实际值。将实际值与标准值相比较，计算关系比率。

将关系比率与评分值相乘计算企业各项指标的得分，并计算综合得分。

将企业综合得分与同行业其他企业得分相比较，得出企业的排名。而且可以通过将各指标的得分及指标比率进行对比，找出企业的差距，分析产生差距的原因。

表5-20　沃尔评分表

指标 （1）	评分值 （2）	标准值（%） （3）	实际值（%） （4）	关系比率 （5）＝（4）÷（3）	综合得分 （6）＝（5）×（2）
盈利能力： 　总资产净利率 　销售净利率 　净值报酬率 偿债能力： 　自有资本比率 　流动比率 　应收账款周转率 　存货周转率 发展能力： 　销售增长率 　净利增长率 　人均净利增长率					
合计					

第六章
旅游企业财务分析案例

旅游企业财务分析主要以上市公司公开发表的会计报表和其他会计资料，结合前面章节讲述的财务分析技术和方法对企业的偿债能力、营运能力、获利及发展能力进行相关指标的计算和分析，并得出研究结论，以供上市公司、投资者、债权人及利益关联者借鉴和分析。

第一节 金陵饭店（酒店类上市公司）财务分析

一、金陵饭店简介

（一）金陵饭店

金陵饭店股份有限公司于 2002 年 12 月 30 日在南京市成立，注册地址以及办公地址为南京市汉中路 2 号，当时金陵饭店的注册资本共 300000000 元人民币。金陵饭店属于旅馆业，是由南京金陵饭店集团有限公司作为主要发起人，联合新加坡欣光投资有限公司、江苏交通控股有限公司、江苏省出版印刷物资公司和南京消防技术服务事务所四家发起人以发起方式设立的股份有限公司。

金陵饭店是 2007 年 4 月在上海证券交易所上市的，股票代码是 601007。金陵饭店股份有限公司下辖南京新金陵饭店有限公司、江苏金陵贸易有限公司、江苏金陵精品商贸有限公司等子公司及食品研发、旅游商场等分公司。

金陵饭店主要业务：经营住宿；制售中餐、西餐等；房地产开发、销售、租赁与经营；旅游产业投资；实业投资经营；一些其他的批发零售和管理。金陵饭店股份有限公司以五星级金陵饭店为主体，酒店连锁经营为核心，构建了"酒店投资管理、旅游资源开发、酒店物资贸易"三大业务板块的发展格局。

金陵饭店的业务按行业划分：酒店服务、商品贸易、房屋租赁、物业管理。业务按产品划分：商品贸易、客房、餐饮、房屋租赁、酒店管理、其他酒店服务、物业管理。表 6-1 是金陵饭店营业收入结构。

表 6-1 营业收入结构 单位：元

年份	2013	2014	2015	2016	2017
酒店服务	320133211.44	350758786.95	411819036.72	461804636.41	48840960553

年份	2013	2014	2015	2016	2017
商品贸易	206131822.12	209246217.36	195786831.62	200654031.63	20063844972
房屋租赁	—	33377760.36	97482139.17	130023254.22	155535486.29
物业管理	1076371.97	7170581.91	18025534.11	25124439.28	30446345.41
合计	527341405.53	600553346.58	723113541.62	817606361.54	875029886.95

（二）金陵饭店主要大事件

1. 2014 年大事件

金陵饭店股份有限公司募集资金投资项目——金陵饭店扩建工程"亚太商务楼"于2014 年 5 月投入试运营，子公司——南京新金陵饭店有限公司所属亚太商务楼全面运营。

2. 2015 年大事件

金陵饭店集团于 2015 年审议通过了《关于转让南京世界贸易中心有限责任公司 55%股份的议案》。

3. 2016 年大事件

金陵饭店于 2016 年 3 月使南京世贸公司正式成为本公司的控股子公司并纳入合并报表范围，本公司控股子公司南京世界贸易中心有限公司与金陵集团签订《国有产权合同》。

4. 2017 年大事件

本公司自 2017 年 1 月 1 日起，将与日常活动相关的政府补贴计入其他收益，并在利润表中的"营业利润"项目之上单独列报"其他收益"项目。与经营活动无关的政府补助计入营业外收入。

二、金陵饭店总体报表分析

（一）金陵饭店会计报表的趋势分析

1. 资产负债表主要因素趋势分析

（1）资产部分绝对数增减变动分析。

表 6-2 是从金陵饭店 2013～2017 年的资产负债表中选取的部分指标与数据，然后对这些指标与数据进行分析，图 6-1 是根据表 6-2 生成的，可以更直观地了解 2013～2017年金陵饭店这些指标的变动趋势，进而分析该数据变动的原因。

如金陵饭店 2013～2017 年预付款项波动较大，于 2016 年达到最高值，说明金陵饭店的预付款项在 2016 年的数额较大。金陵饭店 2013～2014 年的固定资产和在建工程变化非常大，因为金陵饭店投资的两个项目——亚太商务楼和金陵天泉湖旅游生态园项目于 2014年已经大部分竣工，于是这两个项目的资产就由在建工程转为固定资产。

表 6-2 资产部分绝对数增减变动表 单位：元

年份	2013	2014	2015	2016	2017
货币资金	485597426.49	387238029.43	474399515.35	318164651.94	205060859.01
应收账款	55430817.45	50074861.36	54757084.05	52517440.08	53347639.16
存货	247466396.99	232121511.89	227313355.63	256680845.35	257035787.38
预付款项	27317599.10	15687362.16	248520.68	72173760.21	14707709.98
流动资产	955518816.27	915468848.03	993671476.61	857532216.40	781886234.81
固定资产	189314685.80	1512137308.55	1377226717.25	1357888496.23	1321540148.99
在建工程	1744500160.79	319327.27	—	—	—
无形资产	9561868.75	422648711.80	410828792.81	399246481.24	387401215.59
商誉	—	—	—	—	—
非流动资产	2049588941.12	2312225641.81	2246170165.57	2201663429.34	2176226301.28
总资产	3005107757.39	3227694489.84	3239841642.18	3059195645.74	2958112536.09

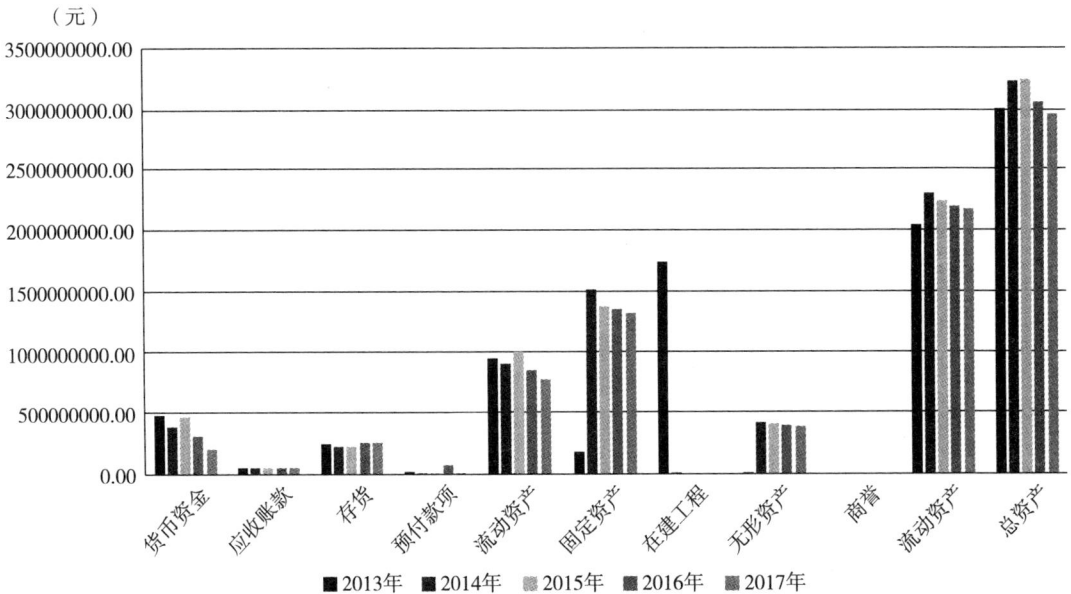

图 6-1 资产部分绝对数增减变动

（2）资产部分绝对数增减变动分析法（定基）。

表 6-3 是金陵饭店资产负债表中资产部分的绝对数定基增减变动数据，图 6-2 是根据表 6-3 编辑的，可以更直观地看到金陵饭店 2014 年的在建工程与 2013 年相比，减少了很多，2014 年的固定资产相比于 2013 年增加了很多，总资产相比 2013 年的数量近几年也是在逐年减少。

由于 2013 年国家限制"三公消费"，且国家经济发展缓慢，所以对金陵饭店酒店经营、商品贸易、房地产三大业务板块都产生了很大的影响，在商品贸易方面，主要是影响了金陵饭店酒类贸易的销量，所以金陵饭店的货币资金等款项都在减少。对于金陵饭店固定资产与在建工程两类指标的变化原因，是因为金陵饭店大部分投资项目工程于 2014 年竣工，所以大部分在建工程转为固定资产，以至于这两类款项在 2013~2017 年发生了这样的波动。

表 6-3　资产部分绝对数增减变动表

单位：元

年份	2013	2014	2015	2016	2017
货币资金	-7512534.76	-98359397.06	-11197911.14	-167432774.55	-280536567.48
应收账款	-3476975.92	-5355956.09	-673733.40	-2913377.37	-2083178.29
存货	13167208.59	-15344885.10	-20153041.36	9214448.36	9569390.39
预付款项	-16066766.30	-11630236.94	-27069078.42	44856161.11	-12609889.12
流动资产	45030125.15	-40049968.24	38152660.34	-97986599.87	-173632581.46
固定资产	-4464158.23	1322822622.75	1187912031.45	1168573810.43	1132225463.19
在建工程	546270085.85	-1744180833.52	—	—	—
无形资产	-429980.75	413086843.05	401266924.06	389684612.49	377839346.84
商誉	—	—	—	—	—
非流动资产	496239369.16	262636700.69	196581224.45	152074488.22	126637360.16
总资产	541269494.31	222586732.45	234733884.79	54087888.35	-46995221.30

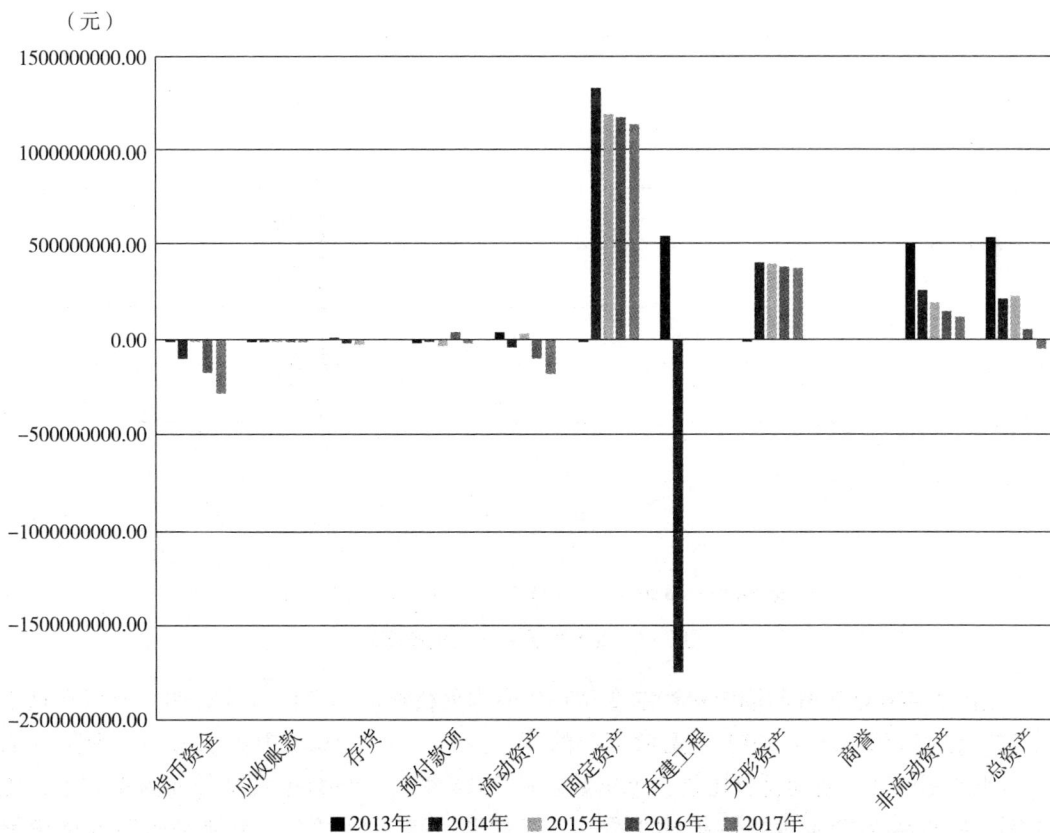

图 6-2　资产部分绝对数增减变动

（3）资产部分百分比增减变动分析法（定基）。

表 6-4 是金陵饭店对资产部分进行计算得出来的定基百分比增减数据，具体计算是以 2012 年的数据为基数，2013~2017 年相比 2012 年数据增减变动部分相应计算出其百分比。图 6-3 是依据表 6-4 相应做出的，从图 6-3 中可以很明显地看到，货币资金、应收账款、存货等变动百分比相对于固定资产、在建工程和无形资产的变动百分比来说数值较小。

表 6-4 资产部分百分比增减变动表 单位：%

年份	2013	2014	2015	2016	2017
货币资金	−1.52	−20.26	−2.31	−34.48	−57.77
应收账款	−5.90	−9.66	−1.22	−5.26	−3.76
存货	5.62	−6.20	−8.14	3.72	3.87
预付款项	−37.03	−42.57	−99.09	164.20	−46.16
流动资产	4.95	−4.19	3.99	−10.25	−18.17
固定资产	−2.30	698.74	627.48	617.27	598.07
在建工程	45.59	−99.98	—	—	—
无形资产	−4.30	4320.15	4196.53	4075.40	3951.52
商誉	—	—	—	—	—
非流动资产	31.95	12.81	9.59	7.42	6.18
总资产	21.97	7.41	7.81	1.80	−1.56

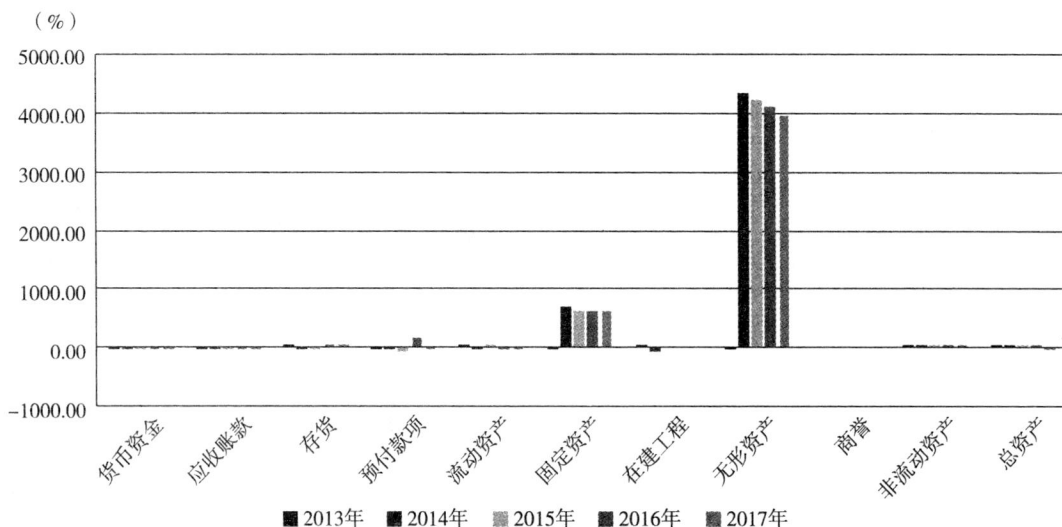

图 6-3 资产部分百分比增减变动

金陵饭店在建工程与固定资产的变动趋势原因分析在前两节已具体说明，所以在这里只分析金陵饭店 2013~2017 年无形资产的变动原因。从图 6-3 中可以看出，金陵饭店 2013 年的无形资产变动百分比是一个负数，从 2014 年开始该数据就增长成为正数了，主要是因为 2014 年金陵饭店的扩建工程——亚太商务楼项目完工，土地费用转入摊销导致的。

（4）负债和所有者权益部分绝对数比较分析。

表6-5是金陵饭店资产负债表中摘取的关于负债和所有者权益部分的款项与数据，图6-4是根据表6-5作出的，从图6-4中可以看出，金陵饭店2013~2017年的短期借款数额相对来说都是较低的，流动负债和非流动负债的数额大小是相近的，相对来说近几年的非流动负债数额更大一些。从纵向来看，2013~2017年，金陵饭店的负债水平是在下降的，而所有者权益是在增加的，但是增加幅度没有负债减少得大，所以会导致金陵饭店2013~2017年的总资产在减少。

表6-5　负债和所有者权益部分绝对数变动表　　　　　　　　　　单位：元

年份	2013	2014	2015	2016	2017
短期借款	27120683.55	22450000	14700000	11050000	5000000
应付账款	236747314.96	281311573.53	139115348.95	66897603.94	64377387.84
流动负债合计	501095394.55	610331975.65	472385961.01	465265777.07	404192957.55
长期借款	428500000	540589999.97	676559999.95	471912385.88	355972916.71
非流动负债合计	497667944.03	610303453.50	740631735.09	528755262.55	406332451.24
负债	998763338.58	1220635429.15	1213017696.10	994021039.62	810525408.79
股本	300000000.00	300000000.00	300000000	300000000	300000000
所有者权益合计	2006344418.81	2007059060.69	2026823946.08	2065174606.12	2147587127.30

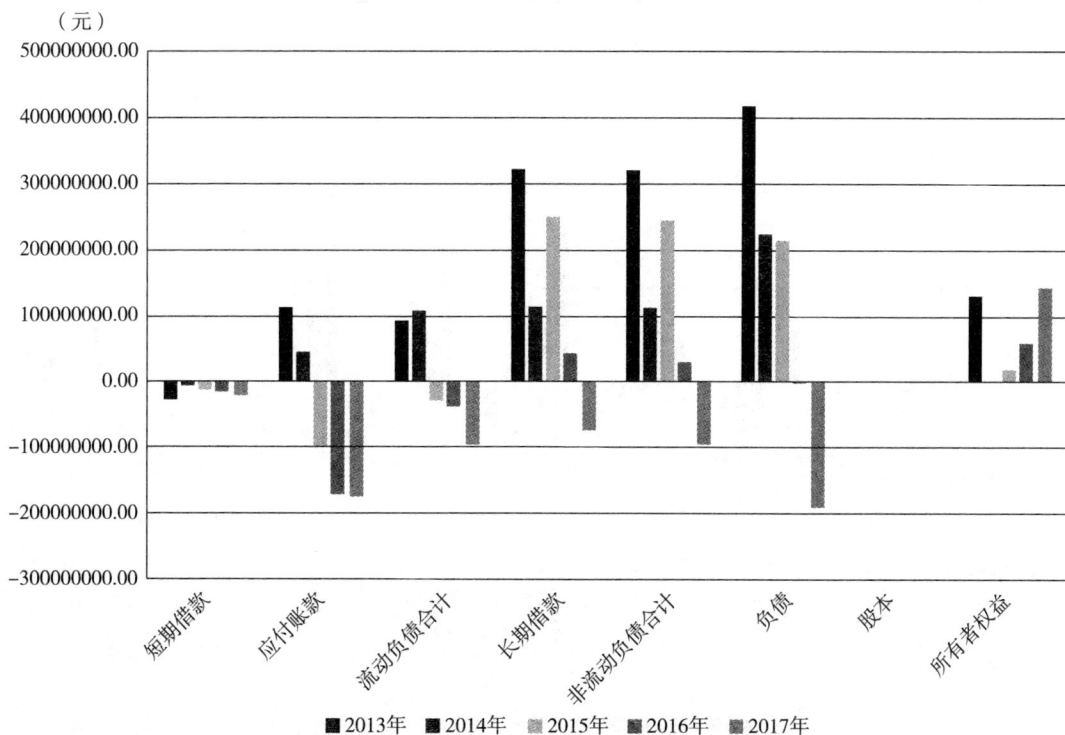

图6-4　负债和所有者权益部分绝对数变动

金陵饭店 2013~2017 年流动负债总额下降主要是由应付账款变化引起的，短期借款数额变化波动不是很大，因此对流动负债的波动影响不是很明显。非流动负债总额的变化趋势主要是受长期借款的影响，金陵饭店的长期借款从 2013 年到 2017 年经历了增加再减少的趋势变化，导致其非流动负债的变化趋势也是如此。

（5）负债和所有者权益部分绝对数增减变动分析法（定基）。

表 6-6 是金陵饭店的负债和所有者权益部分绝对数增减变动分析表，图 6-5 是依据表 6-6 做出的。从图 6-5 中可以看出，金陵饭店 2013~2017 年的短期借款、应付账款、长期借款绝对数几乎是相较于 2012 年的绝对数在逐年减少，所以负债总额随之每年在减少。所有者权益相对于 2012 年的绝对数来说 2013 年是增加了很多，在后几年所有者权益绝对数相比于 2013 年增加得没有那么多，但是从 2014 年到 2017 年增长量也是在逐年增加的。

表 6-6　负债和所有者权益部分绝对数增减变动表　　　　　　　单位：元

年份	2013	2014	2015	2016	2017
短期借款	−26943444.23	−4670683.55	−12420683.55	−16070683.55	−22120683.55
应付账款	111987465.47	44564258.57	−97631966.01	−169849711.02	−172369927.12
流动负债合计	93995734.06	109236581.10	−28709433.54	−35829617.48	−96902437.00
长期借款	318500000.00	112089999.97	248059999.95	43412385.88	−72527083.29
非流动负债合计	320074805.10	112635509.47	242963791.06	31087318.52	−91335492.79
负债	414070539.16	221872090.57	214254357.52	−4742298.96	−188237929.79
股本	0.00	0.00	0.00	0.00	0.00
所有者权益	127198955.15	714641.88	20479527.27	58830187.31	141242708.49

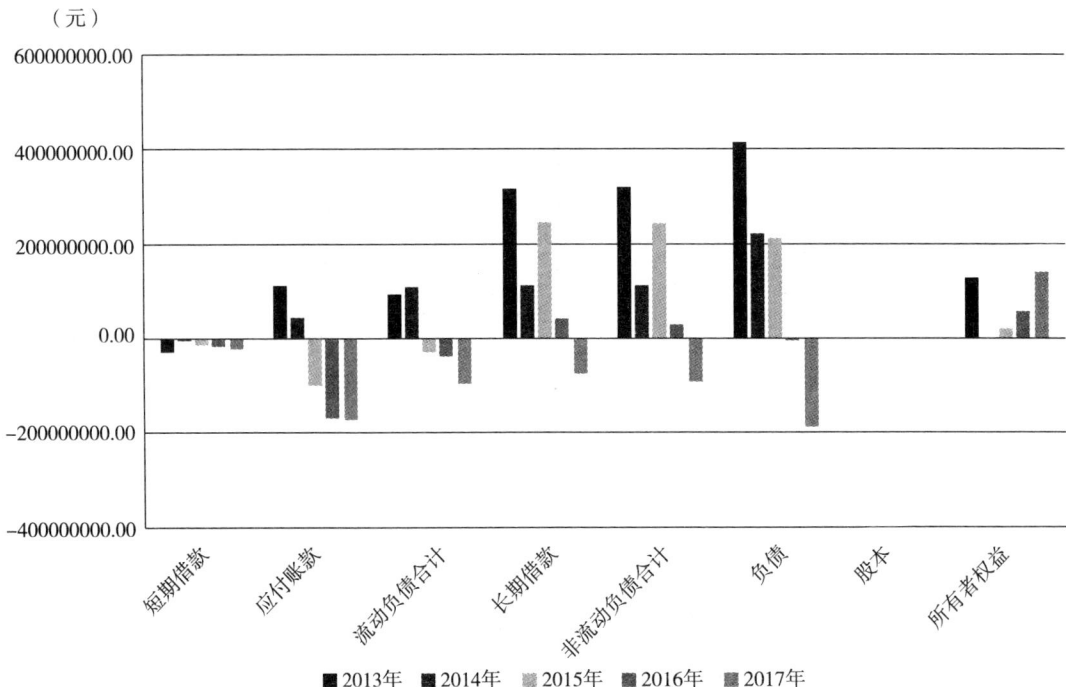

图 6-5　负债和所有者权益部分绝对数增减变动

（6）负债和所有者权益部分百分比增减变动分析法（定基）。

表 6-7 是金陵饭店负债和所有者权益部分百分比定基增减变动表，依据 2012 年的负债和所有者权益绝对数为基数，相应计算出 2013~2017 年这些款项的增减百分比，然后做出图 6-6。从图 6-6 中可以明显看出，2013~2017 年短期借款、应付账款、长期借款和负债总额的定基百分比几乎都在逐年减少，而所有者权益部分的百分比增减变动没有很大的波动，维持在一个稳定的水平。

表 6-7 负债和所有者权益部分百分比增减变动表 单位：%

年份	2013	2014	2015	2016	2017
短期借款	−49.84	−17.22	−45.80	−59.26	−81.56
应付账款	89.76	18.82	−41.24	−71.74	−72.81
流动负债合计	23.09	21.80	−5.73	−7.15	−19.34
长期借款	289.55	26.16	57.89	10.13	−16.93
非流动负债合计	180.23	22.63	48.82	6.25	−18.35
负债	70.82	22.21	21.45	−0.47	−18.85
股本	0.00	0.00	0.00	0.00	0.00
所有者权益	6.77	0.04	1.02	2.93	7.04

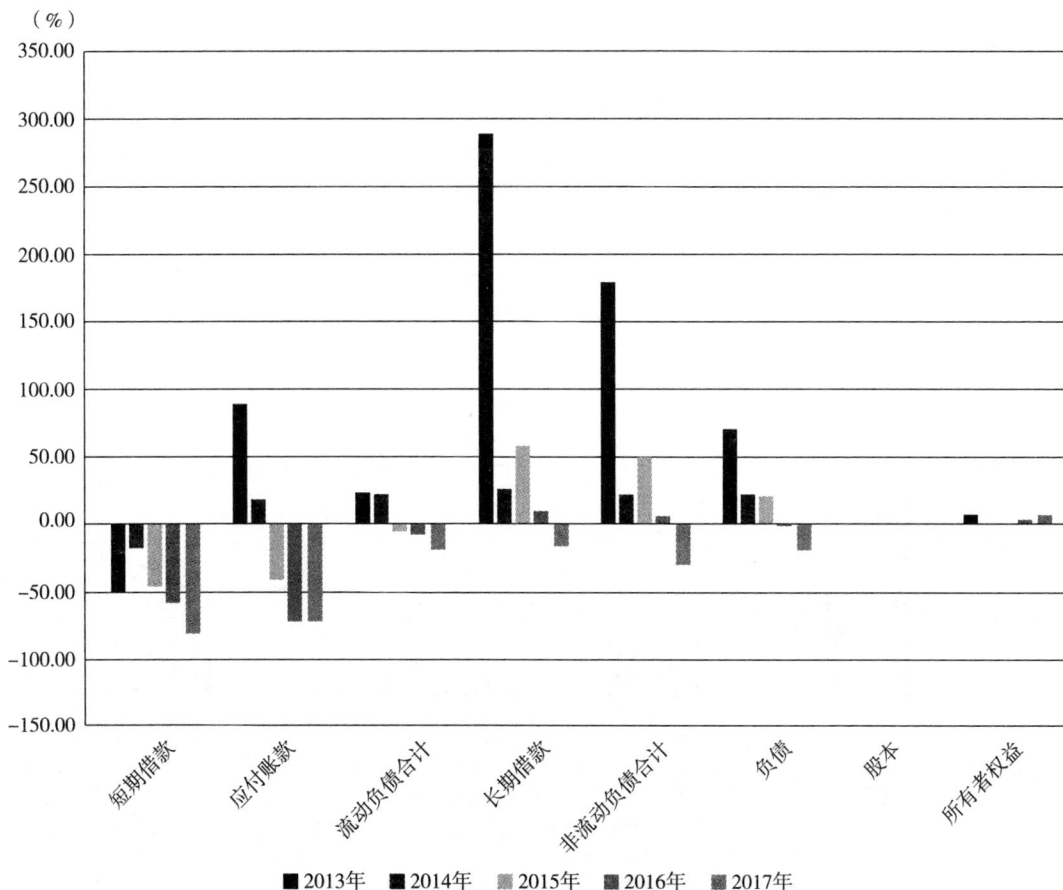

图 6-6 负债和所有者权益部分百分比增减变动

2. 利润表主要因素趋势分析

（1）利润表绝对数比较分析。

表 6-8 是从金陵饭店 2013~2017 年的利润表中摘取的部分款项与数据制作的利润绝对数变动表，图 6-7 是相应做出的利润表绝对数变动图。从图 6-7 中可以明显看出，金陵饭店 2013~2017 年的营业收入、营业成本、销售费用、管理费用和财务费用都在逐年增加，而投资收益的变动相对来说是波动较大的，营业利润、利润总额和最后的净利润的波动幅度较大。

表 6-8　利润表绝对数变动表　　　　　　　　　　　单位：元

年份	2013	2014	2015	2016	2017
营业收入	534713685	612738651	735734898	834650864	938412721
营业成本	227905307	294879704	283554193	330689686	377827268
营业税金及附加	19865156	23221896	31344548	32303019	32649480
销售费用	147210849	133447708	155818464	178601165	195628723
管理费用	96428135	142663724	223630569	215243323	223687337
财务费用	-4131080	3798460	31530583	27819670	16384663
投资收益	41301662	20661452	25275380	-1123947	40564417
营业利润	91669048	39122414	38515715	52008551	152802068
营业外收入	663544	10834574	17288265	23804315	2345908
营业外支出	790226	556005	286076	225362	48920
利润总额	91542365	49390983	55517904	75587503	155099056
所得税	16633460	17306341	18521018	22919737	18686535
净利润	74908905	32084642	36996885	52667766	136412521

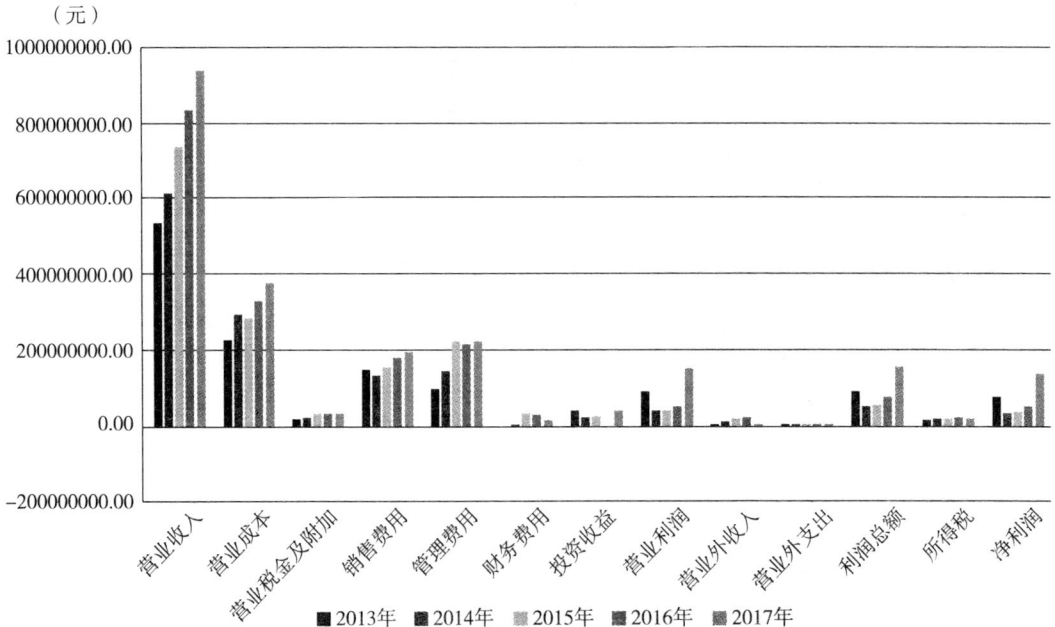

图 6-7　利润表绝对数变动

虽然营业收入和营业成本以及各项费用都在逐年增加，但是由于投资收益的变化幅度不是稳定的，所以导致了利润部分的数额变动也不是均匀的。从图6-7中可以看到，营业利润、利润总额以及净利润于2014年下降了很多，因为2014年受宏观经济增速放缓、经济波动风险加大及国家相关政策的影响，金陵饭店的酒店经营、酒类贸易、房地产三大业务板块继续承受冲击，以至于利润额大幅减少，而且2014年金陵饭店的投资收益减少了2000多万元，这也是导致营业利润、利润总额和净利润发生波动的原因。

（2）利润表绝对数增减变动分析法（定基）。

表6-9是金陵饭店2013~2017年利润表中部分款项与2012年的基数进行计算得出的百分比增减变动表，图6-8是相应做出的利润表百分比增减变动图。从图6-8中可以看出，管理费用、财务费用、营业外收入以及营业外支出的变化相对来说波动大一些，其他一些指标数据波动幅度较小。

表6-9　利润表定基绝对数增减变动表　　　　　单位：元

年份	2013	2014	2015	2016	2017
营业收入	−71914225.41	78024966	201021214	299937180	403699036
营业成本	−25262250.08	66974397	55648886	102784379	149921961
营业税金及附加	329108.05	3356741	11479392	12437864	12784324
销售费用	125938.59	−13763141	8607615	31390316	48417874
管理费用	4985850.96	46235589	127202433	118815188	127259202
财务费用	−7482815.65	7929539	35661663	31950749	20515743
投资收益	−13560634.34	−20640210	−16026281	−42425609	−737245
营业利润	−55007751.56	−52546634	−53153333	−39660497	61133020
营业外收入	−4664510.59	10171030	16624721	23140771	1682364
营业外支出	509566.01	−234221	−504151	−564864	−741306
利润总额	−60181828.16	−42151383	−36024462	−15954862	63556690
所得税	−9350525.87	672881	1887558	6286277	2053074
净利润	−1026991094.85	−42824263	−37912020	−22241139	61503616

从图6-8中还可以看出，金陵饭店2015年的管理费用定基百分比增大得多一些，2015年的财务费用定基百分比减小了很多，这两项指标都在2015年发生较大波动，管理费用的变化主要是因为2015年子公司南京新金陵饭店有限公司所属亚太商务楼全面运营后增加相关资产折旧、长期摊销费用等固定费用支出所致；财务费用的变化主要是因为子公司南京新金陵饭店有限公司本期增加银行贷款和股东借款利息支出所致。

还有一项营业外收入变动幅度相对来说最大，2013年的营业外收入定基百分比是个负数。到了2014年就增长为正数且增长的百分比非常大，2014~2016年的营业外收入定基百分比在不断地增长，到了2017年其增长百分比却又大幅下降，主要是因为金陵饭店在2014年获得了一个较大数额的政府补贴，以及公司处置非流动资产获得的利益收入，所以2014年的营业外收入定基百分比增长了很多。金陵饭店2017年的营业外收入定基百分比

（元）

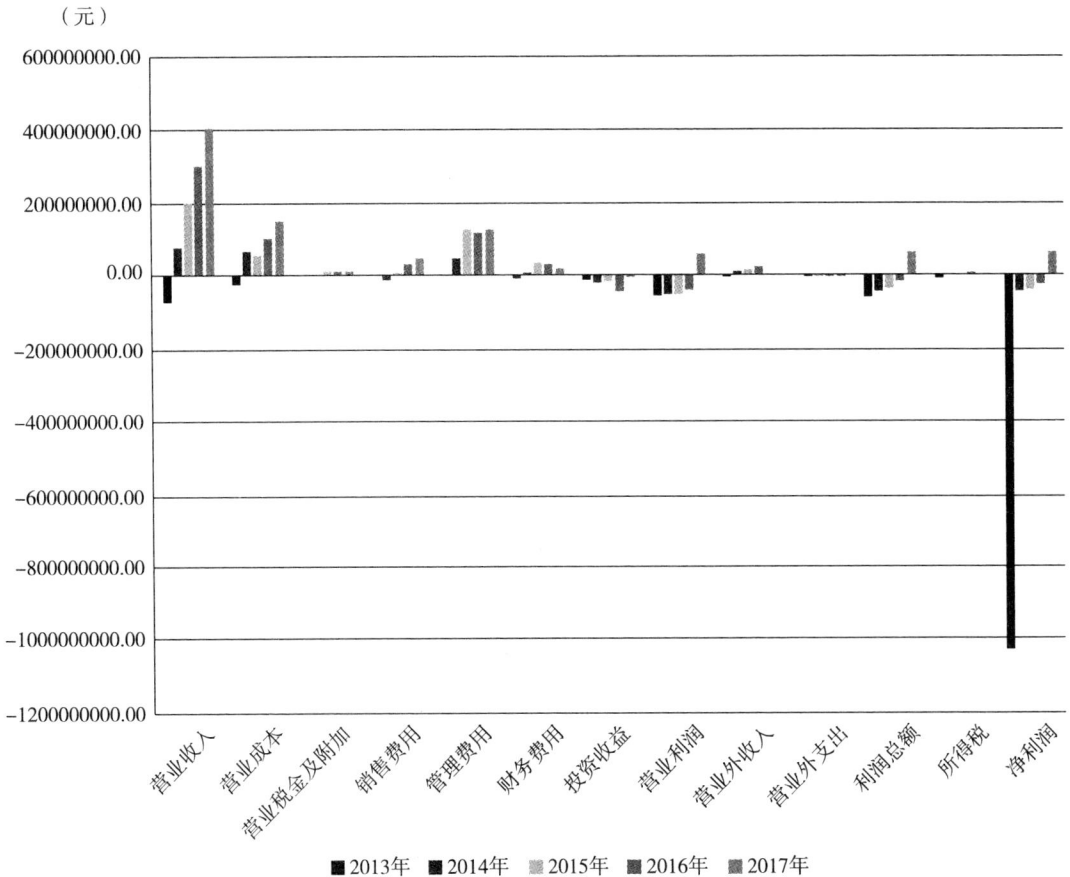

图 6-8　利润表定基绝对数增减变动

减少了很多是因为在当期金陵饭店获得的政府补贴减少了很多，所以营业外收入也相应地减少了很多。

　　3. 现金流量表主要因素趋势分析

　　（1）现金流量表绝对数比较分析。

　　表 6-10 是金陵饭店 2013~2017 年现金流量表的部分款项与数据的变动表，图 6-9 是相应做出的现金流量表部分绝对数变动图。从图 6-9 中可以看出，金陵饭店 2013~2017 年经营活动产生的现金流量净额都是正数，且在逐年增长；投资活动产生的现金流量净额这几年内都是负数，但总体上呈现的是一个上升的趋势；筹资活动产生的现金流量净额在逐年下降，前三年还是正数，后两年就降为了负数。由于上述三种活动产生的现金净流量变化趋势不一，所以导致最后的现金流量净额增加波动幅度较大没什么规律，仅在 2015 年的现金流量净额增加是个正数，其余几年均为负数。

表 6-10　现金流量表绝对数变动表

单位：元

年份	2013	2014	2015	2016	2017
经营活动产生的现金流量净额	52906994.68	108947081.32	125706750.76	116178640.14	283411099.05

续表

年份	2013	2014	2015	2016	2017
投资活动产生的现金流量净额	−413201228.67	−290412429.30	−107148108.57	−6369988.28	−115934449.56
筹资活动产生的现金流量净额	339911699.23	72673396.92	51915062.85	−340703708.99	−203984915.03
现金流量净增加额	−20382534.76	−108791951.06	70473705.04	−230895057.13	−36508265.54

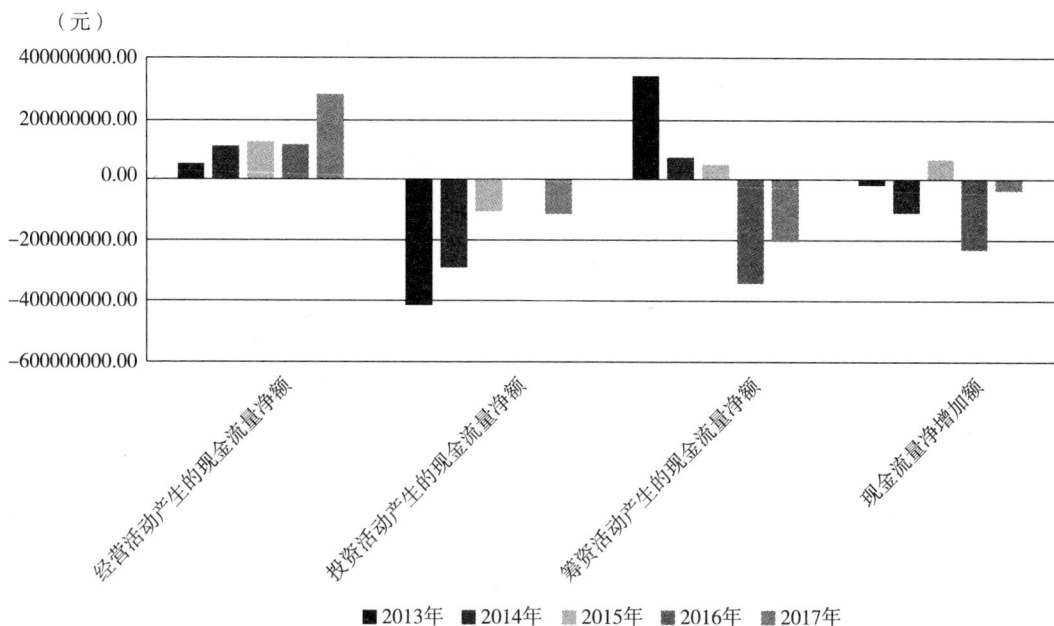

图 6-9　现金流量表绝对数变动

（2）现金流量表绝对数增减变动分析法（定基）。

表 6-11 是以 2012 年的现金流量表部分款项绝对数为基数，然后计算出 2013~2017 年现金流量表部分指标绝对数增减变动表，图 6-10 是金陵饭店现金流量表绝对数增减变动图。从图 6-10 中可以看出，2013~2017 年金陵饭店经营活动产生的现金流量净额相较于 2012 年的基数是在逐年增加的；2013~2016 年投资活动产生的现金净流量增减额相较于 2012 年的基数是在逐年增长的，到了 2017 年增长额略微下降了一些；与投资活动产生的现金净流量增减额变动趋势类似，2013~2016 年筹资活动产生的现金净流量增减额相较于 2012 年的基数是逐年增长的，到了 2017 年略微有所下降。

表 6-11　现金流量表绝对数增减变动表　　　　　　　　　　单位：元

年份	2013	2014	2015	2016	2017
经营活动产生的现金流量净额	−58815210.93	56040086.64	72799756.08	63271645.46	230504104.37

年份	2013	2014	2015	2016	2017
投资活动产生的现金流量净额	-312825458.56	122788799.37	306053120.10	406831240.39	297266779.11
筹资活动产生的现金流量净额	438236406.81	-267238302.31	-287996636.38	-680615408.22	-543896614.26
现金流量净额增加	66595737.32	-88409416.30	90856239.80	-210512522.37	-16125730.78

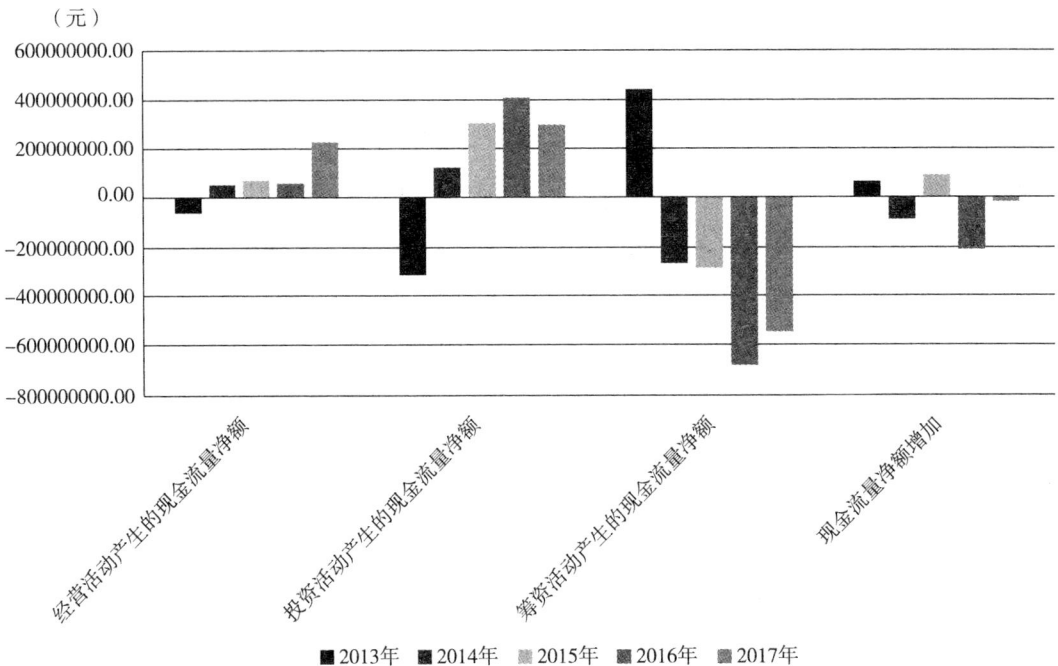

图 6-10　现金流量表绝对数增减变动

　　因为上述三种活动的增减变动趋势不一致，所以导致现金净流量增减变动趋势波动幅度较大。2013 年经营活动和投资活动产生的现金净流量相较于 2012 年的基数都是减少的，而后几年都是增加的，主要是因为在 2013 年投资支付的现金数额增多了很多，包括理财产品等投资，以及构建固定资产、无形资产和其他长期资产支付的现金也增加了很多。

　　（3）现金流量表百分比增减变动分析法（定基）。

　　表 6-12 是金陵饭店 2013~2017 年现金流量表依据 2012 年的基数相应计算出的各指标增减百分比，图 6-11 是现金流量表部分指标增减百分比变动图。从图 6-11 中可以明显地观测出，经营活动产生的现金净流量增减百分比在逐年增加；投资活动产生的现金净流量增减百分比几乎是在逐年减少的；2013 年筹资活动产生的现金净流量增减百分比很低，后几年增长了一些但依然是负数；现金净流量净额增减百分比变动无规律且波动幅度非常大，一年增加一年减少，呈现的是无规律变化。

表 6-12 现金流量表百分比增减变动表 单位：%

年份	2013	2014	2015	2016	2017
经营活动产生的现金流量净额	−52.64	105.92	137.60	119.59	435.68
投资活动产生的现金流量净额	311.65	−29.72	−74.07	−98.46	−71.94
筹资活动产生的现金流量净额	−445.70	−78.62	−84.73	−200.23	−160.01
现金流量净额增加	−76.57	433.75	−445.76	1032.81	79.12

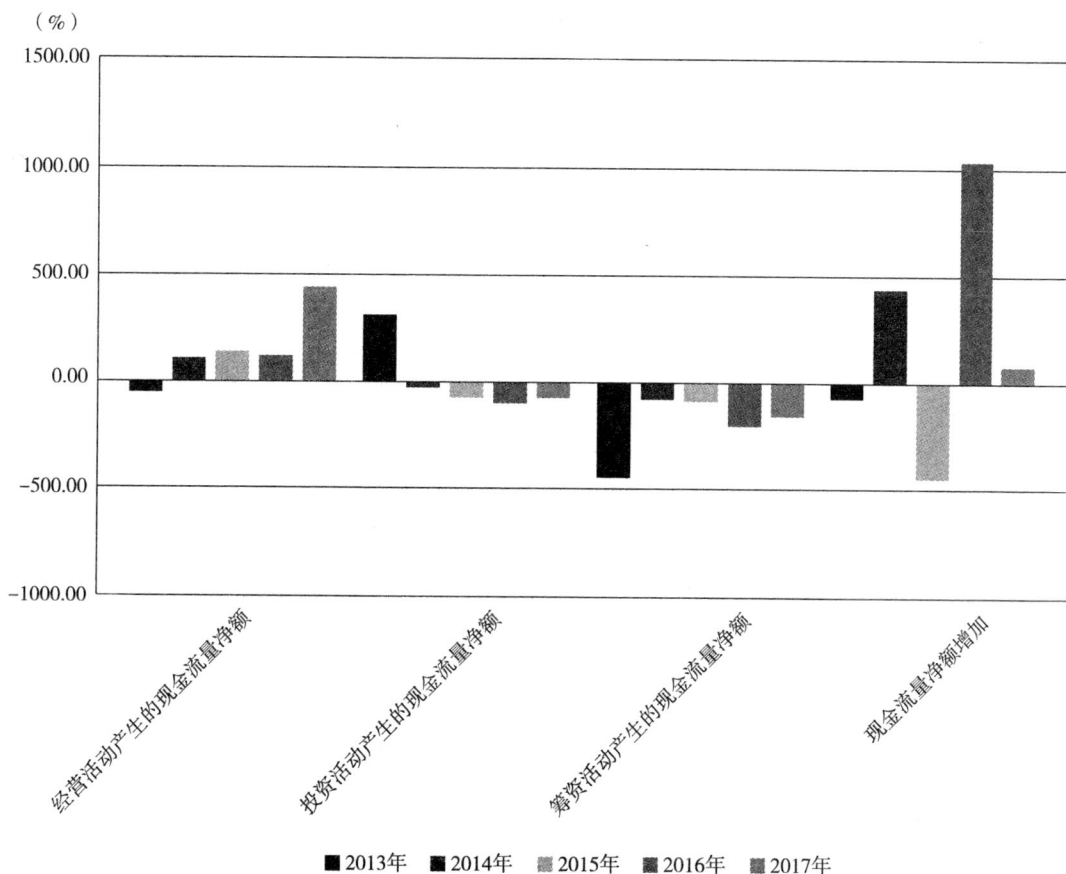

图 6-11 现金流量表百分比增减变动

2017 年经营活动产生的现金净流量增减百分比增长了很多，主要是因为 2017 年金陵饭店主要系公司及子公司收入增加以及子公司本期预付款减少所致。2016 年筹资活动产生的现金净流量增减百分比相较于 2012 年的基数减少主要是因为金陵饭店主要系公司支付南京世界贸易中心有限责任公司 55%股权受让款所致。

（二）金陵饭店报表结构分析

1. 资产负债表主要因素结构分析

表 6-13～表 6-15 和图 6-12～图 6-14 都是金陵饭店资产负债表的主要因素结构分析，分别分析了各部分占总资产的比重、流动资产与非流动资产的占比、流动负债与非流动负债的占比。

表 6-13　资产负债表主要项目与总资产的占比　　　　　单位：%

年份	2013	2014	2015	2016	2017
货币资金	16.16	12.00	14.64	10.40	10.76
应收账款	1.84	1.55	1.69	1.72	1.80
预付账款	0.91	0.49	0.78	2.36	0.50
存货	8.23	7.19	7.02	8.39	8.69
流动资产	31.80	28.36	30.67	28.03	26.43
固定资产	6.30	46.85	42.51	44.39	44.68
在建工程	58.05	0.01	0.00	0.00	0.00
总资产	100.00	100.00	100.00	100.00	100.00
负债	33.24	37.82	37.44	32.49	27.40
所有者权益	66.76	62.18	62.56	67.51	72.60

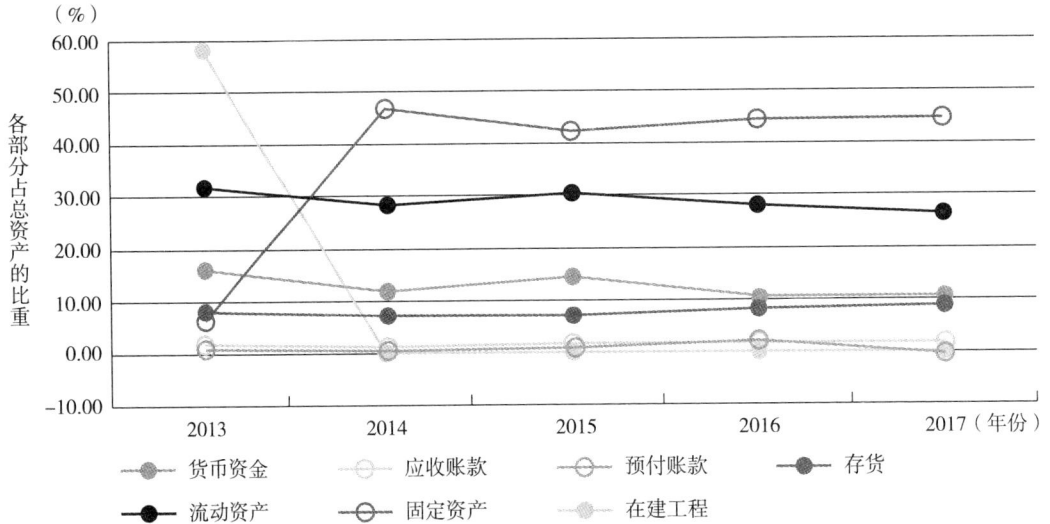

图 6-12　资产负债表主要项目与总资产的占比

表 6-14　资产负债表流动资产和非流动资产的占比　　　　　单位：%

年份	2013	2014	2015	2016	2017
流动资产	31.80	28.36	30.67	28.03	26.43
非流动资产	68.20	71.64	69.33	71.97	73.57
总资产	100.00	100.00	100.00	100.00	100.00

表 6-15　资产负债表流动负债和非流动负债的占比　　　　　单位：%

年份	2013	2014	2015	2016	2017
流动负债合计	50.17	50.00	38.94	46.81	49.87

年份	2013	2014	2015	2016	2017
非流动负债合计	49.83	50.00	61.06	53.19	50.13
负债	100.00	100.00	100.00	100.00	100.00

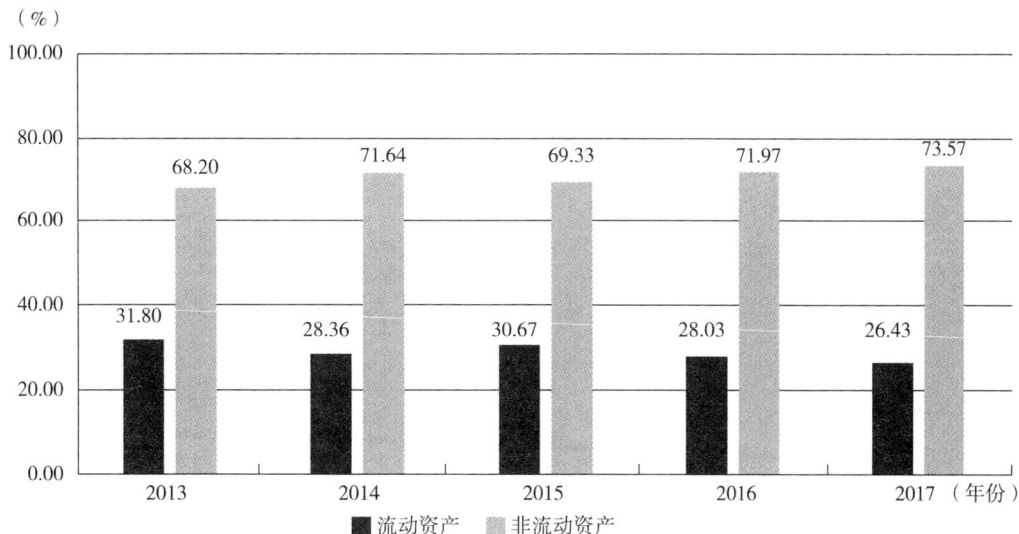

图 6-13　资产负债表流动资产和非流动资产的占比

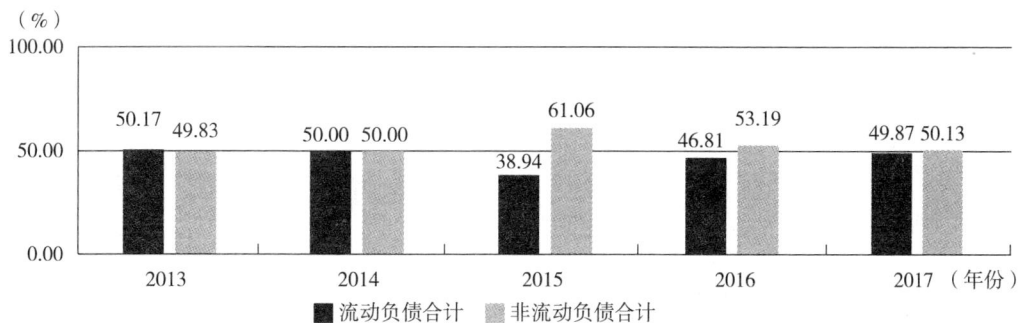

图 6-14　资产负债表流动负债和非流动负债的占比

　　金陵饭店固定资产与在建工程的变化原因前文已经进行了分析，其他各部分资产在 2013~2017 年的变化波动不是很大。2013~2017 年金陵饭店的非流动资产占比在提高，非流动负债的占比总体也在提高。

　　2. 利润表主要因素结构分析

　　表 6-16、表 6-17 和图 6-15 是分析利润表主要因素结构的图表，从中可以看出，其他数据变动幅度不是很大，财务费用、投资收益、营业利润、利润总额和净利润这几项的变动幅度会大一些。2013 年的财务费用是负数，占比也是负数，主要是因为金陵饭店 2013 年的利息收入大于利息支出，因此财务费用是个负数。投资收益随着金陵饭店每年投资项目的收入变化导致其投资收益呈现不规律的变化。因此，营业利润随着这些项目的变化呈现出了如图 6-15 所示的变化趋势，利润总额和净利润呈现的也是类似的变动趋势。

表6-16　利润表主要因素数据　　　　　　　　　　单位：元

年份	2013	2014	2015	2016	2017
营业收入	534713685	612738651	735734898	834650864	938412721
营业成本	227905307	294879704	283554193	330689686	377827268
营业税金及附加	19865156	23221896	31344548	32303019	32649480
销售费用	147210849	133447708	155818464	178601165	195628723
管理费用	96428135	142663724	223630569	215243323	223687337
财务费用	-4131080	3798460	31530583	27819670	16384663
投资收益	41301662	20661452	25275380	-1123947	40564417
营业利润	91669048	39122414	38515715	52008551	152802068
营业外收入	663544	10834574	17288265	23804315	2345908
营业外支出	790226	556005	286076	225362	48920
利润总额	91542365	49390983	55517904	75587503	155099056
所得税	16633460	17306341	18521018	22919737	18686535
净利润	74908905	32084642	36996885	52667766	136412521

表6-17　利润表主要项目与营业收入的比例　　　　　　单位：%

年份	2013	2014	2015	2016	2017
营业收入	100.00	100.00	100.00	100.00	100.00
营业成本	42.62	48.12	38.54	39.62	40.26
营业税金及附加	3.72	3.79	4.26	3.87	3.48
销售费用	27.53	21.78	21.18	21.40	20.85
管理费用	18.03	23.28	30.40	25.79	23.84
财务费用	-0.77	0.62	4.29	3.33	1.75
投资收益	7.72	3.37	3.44	-0.13	4.32
营业利润	17.14	6.38	5.23	6.23	16.28
营业外收入	0.12	1.77	2.35	2.85	0.25
营业外支出	0.15	0.09	0.04	0.03	0.01
利润总额	17.12	8.06	7.55	9.06	16.53
所得税	3.11	2.82	2.52	2.75	1.99
净利润	14.01	5.24	5.03	6.31	14.54

3. 现金流量表主要因素结构分析

表6-18、表6-19、图6-16和图6-17是分析现金流量表主要因素的结构，从图6-16中可以看出，金陵饭店筹资活动现金流入占现金流入总额的比重是逐年减少的，以至于在2017年其占比还不到1%。从图6-17中可以看出，金陵饭店筹资活动现金流出占现金流出总额

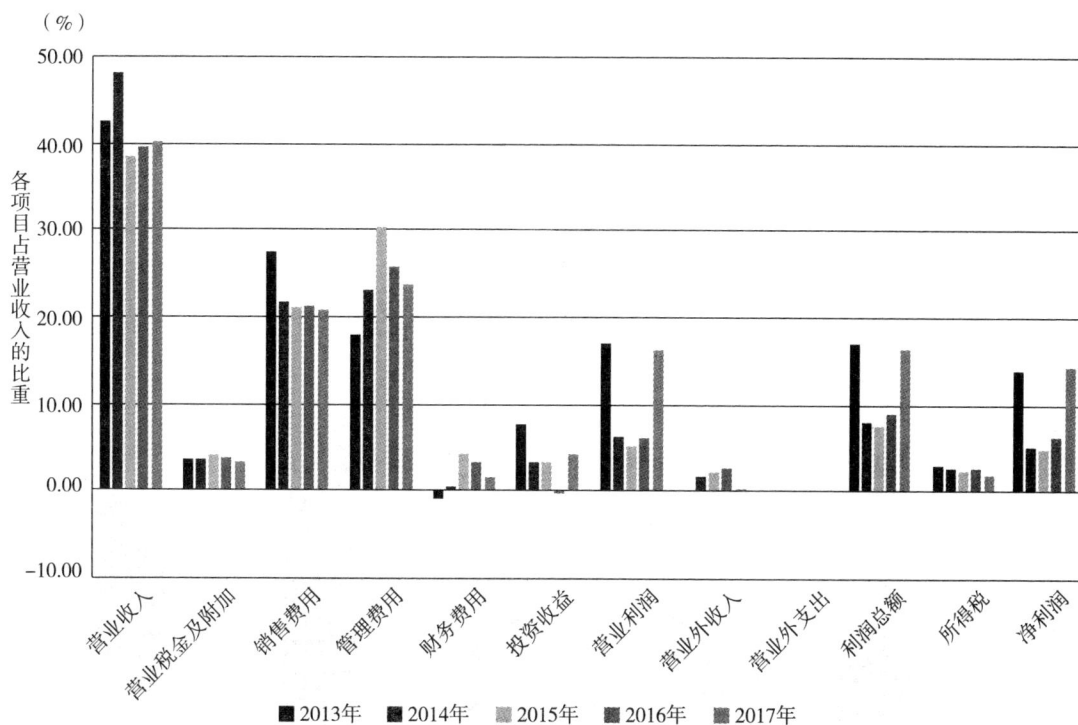

图 6-15　利润表主要项目与营业收入的占比

的比重几乎是逐年增加的，经营活动现金流出占比也是逐年上升的，而投资活动现金流出占比是逐年减少的，减少了 20% 左右。

表 6-18　现金流量表主要因素　　　　　　单位：元

报告期	2013 年	2014 年	2015 年	2016 年	2017 年
现金流入总额	1527257812	1279957050	1526736676	1610514814	1488507727
经营活动现金流入小计	657216581	714707139	804332053	951650604	1095154460
投资活动现金流入小计	408918572	381100805	443804623	637714210	380353267
筹资活动现金流入小计	461122658	184149106	278600000	21150000	13000000
现金流出总额	1547640346	1388749001	1456262971	1841409871	1525015993
经营活动现金流出小计	604309587	605760058	678625302	835471964	811743361
投资活动现金流出小计	822119801	671513234	550952731	644084198	496287717
筹资活动现金流出小计	121210959	111475710	226684937	361853709	216984915

表 6-19　现金流量表主要项目与现金流入、现金流出的占比　　　　　　单位：%

报告期	2013 年	2014 年	2015 年	2016 年	2017 年
现金流入总额	100	100	100	100	100
经营活动现金流入小计	43.03	55.84	52.68	59.09	73.57

报告期	2013 年	2014 年	2015 年	2016 年	2017 年
投资活动现金流入小计	26.77	29.77	29.07	39.60	25.55
筹资活动现金流入小计	30.19	14.39	18.25	1.31	0.87
现金流出总额	100	100	100	100	100
经营活动现金流出小计	39.05	43.62	46.60	45.37	53.23
投资活动现金流出小计	53.12	48.35	37.83	34.98	32.54
筹资活动现金流出小计	7.83	8.03	15.57	19.65	14.23

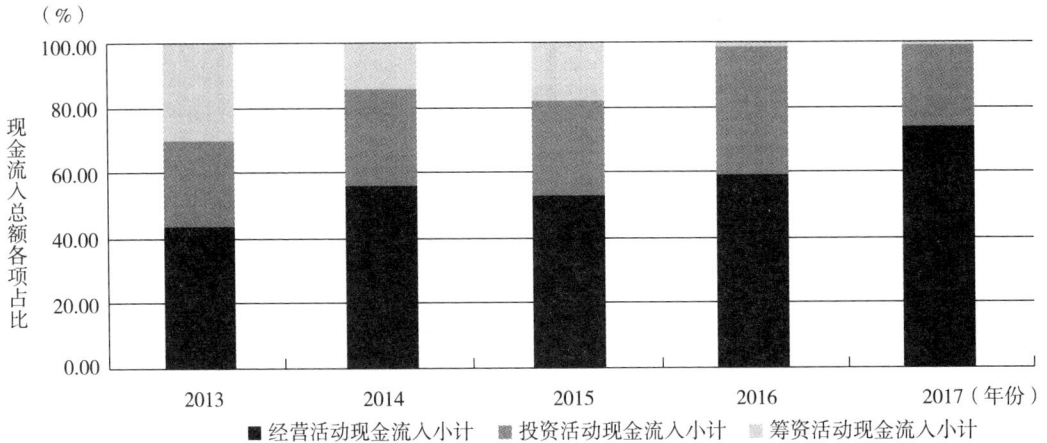

图 6-16　现金流入总额各项占比

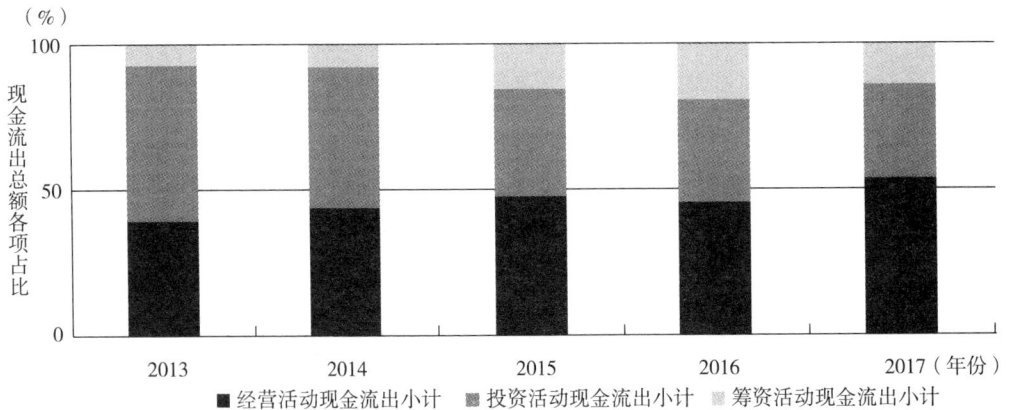

图 6-17　现金流出总额各项占比

三、金陵饭店偿债能力分析

(一)金陵饭店短期偿债能力分析

1. 营运资本

从表 6-20、图 6-18 中可以看出，金陵饭店营运资本是先减后增再减，其中 2015

年是转折点，2014 年营运资本最低，因为公司控股子公司南京新金陵饭店有限公司负责金陵饭店扩建工程——亚太商务楼项目的建设及运营。为了减少银行贷款，降低融资成本，2013 年向陶欣伯基金会借款 2 亿元，本报告期内 1 亿元，导致流动负债增加，最终营运资本降低。2015 年营运资本最高，流动资产增多，增加额来自全资子公司——南京世界贸易中心有限责任公司向本公司支付的管理费用 220 万元以及本公司向金陵集团收取的土地租金 517 万元；而流动负债减小，归还一部分短期借款，导致营运资本锐增。

表 6-20　营运资本相关数据　　　　　　　　　　　　单位：元

年份	2012	2013	2014	2015	2016	2017
流动资产	910488691.12	955518816.27	915468848.03	993671476.61	857532216.40	781886234.81
流动负债	407099660.49	501095394.55	610331975.65	472385961.01	465265777.07	404192957.55
营运资本	503389030.63	454423421.72	305136872.38	521285515.60	392266439.33	377693277.26

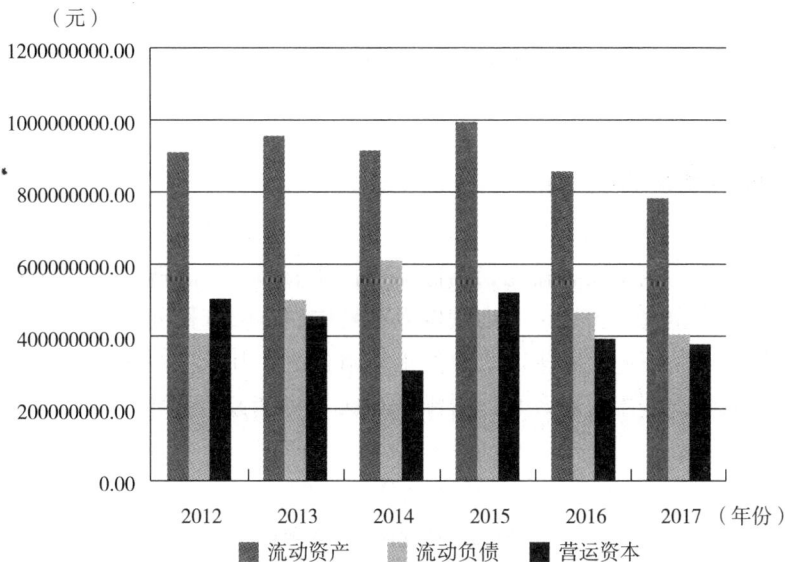

图 6-18　营运资本变动情况

显然，2012 年末公司的营运资金状况比 2017 年有所降低，相对来说在这个时间段，公司的短期偿债能力是有所降低的。从总体来看，金陵饭店的短期偿债能力较好。

2. 流动比率

流动比率等于流动资产除以流动负债，表 6-21 是金陵饭店 2012~2017 年的流动比率相关数据表，图 6-19 是流动比率变动图。从图 6-19 中可以看出，流动比率呈现了一个比较波动的变化，2014 年流动比率最低，原因同上。除 2012 年和 2015 年外，其他年份流动比率均小于合理流动比率 2，所以从流动比率来看，金陵饭店短期偿债能力偏差。

表 6-21　流动比率相关数据

年份	2012	2013	2014	2015	2016	2017
流动资产（元）	910488691.12	955518816.27	915468848.03	993671476.61	857532216.40	781886234.81
流动负债（元）	407099660.49	501095394.55	610331975.65	472385961.01	465265777.07	404192957.55
流动比率	2.2365	1.9069	1.5000	2.1035	1.8431	1.9344

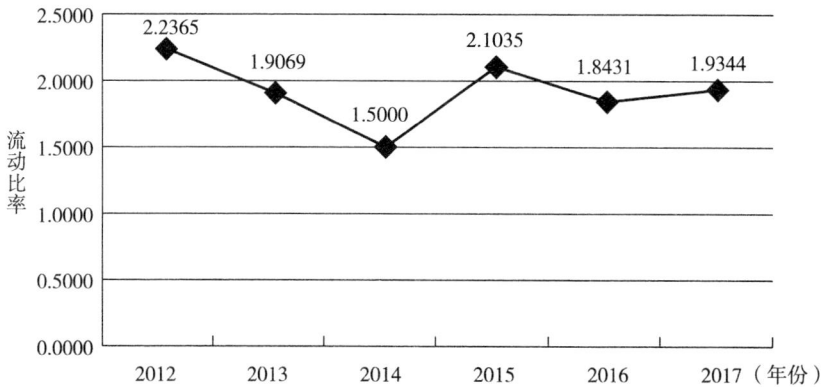

图 6-19　流动比率变动

3. 速动比率

表 6-22 是金陵饭店 2012～2017 年速动比率相关数据表，图 6-20 是金陵饭店 2012～2017 年的速动比率变动图，表 6-23 是速动比率的行业标准。从这些图表中可以看出，2013～2017 年金陵饭店速动比率是比较不稳定的，几乎都处于优良水平，2015 年流动资产最多，主要是因为系全资子公司——南京世界贸易中心有限责任公司向本公司支付的管理费用 220 万元以及本公司向金陵集团收取的土地租金 517 万元；而流动负债减小，归还部分短期借款，导致营运资本锐增。可以看出，2014 年存货趋于稳定，流动资产减少，流动负债增加，原因同上。

表 6-22　速动比率相关数据

年份	2012	2013	2014	2015	2016	2017
流动资产（元）	910488691.12	955518816.27	915468848.03	993671476.61	857532216.40	781886234.81
存货（元）	234299188.40	247466396.99	232121511.89	227313355.63	256680845.35	257035787.38
流动负债（元）	407099660.49	501095394.55	610331975.65	472385961.01	465265777.07	404192957.55
速动比率（%）	1.6610	1.4130	1.1196	1.6223	1.2914	1.2985

表 6-23　速动比率的行业标准

年份	项目	优秀值	良好值	平均值	较低值	较差值
2013		1.384	1.100	0.804	0.552	0.330

续表

年份 ＼ 项目	优秀值	良好值	平均值	较低值	较差值
2014	1.292	1.011	0.712	0.462	0.238
2015	1.435	1.106	0.809	0.592	0.323
2016	1.417	1.088	0.791	0.574	0.305
2017	1.408	1.078	0.781	0.564	0.295

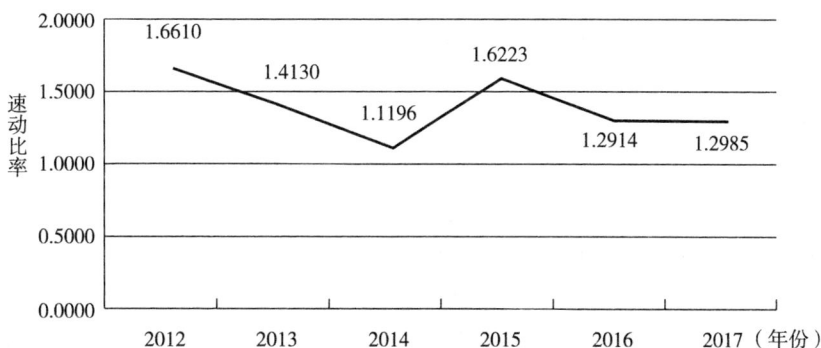

图 6-20　速动比率变动

从速动比率可以看出，金陵饭店的平均流动资产和存货的比率大概是 4：1，所以速动比率每年都属于优良水平，所以处于本行业的短期偿债能力优秀水平。

4. 现金比率

从表 6-24、图 6-21 中可以看出，金陵饭店的现金比率整体呈现下降的趋势，而 2015 年增加，原因是没有了交易性金融资产，导致现金比率剧增，2017 年货币资金期末数为 205060859.01 元，主要系公司及子公司本期购买华泰集团资产管理产品所致，流动资产也较低，所以 2017 年现金比率最低。

表 6-24　现金比率相关数据

年份	2012	2013	2014	2015	2016	2017
货币资金（元）	493109961.25	485597426.49	387238029.43	474399515.35	318164651.94	205060859.01
交易性金融资产（元）	7935362.83	28291156.99	75679741.53	—	—	—
流动负债合计（元）	407099660.49	501095394.55	610331975.65	472385961.01	465265777.07	404192957.55
现金比率	1.2308	1.0255	0.7585	1.0043	0.6838	0.5073

从现金比率来看，整体呈下降趋势，2017 年现金比率达到最低，说明金陵饭店短期偿债能力逐渐降低，偿债能力较差。

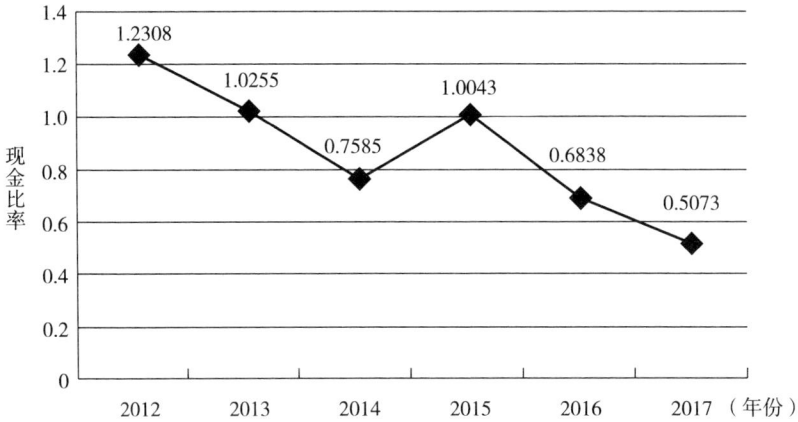

图 6-21　现金比率变动

5. 超现金比率

从表 6-25、图 6-22 中可以看出，金陵饭店 2012~2017 年的超现金比率整体呈先降后增趋势，2013 年达到最低值，主要是因为 2013 年国内经济增速放缓，下行风险加大，不可控因素增多，市场需求下滑，行业跌入谷底，公司的酒店经营、酒类贸易等业务遭受严重冲击；金陵饭店扩建工程进入竣工收尾阶段，新老楼对接施工集中展开，老楼功能格局大幅调整，大量设备设施搬迁接驳，部分餐厅、厨房、仓库、办公区域迁移重建，餐饮会议设施减少，因施工噪声部分客房关闭，前所未有的艰巨性、复杂性给金陵饭店本部经营带来极大压力，所以金陵饭店经营活动产生的现金流量净额减少了很多。

表 6-25　超现金比率相关数据

年份	2012	2013	2014	2015	2016	2017
经营活动产生的现金流量净额（元）	111722205.61	52906994.68	108947081.32	125706750.76	116178640.14	283411099.05
流动负债合计（元）	407099660.49	501095394.55	610331975.65	472385961.01	465265777.07	404192957.55
超现金比率	0.2744	0.1056	0.1785	0.2661	0.2497	0.7012

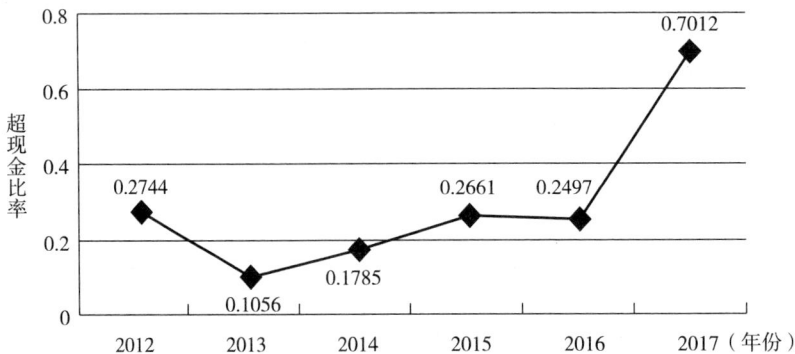

图 6-22　超现金比率变动

一般认为超现金比率为 1 : 1 比较好，但大于等于 0.4 也属正常（见表 6-26），而金陵饭店从 2012 到 2016 年的超现金比率都低于 0.4，2017 年正常，可以看出企业短期偿债能力虽然较差，但后劲非常强。

表 6-26 超现金比率的行业标准

年份 \ 项目	优秀值	良好值	平均值	较低值	较差值
2013	0.262	0.176	0.094	0.049	0.013
2014	0.258	0.172	0.090	0.045	0.010
2015	0.365	0.288	0.156	0.069	0.034
2016	0.365	0.288	0.156	0.069	0.034
2017	0.356	0.278	0.146	0.059	0.024

6. 现金到期债务比率

从表 6-27 中可以看出，金陵饭店 2013~2017 年的现金到期债务比率整体呈增长趋势，2016 年骤减，应付票据剧增，主要系子公司——江苏苏糖糖酒食品有限公司本期开具的银行承兑汇票增加所致。

表 6-27 现金到期债务比率相关数据

年份	2013	2014	2015	2016	2017
经营活动产生的现金流量净额（元）	52906994.68	108947081.32	125706750.76	116178640.14	283411099.05
一年内到期的非流动负债（元）	—	—	—	—	—
应付票据（元）	25740000	43121892	53850771.78	131635244.48	54604458.45
现金到期债务比率	2.0554	2.5265	2.3344	0.8826	5.1903

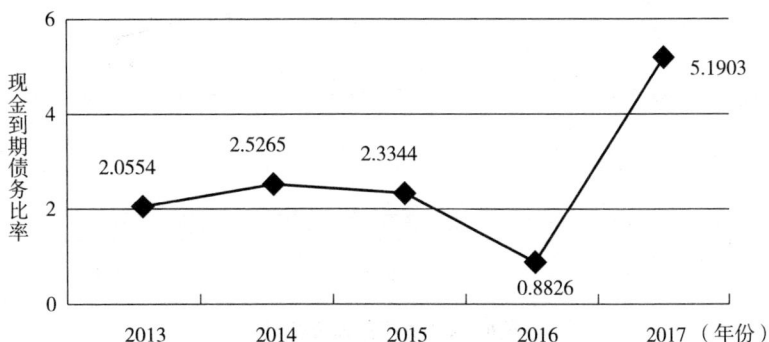

图 6-23 现金到期债务比率变动

现金到期债务比率是一个最谨慎、最能说明企业短期有无"支付不能"可能的指标。从现金到期债务比率来看，经营活动产生的现金流量净额较大，所以金陵饭店不能偿还短期债务的风险极小，所以金陵饭店的财务基础还是较稳固的，其短期偿债能力较强。

7. 金陵饭店短期偿债能力分析总结

通过对金陵饭店 2012~2017 年营运资本、流动比率、速动比率、现金比率、超现金比率、现金到期债务比率的分析可以看出：金陵饭店的短期偿债能力就行业标准来比较属于较好水平。

短期偿债能力总体评价：金陵饭店营运资本、流动比率、现金比率属于一般水平，但由于该企业经营活动产生的现金流量净额较高，而且速动比率属于优秀水平，所以该企业短期偿债能力较好。

（二）金陵饭店长期偿债能力分析

1. 资产负债率

从表 6-28、图 6-24 中可以看出，金陵饭店 2013~2017 年资产负债率呈现的是一个先增后减的过程，2015 年是一个转折点，主要是由于其资产总额最大，2013~2014 年公司募集资金投资项目——金陵饭店扩建工程"亚太商务楼"，2014 年 5 月完成。2015 年将在建工程转入固定资产，所以 2015 年总资产最大。

表 6-28 资产负债率相关数据

年份	2013	2014	2015	2016	2017
资产总计（元）	3005107757.39	3227694489.84	3239841642.18	3059195645.74	2958112536.09
负债合计（元）	998763338.58	1220635429.15	1213017696.10	994021039.62	810525408.79
资产负债率	0.3324	0.3782	0.3744	0.3249	0.2740

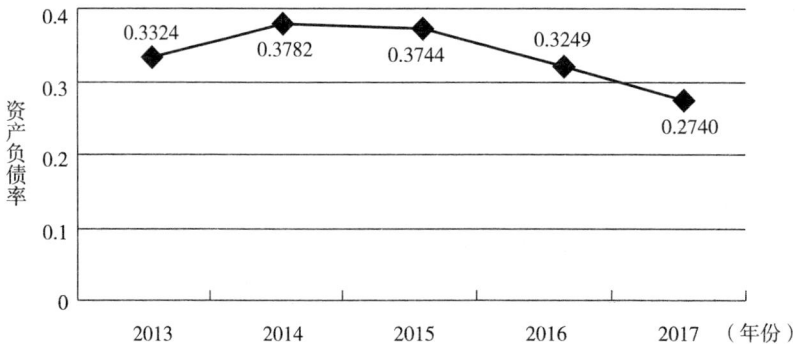

图 6-24 资产负债率变动

一般认为，资产负债率不宜超过50%，如果资产负债率超过50%，意味着风险加大。资产负债率与行业标准相比（表6-29），金陵饭店2013~2017年的资产负债率都超过了优秀值，说明金陵饭店的长期偿债能力较强。

表6-29　资产负债率的行业标准

年份 \ 项目	优秀值	良好值	平均值	较低值	较差值
2013	0.338	0.439	0.548	0.711	0.836
2014	0.323	0.424	0.533	0.696	0.821
2015	0.550	0.600	0.650	0.750	0.900
2016	0.550	0.600	0.650	0.750	0.900
2017	0.550	0.600	0.650	0.750	0.900

2. 产权比率

产权比率也称负债与所有者权益比率，从表6-30、图6-25中可以看出，金陵饭店2013~2017年的产权比率是先增后减的，2017年最小，其负债最小，而所有者权益合计最大，所以产权比率相对来说较低。到2017年时，金陵饭店各项业务已经比较成熟，产业结构趋于合理化，所以致使产权比率最小。

表6-30　产权比率相关数据

年份	2013	2014	2015	2016	2017
负债合计（元）	998763338.58	1220635429.15	1213017696.10	994021039.62	810525408.79
所有者权益合计（元）	2006344418.81	2007059060.69	2026823946.08	2065174606.12	2147587127.30
负债与所有者权益比率	0.4978	0.6082	0.5985	0.4813	0.3774

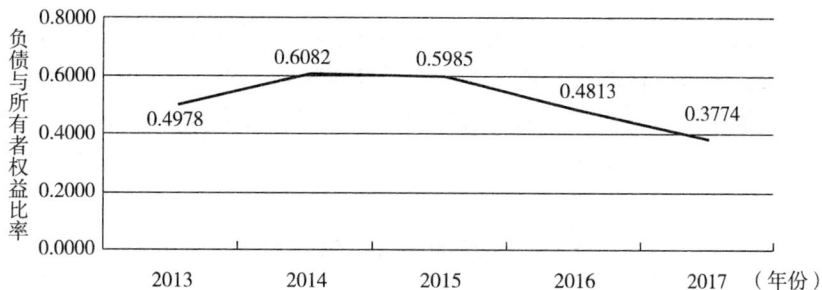

图6-25　负债与所有者权益比率变动

一般认为产权比率越低越好，小于 1 处于较好水平。从该指标来看，金陵饭店的产权比率呈现一个下降的趋势，与资产负债率相互印证，该企业的长期偿债能力较强。

3. 已获利息倍数

从表 6-31、图 6-26 中可以看出，金陵饭店的已获利息倍数增长趋势极不稳定，2013~2014 年急速增长，公司 2013 年实现营业收入 53471.37 万元，比 2012 年减少了 11.85%，2014 年公司募集资金投资项目——金陵饭店扩建工程"亚太商务楼"，导致大部分资金外流，利润减小，且利息费用由负变正，所以金陵饭店的已获利息倍数变化幅度较大。

表 6-31　已获利息倍数相关数据

年份	2013	2014	2015	2016	2017
净利润（元）	74908905.15	32084641.88	36996885.39	52667766.21	136412521.18
所得税费用（元）	16633460.26	17306340.95	18521018.38	22919736.87	18686534.51
财务费用（元）	-4131079.81	3789459.66	31530582.81	27819669.68	16384662.76
已获利息倍数	-21.1594	14.0338	2.7608	3.7171	10.4661

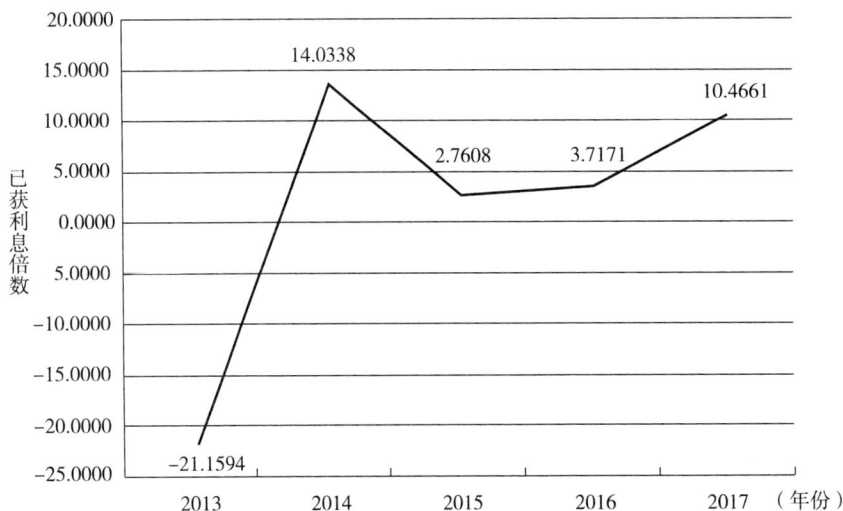

图 6-26　已获利息倍数变动

国际上通常认为，已获利息倍数为 3 时较为适当（见表 6-32）。金陵饭店在 2013 年的已获利息倍数低于行业标准较差值太多，而后几年该指标都大于行业标准优秀值，说明在后几年里金陵饭店偿付负债利息的能力都较强。但是该数值过高，也表明了企业过于保守，影响了其获利水平和盈利能力。

表 6-32　已获利息倍数的行业标准

项目 年份	优秀值	良好值	平均值	较低值	较差值
2013	2.9	1.9	1.1	-1.2	-4.5

年份 \ 项目	优秀值	良好值	平均值	较低值	较差值
2014	5.8	4.7	3.0	0.6	-2.1
2015	2.8	1.8	1.0	-1.3	-4.6
2016	3.1	2.1	1.3	-1	-4.3
2017	3.1	2.1	1.3	-1	-4.3

4. 现金全部债务比率

从表6-33、图6-27中可以看出，金陵饭店的现金全部债务比率总体呈增长趋势，前期缓慢增长，到2016~2017年急剧增长，原因是负债减少较多，更甚者经营活动净现金流量成倍增长，由于亚太商务楼全面运营，而且京伦饭店也调整了产业结构，运作步入正轨。

表6-33 现金全部债务比率相关数据

年份	2013	2014	2015	2016	2017
负债合计（元）	998763338.58	1220635429.15	1213017696.10	994021039.62	810525408.79
经营活动净现金流量（元）	52906994.68	108947081.32	125706750.76	116178640.14	283411099.05
现金全部债务比率	0.0530	0.0893	0.1036	0.1169	0.3497

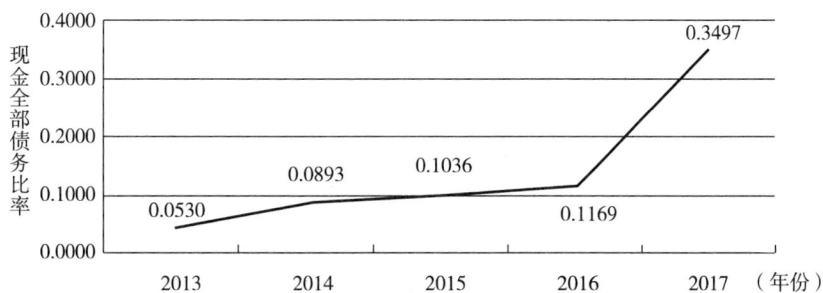

图6-27 现金全部债务比率变动

从现金全部债务比率来看，金陵饭店2013~2016年的该指标都偏低，表明其实际支付水平较低，真实的长期偿债能力未必像前面的指标所反映的那样强。

5. 金陵饭店长期偿债能力分析总结

从资产负债率可以看出，金陵饭店2013~2017年的该指标都大致处于优秀水平，说明该企业的长期偿债能力较强。从产权比率可以看出，金陵饭店2013~2017年的产权比率都小于1，且数值不大，与资产负债率相互印证，该企业的长期偿债能力较强。从已获利息倍数来看，金陵饭店从2014年开始该指标都超过了行业的优秀值，表明金陵饭店具有较强的偿付负债利息的能力；与此同时，2017年该指标过高，说明企业过于谨慎保守，影响其获利水平和盈利能力。从现金全部债务比率来看，金陵饭店该比率指标太低，表明其实际支付水平很低，真实的长期偿债能力并未像上述有些指标所反映的那样强。

综上所述，金陵饭店资产负债率、产权比率和已获利息倍数属于优秀水平，反映其长期偿债能力很强，但由于该企业的现金全部债务比率比较低，所以该企业长期偿债能力处于较好水平。

（三）金陵饭店偿债能力分析总结

从金陵饭店的短期偿债能力来看，在近两年内略微有所下降，但是与行业标准比较属于较好水平。从其长期偿债能力来看，金陵饭店的债务偿还能力是比较强的，在行业内处于中上水平。

综合分析金陵饭店短期偿债能力和长期偿债能力，金陵饭店的偿债能力虽然在近两年有所波动，但从整体来看还是处于一个较好的水平。

四、金陵饭店营运能力分析

（一）金陵饭店短期资产营运能力分析

1. 应收账款营运能力分析

从表6-34、图6-28中可以明显看出，金陵饭店2013年应收账款周转率还处于行业平均值之下，2014年达到平均值，营业收入逐年增加，而应收账款除了2014年也都平稳增长，2014年应收账款减少，相应地应收账款天数稳步下降，2013~2014年下降幅度最大，主要是因为金陵饭店的酒店本部和子公司——南京金陵酒店管理有限公司收到的银行承兑汇票到期承兑所致。

表6-34　应收账款周转情况相关数据

年份	2012	2013	2014	2015	2016	2017
营业收入（元）	—	534713684.74	612738650.77	735734898.34	834650864.45	938412720.82
应收账款（元）	58907793.37	55430817.45	50074861.36	54757084.05	52517440.08	53347639.16
应收账款平均余额（元）	—	57169305.41	52752839.41	52415972.71	53637262.07	52932539.62
应收账款周转率（次）	—	9.35	11.62	14.04	15.56	17.73
应收账款周转天数（天）	—	38.49	30.99	25.65	23.13	20.31

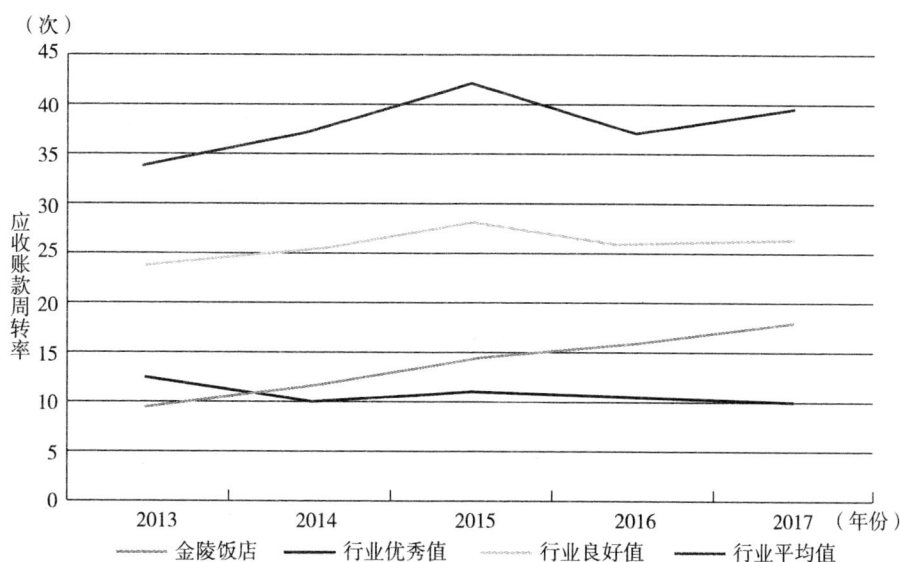

图 6-28 应收账款周转率变动

从纵向比较来看，金陵饭店应收账款周转率在逐年提高，说明该企业应收账款回收的速度和管理工作的效率在提高，应收账款周转天数在相应减少，该企业资产的流动性在增强，进而金陵饭店短期偿债能力也在提高。

从横向比较来看，金陵饭店 2013 年的应收账款周转率处于行业较低值标准，于 2014 年开始超过行业的平均值且逐年上升，说明金陵饭店的应收账款回收速度及管理工作效率在该行业中并不强，有待提升。

2. 存货营运能力分析

从表 6-35、图 6-29 中可以看出，金陵饭店的存货周转率 2013~2017 年由行业较差值发展到了行业较低值，可见金陵饭店的销售能力较差。营业成本 2013~2017 年持续稳步增长，2015 年增加幅度略有降低，但仍比 2013 年增长了 24.42%。2017 年营业成本继续呈现增加的趋势，主要是由于商品销售收入减少，相应销售成本减少所致。存货周转天数逐年降低，而相对而言，2013~2014 年下降幅度较大，原因同上。

表 6-35 存货周转率相关数据

年份	2012	2013	2014	2015	2016	2017
营业成本（元）	—	227905307.04	294879703.96	283554192.66	330689685.63	377827267.98
存货（元）	234299188.40	247466396.99	232121511.89	227313355.63	256680845.35	257035787.38
存货平均余额（元）	—	240882792.70	239793954.44	229717433.76	241997100.49	256858316.37
存货周转率（次）	—	0.95	1.23	1.23	1.37	1.47
存货周转天数（天）	—	380.50	292.75	291.65	263.45	244.74

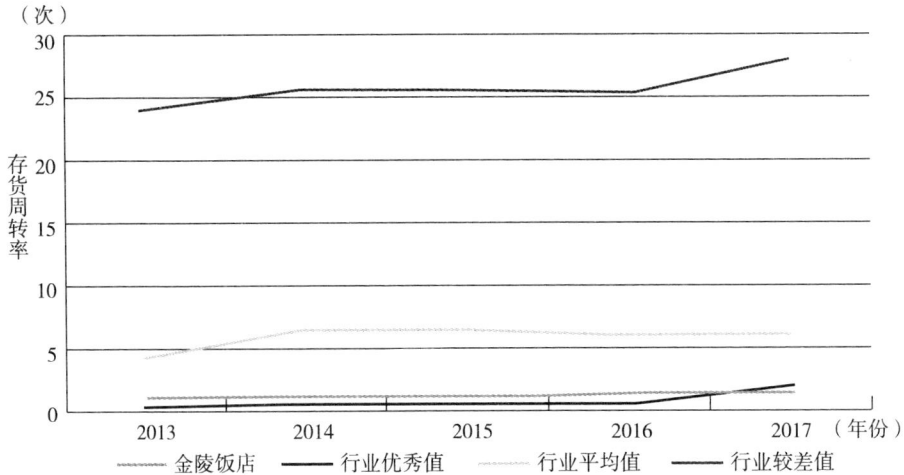

图 6-29　存货周转率变动

从纵向比较来看，金陵饭店 2013~2017 年的存货周转率基本维持在一个平衡的数据，除了 2013~2014 年增加得相对多一些外，后几年的存货周转率略微有些增长，说明金陵饭店的销售能力很薄弱，没有太大的增长趋势。

从横向比较来看，金陵饭店 2012~2017 年的存货周转率几乎都处于行业标准的较差值，说明金陵饭店的销售能力在该行业来看是非常弱的，需要扩大产品销售、增强销售能力。

3. 营业周期与现金周期

营业周期是应收账款周转天数与存货周转天数的总和，表 6-36 是金陵饭店营业周期与现金周期的相关数据。营业周期说明一个公司的短期偿债能力好坏，基于应收账款周转天数和存货周转天数，而这两个数据恰好都是逐年缓慢减小的，相对而言，2013~2014 年的变化较大，所以营业周期也是 2013~2014 年降低幅度较大。这就说明金陵饭店的短期偿债能力相对较弱，有待提高，但是在沿着一个相对良好的趋势发展。

表 6-36　营业周期与现金周期的相关数据　　　　　　　　　单位：天

年份	2013	2014	2015	2016	2017
应收账款周转天数	38.49	30.99	25.65	23.13	20.31
存货周转天数	380.50	292.75	291.65	263.45	244.74
应付账款周转天数	353.54	362.29	179.67	66.89	61.28
营业周期	418.99	323.74	317.30	286.58	265.05
现金周期	65.45	-38.55	137.63	219.69	203.76

现金周期是营业周期与应付账款周转天数的差值，从表 6-36 最后一行的数据可以看出，现金周期在 2014 年呈现负值，由于应付账款周转率在 2014 年最低，导致 2014 年为负值。而应付账款周转率低主要是由于应付账款增加，应付账款增加主要是因为江苏苏糖糖酒食品有限公司办理的银行承兑汇票比 2013 年末增加所致，以及主要系本期应付借款

利息增加所致。

从营业周期来看，2013~2017 年金陵饭店的营业周期逐年减小，说明金陵饭店的资金周转速度在加快，资产使用率在提高，盈利能力在增强。从现金周期来看，金陵饭店除 2014 年现金周期是负数外，其他几年均为正数，说明金陵饭店在 2014 年存在占用供应商资金的情况；从 2013~2017 年的变动来看，总体是增长了，说明了金陵饭店现金流动的速度总体上减慢了，资金占用时间变长了，营运效率降低了。

4. 流动资产营运能力分析

从表 6-37、图 6-30 中可以看出，金陵饭店流动资产周转率 2013~2014 年从行业较差值发展至平均值，发展较缓慢。2015 年流动资产数额最高，2015 年营运资本最高，流动资产增多，增加额来自全资子公司——南京世界贸易中心有限责任公司向本公司支付的管理费用 220 万元以及本公司向金陵集团收取的土地租金 517 万元。流动资产周转天数逐年缓慢且平稳下降，2013~2014 年相对减少最多，原因同上。

表 6-37　流动资产周转率相关数据

年份	2013	2014	2015	2016	2017
营业收入（元）	534713684.74	612738650.77	735734898.34	834650864.45	938412720.82
流动资产平均余额（元）	933003753.70	935493832.15	954570162.32	925601846.51	819709225.61
流动资产周转率（次）	0.57	0.65	0.77	0.90	1.14
流动资产周转天数（天）	628.15	549.63	467.08	399.23	314.46

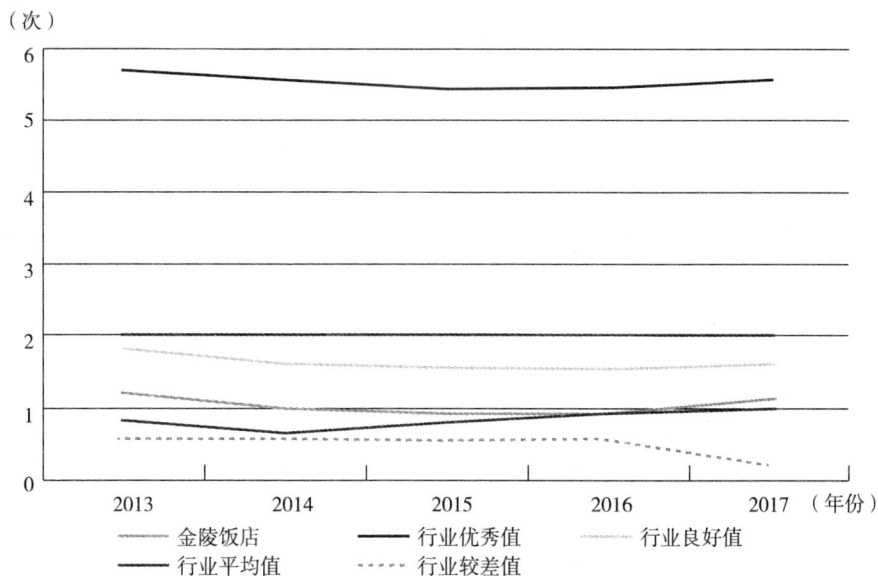

图 6-30　流动资产周转率变动

从纵向比较来看，2013~2017 年金陵饭店的流动资产周转率在逐年上升，流动资产周转天数在逐年减少，说明金陵饭店对流动资产的利用率在逐年提高，盈利水平也在逐渐提高，该企业的短期偿债能力在增强。

从横向比较来看，金陵饭店 2013 年的流动资产周转率处于行业较差值，2014 年与 2015 年两年增长到了行业较低值，在 2016 年和 2017 年达到了行业平均值，说明金陵饭店流动资产的周转速度在行业中来说很慢，大部分资产以非现金资产的形式存在，影响了该企业资产的流动性及偿债能力，需要补充流动资产参加周转。

（二）金陵饭店长期资产营运能力分析

1. 固定资产运营能力分析

从表 6-38 中可以看出，金陵饭店的固定资产周转率是先下降后微微回升，2015 年固定资产周转率最低，因为固定资产最高，2013～2014 年公司募集资金投资项目——金陵饭店扩建工程"亚太商务楼"，2014 年 5 月完成。2015～2017 年无在建工程，所以在建工程额度为 0，2014 年的固定资产呈现跨越式增长。固定资产周转天数先增后减，2015 年最大，原因同上。

表 6-38　固定资产周转率相关数据

年份	2013	2014	2015	2016	2017
营业收入（元）	534713684.74	612738650.77	735734898.34	834650864.45	938412720.82
固定资产平均净值（元）	191546764.92	850725997.18	1444682012.90	1367557606.74	1339714322.61
固定资产周转率（次）	2.79	0.72	0.51	0.61	0.70
固定资产周转天数（天）	128.96	499.82	706.89	589.85	513.95

从固定资产营运能力分析中的两个指标——固定资产周转率和固定资产周转天数来看，2013～2015 年金陵饭店的固定资产周转率在下降，尤其是 2013～2014 年是骤降，而后 2015～2017 年又渐渐上升了一些。

从整体来看，金陵饭店对固定资产的利用率在下降，相对来说 2012 年对固定资产利用较充分，而 2014～2017 年金陵饭店固定资产使用效率降低了很多，说明了在后几年企业固定资产的分布与安排不太适当、使用效率偏低，金陵饭店的长期营运能力在下降。

2. 总资产营运能力分析

从表 6-39 可以看出，总资产周转天数 2013～2014 年的变化不大，而随后减少得相对明显，由于产业结构的调整，使之趋于合理化，所以总资产有所提高，且销售收入也在上升。其余原因同上。

表 6-39　总资产周转率相关数据

年份	2013	2014	2015	2016	2017
营业收入（元）	534713684.74	612738650.77	735734898.34	834650864.45	938412720.82
平均资产总额（元）	2734473010.24	3116401123.62	3233768066.01	3149518643.96	3008654090.92

年份	2013	2014	2015	2016	2017
总资产周转率 （次）	0.20	0.20	0.23	0.27	0.31
总资产周转天数 （天）	1841.00	1830.97	1582.30	1358.44	1154.20

从图 6-31 可以看出，金陵饭店的总资产周转率五年从行业较低值发展到了平均值，速度缓慢，相对而言，2015 年总资产最大，2013~2014 年公司募集资金投资项目——金陵饭店扩建工程"亚太商务楼"，2014 年 5 月完成。2015 年将在建工程转入固定资产，所以2015 年总资产最多。

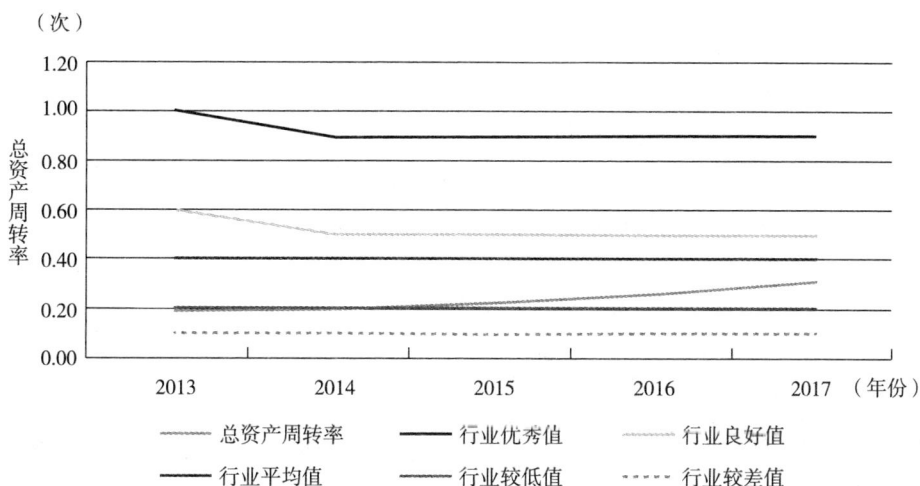

图 6-31　总资产周转率变动

从纵向比较来看，2013~2017 年金陵饭店总资产周转率呈现的是逐年增长的趋势，总资产周转天数在逐年减少，说明金陵饭店总资产的运营效率在提高，单位资产创造的收入在增加，销售能力在增强。

从横向比较来看，金陵饭店 2013~2017 年总资产周转率都在行业较低值附近，均未达到行业的平均值，说明金陵饭店总资产利用效率处于行业下游水平，没有充分发挥资产效能，需要增加销售额或削减部分资产来提高总资产周转率，进而提高营运能力。

3. 金陵饭店长期营运能力分析总结

从纵向比较来看，2013~2017 年，金陵饭店固定资产周转率经历了一个减小再增大的变化、总资产周转率呈现的是逐渐增大的趋势，说明金陵饭店总体上的长期营运效率在上升，长期资产的利用率在提高，长期营运能力在增强。

从横向比较来看，金陵饭店 2013~2017 年资产营运效率处于行业的较低值，长期资产营运能力还很弱，仍处于行业的中下游水平。

（三）金陵饭店营运能力分析总结

从纵向来看，金陵饭店各项周转率指标几乎都在增大、周转天数指标几乎都在减小，金陵饭店的营运能力在不断增强，推测未来应该也会随之不断增强。

从横向来看，金陵饭店各项周转率指标大都处于行业较低值左右，金陵饭店的营运能力很弱、处于行业的下游水平。

五、金陵饭店盈利及成长能力分析

（一）金陵饭店盈利能力分析

1. 营业毛利率

表 6-40 是金陵饭店 2013~2017 年的营业毛利率相关数据，由营业收入和营业成本计算出营业毛利率。从表 6-40 中可以看出，金陵饭店 2014 年的营业毛利率是最低值，该期相比其他报告期营业成本增加得比营业收入要多一些，主要是因为金陵饭店在 2014 年募集资金投资项目——金陵饭店扩建工程"亚太商务楼"于 2014 年 5 月投入试运营，其投入成本较大，其营业收入也是在 5 月之后才显示在报表中，且酒店餐饮、商品贸易成本增加，所以相对来说，营业成本会增加得多一些，以至 2014 年出现最低值。金陵饭店营业毛利率除了在 2014 年发生较大幅度下降外，其余几年的营业毛利率基本上维持在一个稳定的数值，说明近两年金陵饭店营业活动的获利水平较稳定。

表 6-40　营业毛利率相关数据

年份	2013	2014	2015	2016	2017
营业收入（元）	534713684.74	612738650.77	735734898.34	834650864.45	938412720.82
营业成本（元）	227905307.04	294879703.96	283554192.66	330689685.63	377827267.98
营业毛利率（%）	57.38	51.88	61.46	60.38	59.74

表 6-41 是金陵饭店 2017 年的业务构成及收益情况，从中可以看出，金陵饭店 2017 年的业务板块包括酒店服务、商品贸易、房屋租赁以及物业管理四个板块，前三个板块的营业毛利率分别是 76.89%、14.30%、91.17%，物业管理由于不存在营业成本，所以不存在营业毛利率。可以看出，房屋租赁的营业毛利率是最高的，其收入占总收入的 16.37%；其次是酒店服务的营业毛利率相对来说较高，其收入比例是 49.58%。正因为金陵饭店了解到房屋租赁的营业毛利率很高，可以为企业带来高收入，所以金陵饭店股份有限公司在 2014 年将房屋租赁加入其业务收入板块，金陵饭店 2014 年亚太商务楼建成，所以在 2014 年房屋租赁也成为了金陵饭店的业务收入板块之一。从 2014 年发展以来直到 2017 年，房屋租赁的收入比例是在不断提高的，房屋租赁的高营业毛利率可以给企业带来高收入。

表 6-41　2017 年金陵饭店业务构成及收益情况

业务类型	营业收入（元）	营业成本（元）	营业毛利率（%）	收入比例（%）	毛利比例（%）
酒店服务	457335730.53	105674903.88	76.89	49.58	63.42
商品贸易	290523426.49	248977793.54	14.30	31.49	7.49
房屋租赁	150987182.41	13337116.46	91.17	16.37	24.82

续表

业务类型	营业收入（元）	营业成本（元）	营业毛利率（%）	收入比例（%）	毛利比例（%）
物业管理	23640609.15	—	—	2.56	4.26
总计	922486948.58	367989813.88	60.11	100.00	100.00

2. 营业净利率

表6-42包括了金陵饭店2013~2017年的净利润、营业收入，以及推算出的营业净利率数据，从表6-42可以看出，2013~2017年营业净利率呈现的是"U"形变化趋势——先是大幅度下降然后再上升的过程，说明金陵饭店在后两年越来越注重成本费用的控制，盈利能力在不断增强。

表6-42　营业净利率相关数据

年份	2013	2014	2015	2016	2017
净利润（元）	74908905.15	32084641.88	36996885.39	52667766.21	136412521.18
营业收入（元）	534713684.74	612738650.77	735734898.34	834650864.45	938412720.82
营业净利率（%）	14.01	5.24	5.03	6.31	14.54

金陵饭店2014年的营业净利率发生大幅下降主要是因为，该期净利润大幅下降，而导致净利润大幅下降的原因主要是2014年受宏观经济增速放缓、经济波动风险加大及国家相关政策影响，公司的酒店经营、酒类贸易、房地产三大业务板块继续承受冲击；金陵饭店亚太商务楼和盱眙天泉湖金陵山庄相继开业，经营规模扩容，折旧摊销和财务费用、管理费用上升，市场竞争加剧等加大了公司经营压力，营业成本和各项费用增加，其中2014年的投资收益也减少了2000万元左右，所以最终导致净利润减少了很多。

从表6-42中还可以看到，金陵饭店2017年营业净利率提高了很多，是因为净利润在2017年大幅增长，公司控股的亚太商务楼（酒店、写字楼业务）各项经营指标保持高位运行，净利润比2016年大幅增长；酒类贸易业务因报告期内酒类商品市场回暖和控股子公司积极采取转型增效措施，净利润比2016年有较大增长；投资收益由负1000万元增加到4千万元（公司联营企业南京金陵置业发展有限公司高端别墅实现销售，公司对其采取权益法核算投资收益大幅增加约4715万元）；其他一些收益都在提高，成本与支出减少，最终导致了净利润2017年大幅增长，因此营业净利率也在大幅提高。

表6-43　营业净利率的行业标准　　　　单位：%

年份	2013	2014	2015	2016	2017
优秀值	47.3	50.5	54.1	32.9	28.0
良好值	37.8	40.4	43.3	22.8	17.7
平均值	26.2	28.0	30.0	10.4	5.0
较低值	13.8	14.7	15.7	-3.0	-8.7
较差值	5.7	6.1	6.5	-11.6	-17.5
金陵饭店营业净利率	14.01	5.24	5.03	6.31	14.54

表 6-43 是营业净利率的行业标准，金陵饭店 2013~2017 年的营业净利率与行业标准相比，2014 年和 2015 年都低于行业较差值，而后两年逐渐提高，于 2017 年提高到了行业的良好值左右，可见金陵饭店的营业净利率在不断增大，盈利能力也随之不断增强，已超过行业平均值。

3. 成本费用利润率

表 6-44 是金陵饭店 2013~2017 年的成本费用利润率相关数据，包括利润总额、成本费用总额和成本费用利润率等，从表 6-44 中可以看出，金陵饭店的成本费用利润率变动趋势与营业净利率的变动趋势相似，都是先降低再升高，金陵饭店在 2014 年发生大幅度下降，说明金陵饭店当年为了取得收益付出了很多代价，而后几年逐渐提升回来，说明该企业后来的成本费用控制得越来越好，提高了资源的利用效率，盈利能力也在增强。

表 6-44 成本费用利润率相关数据 单位：元，%

年份	2013	2014	2015	2016	2017
利润总额	91542365.41	49390982.83	55517903.77	75587503.08	155099055.69
营业成本	227905307.04	294879703.96	283554192.66	330689685.63	377827267.98
营业税金及附加	19865155.66	23221896.37	31344547.66	32303019.30	32649479.69
销售费用	147210848.98	133447707.63	155818464.11	178601164.87	195628722.53
管理费用	96428135.40	142663724.21	223630568.62	215243322.97	223687337.18
财务费用	-4131079.81	3798459.66	31530582.81	27819669.68	16384662.72
成本费用总额	487278367.27	598011491.83	725878355.86	784656862.45	846177470.10
成本费用利润率	18.79	8.26	7.65	9.63	18.33

表 6-45 是金陵饭店 2013~2017 年成本费用利润率的行业标准，与行业标准相比，金陵饭店在 2013 年和 2017 年的成本费用利润率都超过了行业的优秀值，虽然中间几年位于行业的良好值左右，但最近一年又提高到了行业的优秀值以上，说明金陵饭店的盈利能力还是挺可观的，位于行业的优秀水平。

表 6-45 成本费用利润率的行业标准 单位：%

年份	2013	2014	2015	2016	2017
优秀值	10.6	11.6	12.6	12.4	13.1
良好值	7.3	8.0	8.7	8.8	9.4
平均值	2.1	2.3	2.5	3.1	3.6
较低值	-4.4	-4.0	-3.7	-3.2	-2.7
较差值	-9.2	-8.3	-7.6	-7.6	-6.9
金陵饭店成本费用利润率	18.79	8.26	7.65	9.63	18.33

4. 营业现金比率

表 6-46 是金陵饭店 2013~2017 年的营业现金比率相关数据，包括金陵饭店近几年的

经营现金净流量、营业收入以及营业现金比率，从表6-46中可以看出，金陵饭店2013~2017年营业现金比率总体在提升，中间两年略微发生了小幅度下降，但没有影响总体的提高，可见金陵饭店的收益质量在提高、营业活动的风险在减小，可供支配的现金资源在增多，盈利能力随之增强。

表6-46　营业现金比率相关数据

年份	2013	2014	2015	2016	2017
经营现金净流量（元）	52906994.68	108947081.32	125706750.76	116178640.14	283411099.05
营业收入（元）	534713684.74	612738650.77	735734898.34	834650864.45	938412720.82
营业现金比率（%）	9.89	17.78	17.09	13.92	30.20

从表6-46中还可以看出，金陵饭店2017年的营业现金比率相比2016年的数据增长了一倍多，主要是因为金陵饭店当期销售商品、提供劳务收到的现金增多，即经营现金流入量增多；而且金陵饭店控股的亚太商务楼各项经营指标保持高位运行，所以导致了经营现金净流量大幅增加，营业现金比率也大幅提高。

5. 总资产报酬率

表6-47是金陵饭店2012~2017年总资产报酬率的相关数据，表中包括净利润、总资产、平均资产总额和总资产报酬率的数据，从表6-47中可以看出，金陵饭店的总资产报酬率在2014年大幅降低，但从2014年之后就一直在提高，2017年总资产报酬率相比上年同期提高了很多，主要是由于净利润变化导致的，具体原因同上一节，该指标的整体变动趋势说明金陵饭店资产的综合利用效率在提升，盈利能力在增强。

表6-47　总资产报酬率相关数据

年份	2012	2013	2014	2015	2016	2017
净利润（元）	—	74908905.15	32084641.88	36996885.39	52667766.21	136412521.18
总资产（元）	2463838263.08	3005107757.39	3227694489.84	3239841642.18	3059195645.74	2958112536.09
平均资产总额（元）	—	2734473010.24	3116401123.62	3233768066.01	3149518643.96	3008654090.92
总资产报酬率（%）	—	2.74	1.03	1.14	1.67	4.53

金陵饭店2013~2017年的总资产报酬率与行业标准相比，其变化具体可见表6-48，与行业标准相比，金陵饭店前三年基本上在行业的平均值附近，近两年提高到了行业的良好值左右，可见金陵饭店对资产的综合利用效果在行业中来看还是不错的，从这个指标来

看其盈利能力位于行业的良好水平。

表 6-48　总资产报酬率的行业标准　　　　单位：%

年份	2013	2014	2015	2016	2017
优秀值	6.1	6.2	6.7	6.2	6.4
良好值	4.0	4.1	4.4	4.0	4.2
平均值	1.0	1.2	1.3	1.0	1.2
较低值	−1.2	−1.1	−1.0	−1.3	−1.1
较差值	−3.1	−3.0	−2.8	−3.1	−3.0
金陵饭店总资产报酬率	2.74	1.03	1.14	1.67	4.53

6. 净资产报酬率

表 6-49 是金陵饭店 2012~2017 年的净资产报酬率相关数据，从表中最后一行数据可以看出，金陵饭店的净资产报酬率变动过程同总资产报酬率的变动趋势是相似的，后几年一直在增大，说明金陵饭店对费用的管理是越来越有效的，应用净资产的获利程度在提高，盈利能力在不断增强。

表 6-49　净资产报酬率相关数据　　　　单位：%

年份	2012	2013	2014	2015	2016	2017
净利润（元）	—	74908905.15	32084641.88	36996885.39	52667766.21	136412521.18
总资产（元）	2463838263.08	3005107757.39	3227694489.84	3239841642.18	3059195645.74	2958112536.09
负债（元）	584692799.42	998763338.58	1220635429.15	1213017696.10	994021039.62	810525408.79
净资产（元）	1879145463.66	2006344418.81	2007059060.69	2026823946.08	2065174606.12	2147587127.30
平均净资产总额（元）	—	1942744941.24	2006701739.75	2016941503.39	2045999276.10	2106380866.71
净资产报酬率（%）	—	3.86	1.60	1.83	2.57	6.48

表 6-50 是为了分析金陵饭店 2013~2017 年的净资产报酬率处在行业中的水平，与行业标准相比，金陵饭店的净资产报酬率 2013~2016 年基本上都处于行业的平均值左右，于 2017 年提升到了行业的良好值附近，可见金陵饭店近两年的盈利水平在增长，处于行业的良好水平。

表 6-50　净资产报酬率的行业标准　　　　　　单位：%

年份	2013	2014	2015	2016	2017
优秀值	9.0	9.6	9.6	9.6	9.6
良好值	5.0	5.3	5.3	5.4	5.3
平均值	1.5	2.0	2.0	2.0	2.0
较低值	-3.3	-3.1	-3.1	-3.0	-3.1
较差值	-9.3	-8.7	-8.7	-8.7	-8.7
金陵饭店净资产报酬率	3.86	1.60	1.83	2.57	6.48

7. 每股收益

表 6-51 是金陵饭店 2013~2017 年每股收益相关数据，从表中可以看出，金陵饭店的每股收益变动趋势与总资产报酬率和净资产报酬率的变动趋势类似，2014~2017 年在持续性增长，说明金陵饭店盈利能力的发展势头良好，该企业普通股的获利水平在不断提升。

表 6-51　每股收益相关数据

年份	2013	2014	2015	2016	2017
净利润（元）	74908905.15	32084641.88	36996885.39	52667766.21	136412521.18
股本（股）	300000000.00	300000000.00	300000000.00	300000000.00	300000000.00
每股收益（元）	0.25	0.11	0.12	0.18	0.45

8. 金陵饭店盈利能力分析总结

从表 6-52 金陵饭店盈利能力相关指标数据来看，营业毛利率较稳定，其余六个指标数据变动较大。结合该表以及上述总体分析，可以看出金陵饭店的总体盈利能力在不断增强，处于行业的良好水平。

表 6-52　金陵饭店盈利能力相关指标数据

年份	2013	2014	2015	2016	2017
营业毛利率（%）	57.38	51.88	61.46	60.38	59.74
营业净利率（%）	14.01	5.24	5.03	6.31	14.54
成本费用利润率（%）	18.79	8.26	7.65	9.63	18.33
营业现金比率（%）	9.89	17.78	17.09	13.92	30.20
总资产报酬率（%）	2.74	1.03	1.14	1.67	4.53
净资产报酬率（%）	3.86	1.60	1.83	2.57	6.48
每股收益（元）	0.25	0.11	0.12	0.18	0.45

(二) 金陵饭店成长能力分析

1. 营业收入增长率

表6-53是金陵饭店2012~2017年营业收入增长率相关数据，可以看出，金陵饭店2013年的营业收入增长率是个负数，说明2013年相较于2012年的数据是减少的，而后几年的增长率都是正数，且在逐年提升，说明营业收入增长率是在不断增长的。还可以看出，金陵饭店2013~2017年的营业收入增长率总体上呈现增长的趋势，说明该企业的经营情况在不断改善、市场前景较好、成长速度较快。金陵饭店2015~2017年的营业收入增长率在逐渐下降，说明这两年其市场份额在略微萎缩。

表6-53　营业收入增长率相关数据

年份	2012	2013	2014	2015	2016	2017
营业收入（元）	606627910.15	534713684.74	612738650.77	735734898.34	834650864.45	938412720.82
营业收入增长率（%）	—	-11.85	4.59	20.07	13.44	12.43

从表6-54中可以看出，金陵饭店的营业收入增长率在近几年的波动较大，于2013年处于行业的较差值左右，但逐渐在提高，于2015年达到了行业的优秀值左右，在2017年又降到了行业的良好值，说明金陵饭店市场占有能力总体上提高到了行业的良好值。

表6-54　营业收入增长率的行业标准　　　　　　　　　　单位：%

年份	2013	2014	2015	2016	2017
优秀值	22.6	21.9	23.3	26.7	22.4
良好值	15.1	14.4	13.8	17.4	13.1
平均值	4.6	3.9	3.2	6.2	1.9
较低值	-6.1	-6.8	-7.5	-7.9	-11.5
较差值	-14.4	-15.1	-17.8	-17.3	-21.5
金陵饭店营业收入增长率	-11.85	4.59	20.07	13.44	12.43

2. 营业收入平均增长率

从表6-55中可以看出，从2013~2014年金陵饭店的营业收入平均增长率发生了较大幅度下降，而后几年几乎都在上升，说明金陵饭店连续几年内的营业活动在逐渐增长，企业持续的发展态势和市场扩张能力在增强。

营业收入平均增长率与营业收入增长率不同的是，该指标是2014年出现负数，而营业收入增长率是2013年出现负数，这是由于两种指标计算原始数据范围不一样造成的。从营业收入的数据来看，金陵饭店在2013年的营业收入下降了，主要是由于2013年受经济发展的影响，商品贸易的收入减少导致的。

表 6-55　营业收入平均增长率相关数据

年份	2010	2011	2012	2013	2014	2015	2016	2017
营业收入（元）	514503929.32	700370845.06	606627910.15	534713684.74	612738650.77	735734898.34	834650864.45	938412720.82
营业收入平均增长率（%）	—	—	—	1.29	-4.36	6.64	16.00	15.27

3. 总资产增长率

表 6-56 是金陵饭店 2013~2017 年总资产增长率相关数据，从表中可以看出，金陵饭店的总资产增长率从 2013 年到 2016 年一直在下降，甚至到了 2016 年成为负数，虽然 2017 年涨了一些，但还是负数，说明金陵饭店的总资产规模在减小，成长能力在减弱。金陵饭店 2013 年总资产增长率相比 2012 年减少了很多，主要是因为，2013 年金陵天泉湖旅游生态园项目大额投入；金陵饭店扩建工程——亚太商务楼的开展，新老楼的功能格局大幅调整。

表 6-56　总资产增长率相关数据

年份	2012	2013	2014	2015	2016	2017
总资产（元）	2463838263.08	3005107757.39	3227694489.84	3239841642.18	3059195645.74	2958112536.09
总资产增长率（%）	—	21.97	7.41	0.38	-5.58	-3.30

2013~2017 年金陵饭店总资产增长率与行业标准进行的对比具体可见表 6-57，从表 6-57 中可以看出，金陵饭店的总资产增长率在 2013 年达到了行业的优秀值，而后几年在逐年下降，从行业的优秀值逐渐下降到行业的较低值左右，可见金陵饭店的总资产增长率有待提高，仍处于行业较低值。

表 6-57　总资产增长率的行业标准　　　　　　　单位：%

年份	2013	2014	2015	2016	2017
优秀值	14.2	14.5	14.5	16.7	12.6

年份	2013	2014	2015	2016	2017
良好值	12.3	12.6	8.6	11.8	7.7
平均值	2.5	2.6	2.6	5.0	0.8
较低值	0.6	0.6	−5.6	−2.9	−7.1
较差值	−10.9	−10.7	−14.7	−11.9	−16.0
金陵饭店总资产增长率	21.97	7.41	0.38	−5.58	−3.30

4. 固定资产成新率

表 6-58 是金陵饭店 2013~2017 年固定资产成新率相关数据，从表 6-58 中可以看出，金陵饭店 2013~2015 年的固定资产成新率在逐年上升，2015~2017 年又在逐渐下降，说明金陵饭店于 2013 年对固定资产进行了较大规模的投资与更新。同时 2013 年的在建工程——亚太商务楼于 2014 年完工，转成固定资产，也导致了固定资产的成新率在 2014 年大幅提高。总体上固定资产成新率在七成左右，可判断企业现有的资产可在较长期间内为企业服务，企业的发展前景还是不错的。

表 6-58　固定资产成新率相关数据

年份	2013	2014	2015	2016	2017
平均固定资产净额（元）	191546764.92	850725997.18	1444682012.90	1367557606.74	1339714322.61
期初余额（元）	623504054.22	627990550.48	1964881632.17	1907179726.08	1941992559.71
期末余额（元）	627990550.48	1964881632.17	1907179726.08	1941992559.71	1956770754.60
平均固定资产原值（元）	625747302.35	1296436091.33	1936030679.13	1924586142.90	1949381657.16
固定资产成新率（%）	30.61	65.62	74.62	71.06	68.73

5. 净利润增长率

表 6-59 是金陵饭店 2012~2017 年净利润增长率的相关数据，从表中可以看出，金陵饭店 2013~2017 年的净利润增长率一直在上升，前两年为负数，但于 2017 年达到了159.01%，可见金陵饭店的成长能力非常可观，一直在不断增强。金陵饭店 2013 年的净利润增长率是个很大的负数，2017 年该指标达到将近 160%，说明金陵饭店 2013 年的净利润大幅下降和 2017 年净利润大幅增长，具体原因以上也进行了分析。

表 6-59　净利润增长率相关数据

年份	2012	2013	2014	2015	2016	2017
净利润（元）	1101900000.00	74908905.15	32084641.88	36996885.39	52667766.21	136412521.18
净利润增长率（%）	—	-93.20	-57.17	15.31	42.36	159.01

6. 净资产增长率

从表 6-60 中可以看出，金陵饭店 2013～2017 年净资产增长率呈现的是"U"形变化趋势，在 2014 年发生大幅下降，2017 年又提高了很多，主要是因为 2013 年受"三公消费"以及国家政策的限制影响，所以金陵饭店的总体净利润下降了很多；2017 年金陵饭店投资的两个项目都保持高位运行，获得了很大的利润，以及当年的投资收益大幅增加。从该指标整体来看，金陵饭店 2013～2014 年的净资产增长率发生了大幅度下降，但未降为负数，且后几年一直在增长，说明金陵饭店的所有者权益保障程度在增大，最近几年持续的成长发展能力在不断增强。

表 6-60　净资产增长率相关数据

年份	2012	2013	2014	2015	2016	2017
所有者权益/净资产（元）	1879145463.66	2006344418.81	2007059060.69	2026823946.08	2065174606.12	2147587127.30
净资产增长率（%）	—	6.77	0.04	0.98	1.89	3.99

与行业标准相比，金陵饭店 2014～2017 年的净资产增长率（资本积累率）基本都在行业较低值左右，2013 年达到行业优秀值，但后几年略微下降到了行业的较低值左右，可见金陵饭店持续成长能力处在行业的较低水平，还有待提高。如表 6-61 所示。

表 6-61　净资产增长率的行业标准　　　　　　　　　　单位：%

年份	2013	2014	2015	2016	2017
优秀值	36.7	39.8	39.8	38.2	38.8
良好值	22.8	25.9	25.9	24.3	24.9
平均值	5.4	8.5	8.5	6.9	7.5
较低值	-2.1	1.0	1.0	-0.6	0.1
较差值	-9.0	-5.9	-5.9	-7.5	-6.9
金陵饭店净资产增长率	6.77	0.04	0.98	1.89	3.99

7. 每股股利

从表6-62中可以看出，金陵饭店的每股股利总体呈现的是一个增长趋势，除2013~2014年下降了一些外，而后几年都在不断地提高，说明金陵饭店近几年都在给股东分配现金股利，可以增强投资者的信心。金陵饭店近几年每股股利变化趋势也说明了金陵饭店成长发展能力在不断增强，因此才有足够的现金给股东分配股利。

表6-62　每股股利变动

年份	2013	2014	2015	2016	2017
每股股利（元）	0.08	0.04	0.05	0.12	0.24

8. 股利增长率

从表6-63中最后一行数据——股利增长率可以看出，金陵饭店的股利增长率在2013~2017年波动还是比较大的，前两年出现负数，金陵饭店实现的净利润大部分用来资本扩张，增强了其发展能力及后劲。近两年企业提高了股利发放率，可提高公司股价，促进企业成长。

表6-63　股利增长率相关数据

年份	2012	2013	2014	2015	2016	2017
每股股利（元）	0.115	0.08	0.04	0.05	0.12	0.24
股利增长率（%）	—	−30.43	−50.00	25.00	140.00	100.00

9. 金陵饭店成长能力分析总结

表6-64是金陵饭店成长能力分析的相关指标数据，从2013~2017年金陵饭店以上八个指标数据来看，营业收入增长率位于行业的良好值左右，其余几个指标数据位于行业的较低值。从整体来看，金陵饭店的成长能力近几年有所减弱，位于行业的较低水平。

表6-64　金陵饭店成长能力指标数据

年份	2013	2014	2015	2016	2017
营业收入增长率（%）	−11.85	4.59	20.07	13.44	12.43
营业收入平均增长率（%）	1.29	−4.36	6.64	16.00	15.27
总资产增长率（%）	21.97	7.41	0.38	−5.58	−3.30
固定资产成新率（%）	30.61	65.62	74.62	71.06	68.73
净利润增长率（%）	−93.20	−57.17	15.31	42.36	159.01
净资产增长率（%）	6.77	0.04	0.98	1.89	3.99
每股股利（元）	0.08	0.04	0.05	0.12	0.24
股利增长率（%）	−30.43	−50.00	25.00	140.00	100.00

（三）杜邦分析

分析金陵饭店经营的财务状况，采用的是杜邦分析法，对金陵饭店的权益报酬率进行分析，进而分析金陵饭店的财务状况。

从图6-32中可以看出，净资产报酬率是总资产报酬率与权益乘数的乘积，而总资产报酬率是销售利润率与总资产周转率的乘积，权益乘数又是由资产负债率推出来的。表6-65是金陵饭店的杜邦分析相关指标数据。

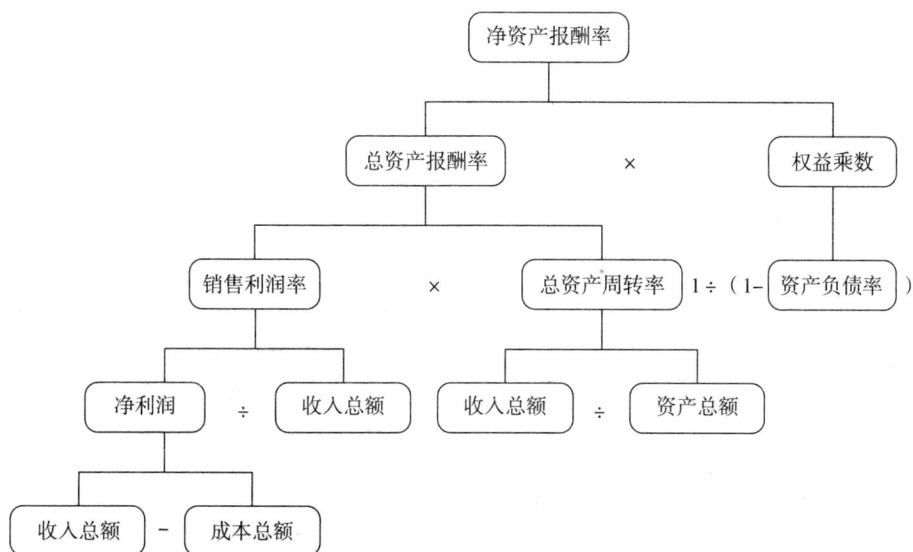

图6-32　杜邦分析图

表6-65　杜邦分析相关指标数据

年份	2013	2014	2015	2016	2017
销售利润率（%）	14.01	5.24	5.03	6.31	14.54
总资产周转率（次）	0.20	0.20	0.23	0.27	0.31
总资产报酬率（%）	2.74	1.03	1.14	1.67	4.53
资产负债率（%）	0.33	0.38	0.38	0.32	0.27
权益乘数	1.50	1.61	1.60	1.48	1.38
净资产报酬率（%）	3.86	1.60	1.83	2.57	6.48

通过对图6-32的分析可知，影响净资产报酬率的因素主要有三类：销售利润率、总资产周转率和权益乘数。而通过表6-65的分析可以看出，金陵饭店净资产报酬率的增长主要是由于销售利润率的变化引起的。

从销售利润率来看，金陵饭店2013~2017年销售利润率呈"U"形增长趋势，金陵饭店的该指标数据变化主要是由净利润变化造成的，对金陵饭店起着正效应作用。从总资产周转率来看，金陵饭店2013~2017年的总资产周转率一直在增长是因为金陵饭店每年的营业收入增长比总资产更快而造成的。总资产周转越快，企业盈利的可能性越高，因而对净资产报酬率产生的是正效应作用。从权益乘数来看，金陵饭店 2013~2017 年的权益乘数没有太大的波动变化，基本在 1.5 左右浮动，是由于金陵饭店的资产负债率在 2013~2017 年未发生较大波动引起的，金陵饭店的该指标数据对净资产报酬率的影响不是很大。

综上所述，金陵饭店 2013~2017 年的净资产报酬率除第一年减小外，后几年一直在增加，原因主要是销售利润率的变化和总资产周转率的提高，也说明金陵饭店的净资产报酬率在增长，企业的发展能力在逐渐增强，综合来看，金陵饭店的总体财务状况虽然不是很好，但也是在逐年提升的。

六、总结

以上分析了金陵饭店的整体财务报表、金陵饭店的偿债能力、营运能力、盈利能力及成长能力。从金陵饭店的偿债能力来看，在近两年有所波动，但从整体来看还是处于一个较好的水平；从营运能力来看，现处于行业的较低值左右，金陵饭店的营运能力很弱，处于行业的下游水平，但是金陵饭店的营运能力在不断增强，推测未来应该也会不断增强；从盈利能力来看，金陵饭店的总体盈利能力在不断增强，处于行业的良好水平；从成长能力来看，金陵饭店的成长能力近几年有所减弱，现处于行业的较低水平；从金陵饭店的杜邦分析来看，金陵饭店的总体经营财务状况不是很好，但也是在逐年提升的。

用以上所有的财务指标对金陵饭店的财务进行综合分析，得出金陵饭店的偿债能力很好、营运能力较弱、盈利能力较好、成长能力较弱。

第二节　中青旅（旅行社类上市公司）财务分析

一、中青旅简介

（一）中青旅 2014~2018 年大事件概况

2014 年，中青旅投资的古北水镇正式对外营业。

2014 年，中青旅创立高端旅游品牌——"耀悦"。

2015 年，中青旅成立中青旅遨游网总部，旅游主业进入全面互联网化快车道。

2016 年，中青旅山水酒店、中青博联相继在新三板挂牌。

2017 年，中青旅宣布推出旅游+教育、体育、康养的三大战略业务布局，由此也进一步推动了中青旅的旅游+战略。

2018 年，中国青旅集团公司 100%国有产权划转至光大集团。

（二）中青旅发展概况

1. 成立时间

中青旅（CYTS）是中青旅控股股份有限公司的简称，1997 年 11 月 26 日成立，是以共青团中央直属企业中国青旅集团公司为主发起人，通过募集方式设立的股份有限公司。

1997 年 12 月 3 日，公司股票在上海证券交易所上市，是我国旅行社行业首家 A 股上市公司（股票代码：600138）、北京市首批 5A 级旅行社，现有总股本 4.1535 亿元。

2018 年 1 月 4 日，中青旅公告称，根据财政部批复，共青团中央将其持有的青旅集团 100%国有产权划转至光大集团。青旅集团及其控制的中青创益合计持有中青旅 20%的股权，青旅集团为中青旅第一大股东。本次划转后，中青旅第一大股东的控股股东将由共青团中央变更为光大集团，公司的实际控制人变更为国务院。

2. 总部地点

北京市东城区东直门中青旅大厦。

（三）主营业务概况

经营范围：入境旅游业务；国内旅游业务；出境旅游业务；省际旅游客运；保险兼业代理；除新闻、出版、教育、医疗保健、药品、医疗器械以外的互联网信息服务；汽车出租；零售图书；图书、期刊、电子出版物批发、零售、网上销售（出版物经营许可证有效期至 2015 年 12 月 31 日）；从事旅游、高科技、风险投资、证券行业的投资；旅游景点、项目、基础设施的建设及配套开发；航空客运销售代理业务；汽车租赁；电子产品、通信设备开发、销售；旅游商品的零售和系统内的批发。

（四）主营业务收入分析

2015 年相比于 2014 年处于总体下降趋势。营业总收入下降 1.23 亿元，下降了 2.53%。2015 年，原中青旅国际会议展览有限公司完成了从会展业务到整合营销服务布局的调整，完成股改并成立中青博联整合营销顾问股份有限公司。报告期内，因受 2014 年承接超大项目影响，2015 年营业收入同比 2014 年有所下滑，但净利润保持了平稳增长。2015 年，乌镇景区继续保持良好的发展势头，全年实现营业收入 11.35 亿元，同比增长 17.38%，

2016 年相比于 2014 年处于总体增长趋势。营业总收入增长 0.79 亿元，上涨 1.62%。2016 年，公司景区旅行社业务在传统业务方面将进一步提质增效，在"旅游+教育""旅游+体育""旅游+康养"等产业融合领域寻求突破，培育新的业务增长点。业务发展势头迅猛，乌镇和古北水镇的营业收入、净利润较 2015 年同期均实现了大幅增长。

2017 年相比于 2014 年营业总收入下降 1.34 亿元，下降 2.67%。2017 年，乌镇景区根据打造"文化+会展"小镇的战略方向，继续加强精细化管理，创新营销策略与手段，积极拓展市场，取得了客流量、营业收入和净利润的突破。报告期内，乌镇全年实现营收 16.46 亿元，同比增长 20.93%。

2018 年相比于 2014 年营业总收入增长 6.71 亿元，上涨 13.7%。2018 年，乌镇实现营收 19.05 亿元，同比增加 15.74%；实现归属于母公司股东的净利润 7.34 亿元，同比增加 5.98%。

表 6-66 流动资产水平分析数据

单位：元，%

报告期	基期 2014/12/31	变化率	2015/12/31	变化率	2016/12/31	变化率	2017/12/31	变化率	2018/12/31	变化率
货币资金	8013529980.86	4.46	8370606645.55	13.97	913308782.70	44.90	1161186457.93	67.40	1341478084.91
应收票据	1131150919.36	8.19	1224419837.48	-39.09	68923601.83	-11.82	99774328.26	-56.59	49113499.87
应收账款	1262720922.78	8.30	1367488926.44	23.31	1557028523.48	44.82	1828626986.90	73.40	2189497423.64
存货	696219434.00	-23.51	532548623.26	-38.10	430940736.95	159.22	1804713367.55	200.57	2092658861.12
流动资产合计	3526280026.99	4.09	3670521859.26	9.32	3854972665.26	66.16	5859322196.16	85.42	6538434889.66

表 6-67 非流动资产水平分析数据

单位：元，%

报告期	基期 2014/12/31	变化率	2015/12/31	变化率	2016/12/31	变化率	2017/12/31	变化率	2018/12/31	变化率
长期股权投资	1366949299.57	1.54	1388067350.01	22.04	1668202384.67	27.58	1743938641.12	42.80	1951972547.96
固定资产	2114050915.36	22.44	2588381581.34	21.29	2564181595.00	42.62	3015019328.66	65.00	3488118220.10
无形资产	629925854.50	-3.30	609166668.77	15.03	724615572.58	23.00	774792228.19	20.05	756227414.75
商誉	74784531.38	0.00	74784531.38	0.00	74784531.38	0.00	74784531.38	-36.37	47584152.97
非流动资产合计	5351956908.62	9.95	5884254151.62	32.56	7094475273.91	33.82	7161915840.61	50.51	8055349003.63
资产总计	8878236935.61	7.62	9554776010.88	23.33	10949447939.17	46.66	13021238036.77	64.38	14593783893.29

二、中青旅财务报表总体分析

（一）资产负债表分析

1. 流动资产水平分析

从表6-66、图6-33中可以看出，2016年之后，应收账款和存货增长明显，从而带动流动资产增加明显。以2014年的数据为基期，2018年的流动资产变化率高达85.42%，其中存货变化率高达200.57%。2015年，国内旅游市场机遇和挑战并存，居民旅游需求持续提高，行业大环境较为景气，但同时随着各路资本的聚集、新业态的不断涌现，行业竞争进一步加剧。中青旅的流动资产一直呈现大幅度增长。

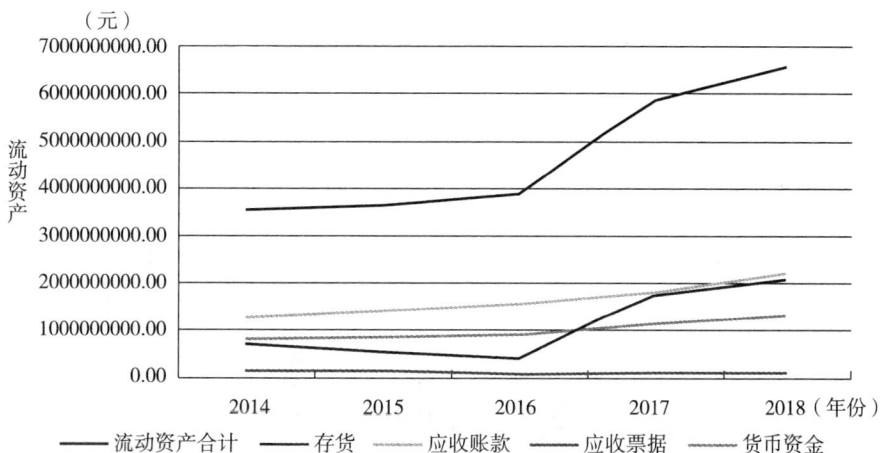

图6-33　流动资产项目变动趋势

2. 非流动资产水平分析

从表6-67、图6-34中可以看出，长期股权投资、无形资产和商誉是稳定的，非流动资产2017年之前是稳步上升的，由于2017年固定资产的减少，导致非流动资产减少，2017年的非流动资产合计只有小幅上涨，估计与2017年中青旅公司划转至中国光大集团，公司的第一大股东变更为中国光大集团，公司实际控制人由共青团中央变更为国务院有关。

3. 流动负债水平分析

从表6-68、图6-35中可以看出，2017年和2018年短期借款增长非常明显，应付票据和应付股利还有应付账款都保持平稳。以2014年短期负债为基期，2017年的短期借款增长率为452.85%，2018年的短期借款增长率为583.3%。变化非常明显，我们认为短期借款的增长与中青旅大规模投资乌镇和古北水镇景区有关。

4. 非流动负债水平分析

从表6-69、图6-36中可以看出，中青旅的非流动负债2014年就保持平稳增长的态势，从2015年增长幅度开始增加。

（元）

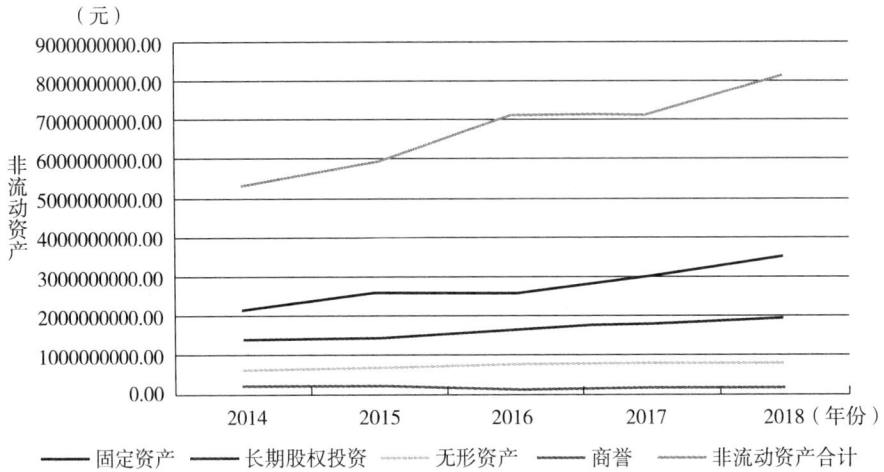

图 6-34　非流动资产项目变动趋势

（元）

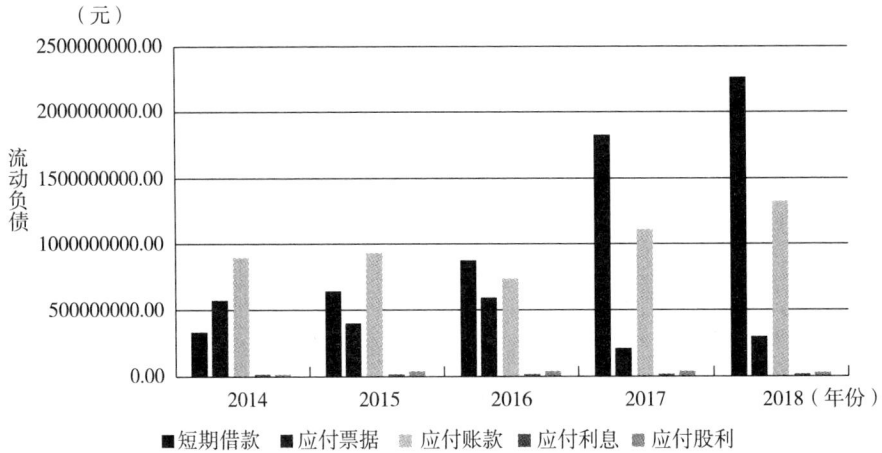

图 6-35　流动负债变动趋势

（元）

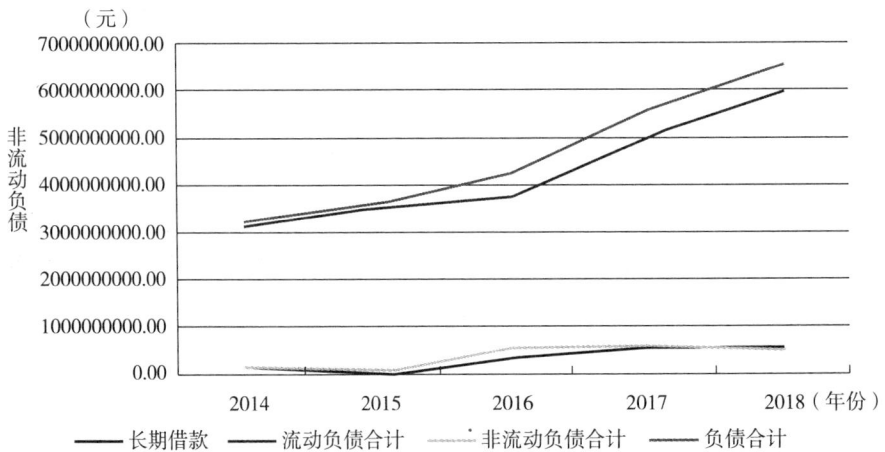

图 6-36　非流动负债变动趋势

表 6-68 流动负债水平分析数据

单位：元，%

报告期	基期 2014/12/31	变化率	2015/12/31	变化率	2016/12/31	变化率	2017/12/31	变化率	2018/12/31	变化率
短期借款	330000000.00	94.62	642242543.34	164.29	872169890.51	452.85	1824400305.54	583.30	2254900000.00	
应付票据	568590000.00	-29.12	403000000.00	3.94	591000000.00	-64.12	204000000.00	-47.24	300000000.00	
应付账款	8951132900.38	3.93	930350833.58	-17.64	737255989.11	24.07	1110582005.97	47.71	1322208861.02	
应付利息	766868.61	54.02	1181104.41	83.45	1406806.95	203.72	2329145.00	302.40	3085852.43	
应付股利	2878113.28	1037.75	327455751.31	926.54	29545063.44	661.65	21921244.43	626.21	20901244.43	
流动负债合计	3099402225.23	13.27	3510732289.18	20.24	3726627100.39	60.58	4977155118.93	91.22	5926536501.91	

表 6-69 非流动负债水平分析数据

单位：元，%

报告期	基期 2014/12/31	变化率	2015/12/31	变化率	2016/12/31	变化率	2017/12/31	变化率	2018/12/31	变化率
长期借款	147021234.98	-97.31	3949269.91	149.89	367388470.30	262.71	533263688.36	239.00	498395946.41	
应付债券	—	—	—	—	—	—	—	—	—	
长期应付款	—	—	—	—	—	—	—	—	—	
非流动负债合计	147021234.98	-70.17	43849269.91	249.30	513545470.30	279.02	557236583.93	245.76	508347850.61	
负债合计	3246423460.21	9.49	3554581559.09	30.61	4240172570.69	70.48	5534391702.86	98.21	6434884352.52	

表6-70 所有者权益水平分析数据

单位：元，%

报告期	基期 2014/12/31	2015/12/31	变化率	2016/12/31	变化率	2017/12/31	变化率	2018/12/31	变化率
实收资本（或股本）	723840000.00	723840000.00	0.00	723840000.00	0.00	723840000.00	0.00	723840000.00	0.00
资本公积金	1712993176.11	1725692482.41	0.74	1753024413.64	2.34	1753024413.64	2.34	1753024413.64	2.34
盈余公积金	147723985.68	151013142.76	2.23	152590747.60	3.29	156770757.13	6.12	195234722.73	32.16
未分配利润	1858771334.71	2078232099.67	11.81	2487785803.47	33.84	2982928379.83	60.48	3469501785.56	86.66
所有者权益合计	5631813475.40	6000194451.79	6.54	6709275368.48	19.13	7486846333.91	32.94	8158899540.77	44.87
负债及所有者权益总计	8878236935.61	9554776010.88	7.62	10949447939.17	23.33	13021238036.77	46.66	14593783893.29	64.38

5. 所有者权益水平分析

从表6-70、图6-37中可以看出，所有者权益从2015年开始保持平稳增长。以2014年数据为基期，2018年的未分配利润增长率为86.66%，可以从统计图中看出，所有者权益从2014年开始一直保持平稳增长。从2017年开始，负债及所有者权益大幅增加，说明中青旅公司规模不断扩大，很有可能与2017年中青旅公司划转至中国光大集团，公司的第一大股东变更为中国光大集团，公司实际控制人由共青团中央变更为国务院有关。

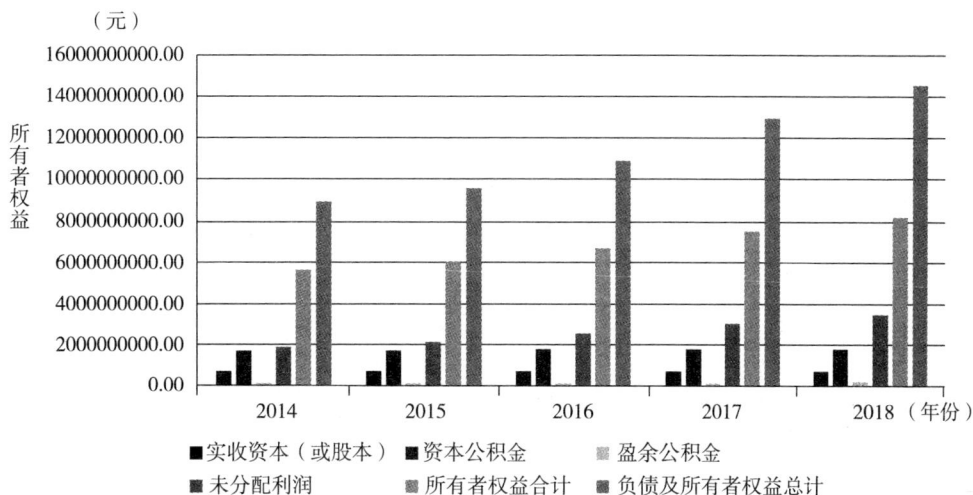

图6-37　所有者权益变动趋势

6. 资产负债表垂直分析

通过对表6-71的分析得出，中青旅的非流动资产和固定资产在资产总额中占比较大。其中固定资产占比在2014~2018年中整体呈平稳下降趋势，但在2015年固定资产占比又大幅上升；非流动资产占比整体呈上升趋势，在2017年有大幅下降。流动资产占比在2014~2017年呈上升趋势，但在2016年有大幅下降，而货币资金在占比方面相对较少且不稳定。主要是因为中青旅在2017年因交纳远期外汇保证金受限货币资金为1282833.9元，因银行抵押贷款受限固定资产金额为68474297.98元。而在权益总额中，所有者的权益不出意外的话占据60%左右的份额，虽然会偶尔出现波动，但还是能体现出所有者权益的重要性。

表6-71　资产负债表垂直分析数据　　　　单位：%

项目	2014年	2015年	2016年	2017年	2018年
货币资金	9.03	8.76	8.34	8.92	9.19
应收账款	14.22	14.31	14.22	14.04	15.00
存货	7.84	5.57	3.94	13.86	14.34
流动资产合计	39.72	38.42	35.21	45.00	44.80
长期股权投资	15.40	14.53	15.24	13.39	13.38
固定资产	23.81	27.09	23.42	23.15	23.90

续表

项目	2014 年	2015 年	2016 年	2017 年	2018 年
无形资产	7.10	6.38	6.62	5.95	5.18
商誉	0.84	0.78	0.68	0.57	0.33
非流动资产合计	60.28	61.58	64.79	55.00	55.20
资产总计	100.00	100.00	100.00	100.00	100.00
短期借款	3.72	6.72	7.97	14.01	15.45
应付票据	6.40	4.22	5.40	1.57	2.06
应付账款	10.08	9.74	6.73	8.53	9.06
流动负债合计	34.91	36.74	34.03	38.22	40.61
长期借款	1.66	0.04	3.36	4.10	3.42
非流动负债合计	1.66	0.46	4.69	4.28	3.48
负债合计	36.57	37.20	38.72	42.50	44.09
实收资本（或股本）	8.15	7.58	6.61	5.56	4.96
资本公积金	19.29	18.06	16.01	13.46	12.01
盈余公积金	1.66	1.58	1.39	1.20	1.34
未分配利润	20.94	21.75	22.72	22.91	23.77
所有者权益合计	63.43	62.80	61.28	57.50	55.91
负债及所有者权益总计	100.00	100.00	100.00	100.00	100.00

表 6-72　利润表绝对数变动分析（简表）　　　　　单位：元

报告期	2014/12/31	2015/12/31	2016/12/31	2017/12/31	2018/12/31
一、营业总收入	10607231706.45	10577015943.44	10327476311.96	11019551807.19	12264769135.44
营业收入	10607231706.45	10577015943.44	10327476311.96	11019551807.19	12264769135.44
二、营业总成本	10036646796.00	10019991942.58	9644952243.99	10191567642.50	11359316661.45
营业成本	8491561636.03	8338016299.63	7870618455.46	8215132099.09	9161890062.22
营业税金及附加	122475671.54	122317425.19	44596782.86	47983317.91	96659645.67
销售费用	944045153.39	1023358520.88	1141621504.73	1207357277.13	1276289810.18
管理费用	407275051.25	488307140.41	529065911.25	640873095.95	668511244.50
财务费用	58562183.53	40452918.84	52187721.30	76927739.67	103856473.88
三、营业利润	631949615.15	573706520.29	770351961.50	1145337518.71	1237129782.33
营业外收入	56962046.18	88546841.65	218784150.77	19818184.37	11556054.42
营业外支出	18968312.89	7611313.36	5553317.22	6954812.50	3410132.51
四、利润总额	669943348.44	654642048.58	983582795.05	1158200890.58	1245275704.24
所得税	162471946.49	198052766.66	246945911.79	295353667.86	327450666.16

报告期	2014/12/31	2015/12/31	2016/12/31	2017/12/31	2018/12/31
五、净利润	507471401.95	456589281.92	736636883.26	862847222.72	917825038.08
少数股东损益	143756250.04	161455359.88	253121574.62	291140636.83	320403666.75
归属于母公司股东的净利润	363715151.91	295133922.04	483515308.64	571706585.89	597421371.33

表6-73 利润表绝对数定荃增减分析

报告期	2015/12/31	2016/12/31	2017/12/31	2018/12/31
一、营业总收入	-30215763.01	-279755394.5	412320100.74	1657537429
营业收入	-30215763.01	-279755394.5	412320100.74	1657537429
报告期	**2015/12/31**	**2016/6/30**	**2017/6/30**	**2018/6/30**
二、营业总成本	-16654853.42	-391694552	154920846.50	1322669865
营业成本	-153545336.4	-620943180.6	-276429536.94	670328426.2
营业税金及附加	-158246.35	-77878888.68	-74492353.63	-25816025.87
销售费用	79313367.49	197576351.3	263312123.74	332244656.8
管理费用	81032089.16	121790860	233598044.70	261236193.3
财务费用	-18109264.69	-6374462.23	18365556.14	45294290.35
报告期	**2015/12/31**	**2016/12/31**	**2017/12/31**	**2018/12/31**
三、营业利润	-58243094.86	138402346.4	513387903.56	605180167.2
营业外收入	31584795.47	161822104.6	-37143861.81	-45405991.76
营业外支出	-11356999.53	-13414995.67	-12013500.39	-15558180.38
四、利润总颟	-15301299.86	313639446.6	488257.542.14	575332355.8
所得税	35580820.17	84473965.3	132881721.37	164978719.7
报告期	**2015/12/31**	**2016/12/31**	**2017/12/31**	**2018/12/31**
五、净利润	-68.59	119.8	207.99	554.11
少数股东损益	17699109.84	109365324.6	147384386.79	176647416.7
归属于母公司股东的净利润	-68581229.87	119800156.7	207991433.98	233706219.4

表6-74 利润表百分比增减分析

报告期	2015/12/31	2016/12/31	2017/12/31	2018/12/31
一、营业总收入	-0.28%	-2.08%	3.89%	15.63%
营业收入	-0.28%	-2.08%	3.89%	15.63%
二、营业总成本	-0.17%	-1.67%	1.54%	13.18%
营业成本	-1.81%	-26.11%	-3.26%	7.89%
营业税金及附加	-0.13%	0.26%	-60.82%	-21.08%

报告期	2015/12/31	2016/12/31	2017/12/31	2018/12/31
销售费用	8.40%	26.17%	27.89%	35.19%
管理费用	19.90%	40.73%	57.36%	64.14%
财务费用	−30.92%	320.13%	31.36%	77.34%
三、营业利润	−9.22%	0.00%	81.24%	95.76%
营业外收入	55.45%	37.00%	−65.21%	−79.71%
营业外支出	−59.87%	64.41%	−63.33%	−82.02%
四、利润总额	−2.28%	6.28%	72.88%	85.88%
所得税	21.90%	17.66%	81.79%	101.54%
五、净利润	−18.86%	−15.07%	57.18%	152.35%
少数股东损益	12.31%	11.09%	102.52%	122.88%
归属于母公司股东的净利润	−18.86%	−11.96%	57.19%	64.26%

从表6-72、表6-73、表6-74可以看到中青旅近几年利润绝对数、相对数的增减变化趋势可以对企业盈利水平的发展趋势有一总括了解。

（二）利润表分析

1. 利润表水平分析

从图6-38、图6-39中我们可以看到营业总收入的变化，相比于2014年，2015年和2016年的营业总收入比2014年低，2015~2016年的营业总收入呈递减趋势。其余年份的营业总收入都呈大幅度增长趋势，截至2018年12月31日，营业总收入相比于2014年增长了16.57亿元，数额巨大。

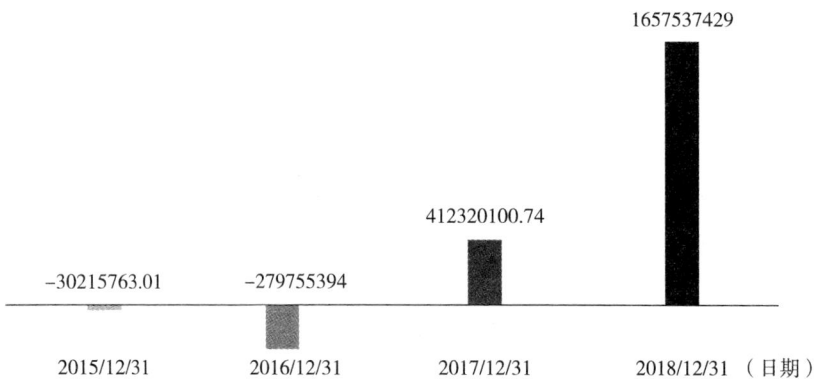

图6-38　营业总收入变动趋势

2018年相比2014年同比增长了15.63%。2015年，原中青旅国际会议展览有限公司完成了从会展业务到整合营销服务布局的调整，完成股改并成立中青博联整合营销顾问股份有限公司。在报告期内，因受2014年承接超大项目影响，2015年和2016年营收相比2014年有所下滑。

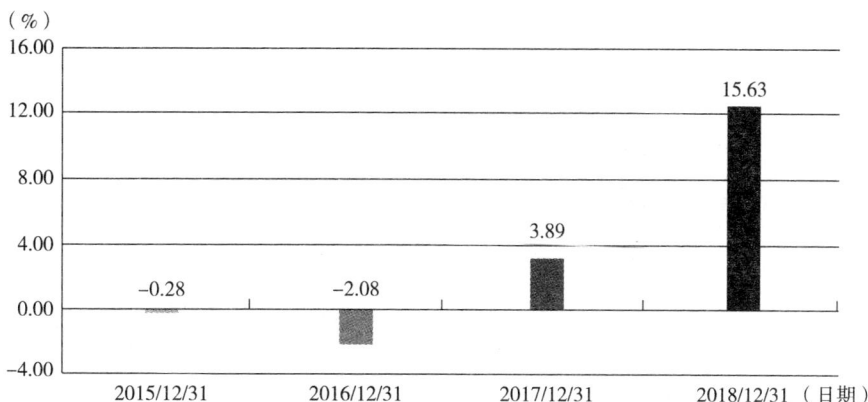

（％）

图 6-39　营业总收入变化率变动趋势

从图 6-40 可以看出，2015 年和 2016 年的营业总成本都比 2014 年有所降低，2016 年较 2014 年下降巨大。但是在 2017 年和 2018 年，中青旅的营业总成本增长迅速，相比于 2014 年高出 13 亿元，其增长率也是 2017 年的几倍。2018 年相比于 2014 年增长了 13.16％。2015 年，山水酒店坚持"直营、加盟和托管并重"的商业模式，借助酒店业务全面互联网化和服务外包等举措，降低了经营成本，提升了经营效率。2018 年，通过邀请明星代言人拍摄宣传片、上线官方 APP、录制《妈妈是超人》《王者出击》综艺节目等措施，有针对性地对公司品牌进行精准销售，景区市场认知度得到显著提升，品牌营销转化率进一步增长，营业成本有所上升。

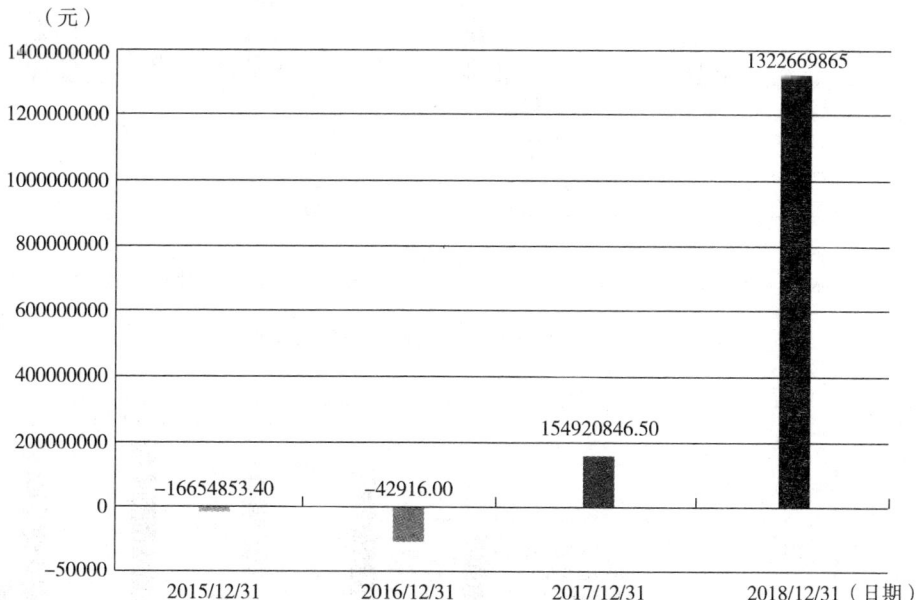

（元）

图 6-40　营业总成本变动趋势

相比于 2014 年，2015 年亏损，其余年份都处于增长状态，尤其是 2017 年和 2018 年迅速增长，使营业利润从 2015 年亏损 5000 万元到 2018 年赚 6 亿元，进步十分之大。2015 年，在供给侧、需求侧双侧改革的宏观背景下，在互联网、移动互联网技术快速迭代的驱动下，在旅游消费需求不断升级的鞭策下，各路资本纷纷聚集旅游产业，行业整合加速，

（元）

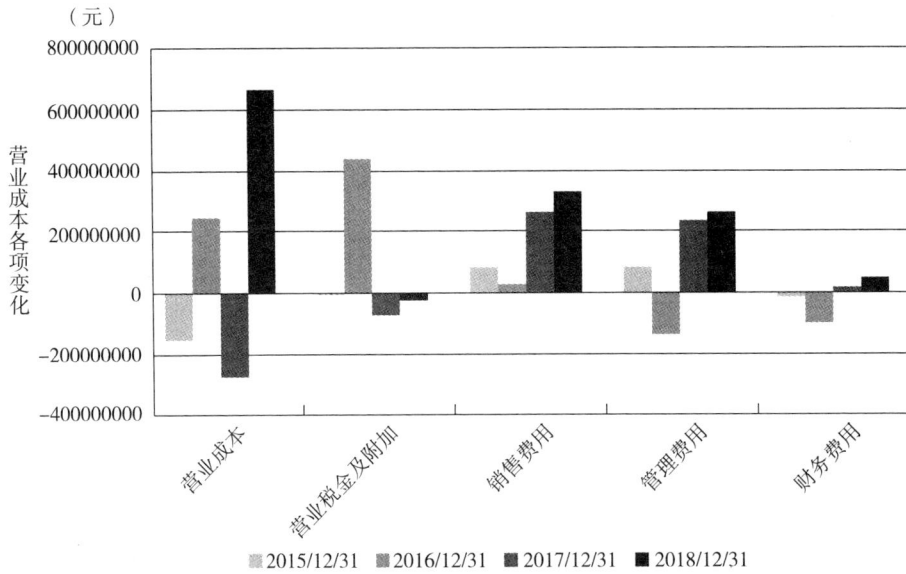

图 6-41　营业成本各项目变动趋势

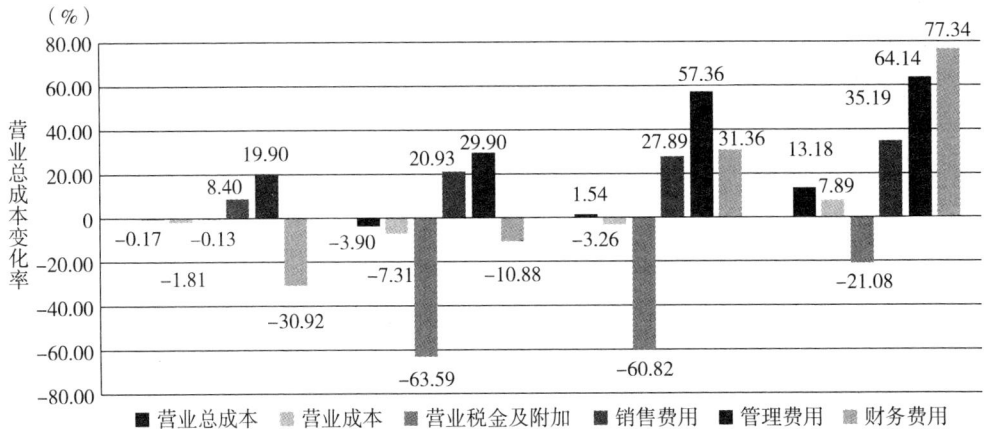

图 6-42　2015～2018 年营业总成本变化率变动趋势

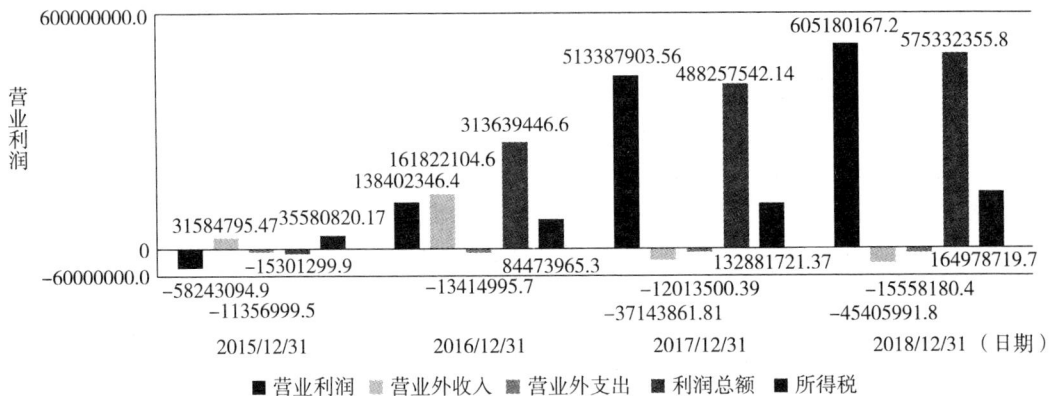

图 6-43　营业利润和利润总额变动趋势

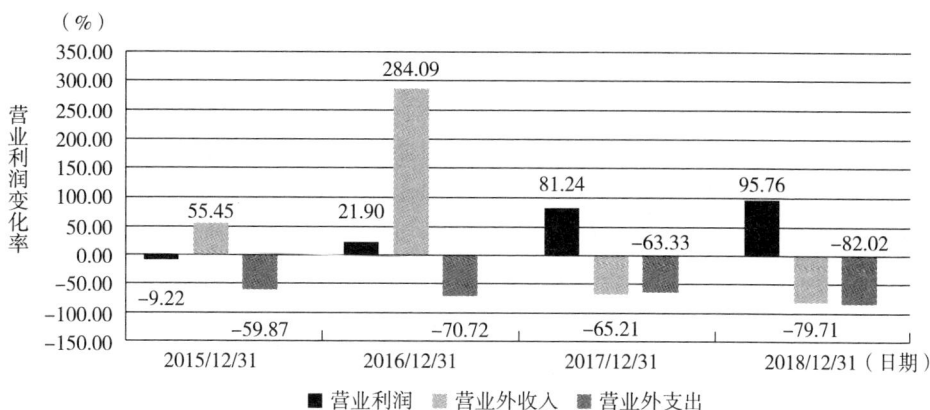

图 6-44　营业利润变化率变动趋势

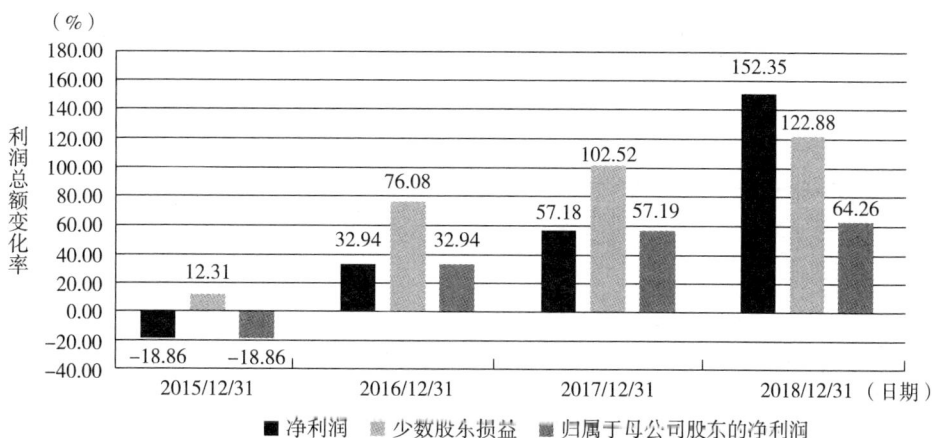

图 6-45　利润总额变化率变动趋势

新业态不断涌现，公司面临复杂多变的外部环境和艰巨繁重的发展任务。2018 年，乌镇实现营收 19.05 亿元，同比增加 15.74%；实现归属于母公司股东的净利润 7.34 亿元，同比增加 5.98%。

除 2015 年相比于 2014 年下降以外，其余都实现了较大幅度的增长，且增长迅速。

2017 年，乌镇景区根据打造"文化+会展"小镇的战略方向，继续加强精细化管理，创新营销策略与手段，积极拓展市场，取得了客流量、营业收入和净利润的突破。报告期内，乌镇全年实现营收 16.46 亿元，同比增长 20.93%；全年累计接待游客 1013.48 万人次，同比增长 11.81%，其中东栅接待游客 468.91 万人次，同比增长 9.06%，西栅接待游客 544.57 万人次，同比增长 14.28%。

2018 年，中青博联继续保持在大型会议活动、海外活动、国际会议、大型博览会运营等领域的市场领先地位，形成会展服务 O2O 的创新模式和竞争优势，进一步通过投资孵化、合资合作、兼并收购等方式，在网络布局、服务链拓展、业态创新、营销技术和营销资源整合领域突破升级。同时，创新文旅规划运营新业态，围绕大型博览会园区延展文旅园区综合体策划、规划、运营、营销等一站式服务。

2. 利润表垂直分析

如表 6-75 所示，可以看出 2014～2018 年中青旅利润分析表中一个很明显的特点就是，其营业成本占据营业收入的绝大部分，达 80%～90%，这也说明了中青旅虽然每年有高额的营业收入，但前提是一个高额的营业成本，这是中青旅利润成分的一大特点。在利润垂直分析表中我们还可以发现，销售费用、管理费用、财务费用每年都占 30% 左右，况且财务费用百分比最小，销售费用最大。从这里我们就可以了解到，中青旅在运营的同时，在销售成本上花费较多，财务运作做得较好，成本最低。

表 6-75　利润表垂直分析数据　　　　　　　　　单位：%

项目	2014 年	2015 年	2016 年	2017 年	2018 年
营业总收入	100.00	100.00	100.00	100.00	100.00
营业总成本	94.62	94.73	93.39	92.49	92.62
营业成本	80.05	78.83	76.21	74.55	74.70
营业税金及附加	1.15	1.16	0.43	0.44	0.79
销售费用	8.90	9.68	11.05	10.96	10.41
管理费用	3.84	4.62	5.12	5.82	5.45
财务费用	0.55	0.38	0.51	0.70	0.85
营业利润	5.96	5.42	7.46	10.39	10.09
利润总额	6.32	6.19	9.52	10.51	10.15
所得税	1.53	1.87	2.39	2.68	2.67
净利润	4.78	4.32	7.13	7.83	7.48

2016 年营业利润占比相对提高较大，达到营业成本的 12.45%；同样 2016 年净利润占比也得到了大幅提升，达到了营业收入的 63.95%，2015～2017 年净利润上升趋势较大，2018 年较 2017 年净利润趋势相对平稳。由此看来，2016 年净利润比重增加，其主要原因是旗下最优质的资产是"乌镇旅游公司"和"中北水镇旅游公司"，这两家公司为上市公司贡献了超过 90% 的净利润。"中青博联"是做活动管理、博览会、体育营销的，2016 年贡献了约 5000 万元的利润，超过上市公司总利润的 10%。综观中青旅五年利润垂直分析表可以发现，自 2016 年起，中青旅的净利润和营业利润率都取得了大幅提高。因此可以发现，中青旅的综合盈利能力整体在提高，并在 2018 年继续保持稳定。

（三）现金流量表分析

1. 现金流量表水平分析

表 6-76 现金流量表绝对数变动分析

单位：元

报告期	2014/12/31	2015/12/31	2016/12/31	2017/12/31	2018/12/31
一、经营活动产生的现金流量					
经营活动现金流入小计	10782973078.75	11134288879.57	11106974048.04	11851323308.74	13512152841.01
经营活动现金流出小计	10258744353.61	10624027357.77	10159542234.59	12637130404.11	12793090616.31
经营活动产生的现金流量净额	524228725.14	510261521.80	947431813.45	-785870955.37	719062224.70
二、投资活动产生的现金流量					
投资活动现金流入小计	159451346.55	43624009.77	112158407.41	662292595	297151330.08
投资活动现金流出小计	918884728.86	714268568.68	1317524284.53	636055287.26	1190104372.50
投资活动产生的现金流量净额	-759433382.31	-670644558.91	-1205365877.12	27332332.35	-892953042.42
三、筹资活动产生的现金流量					
筹资活动现金流入小计	2148063110.24	1162712543.34	1660144913.99	2547545633.09	3073388637.32
筹资活动现金流出小计	1850334855.28	971332119.94	1325361329.21	1.535673570.19	2819941583.89
筹资活动产生的现金流量净额	297728454.96	191380423.40	334783584.78	1011872062.90	253447053.43
现金流入总额	13090487735.54	12340625432.68	12879277369.44	15061161536.54	16882692808.41
现金流出总额	13027963937.75	12309628046.39	12802427848.33	14808859261.56	16803165572.70

现金流量表绝对数增减变动分析（简表）　　　　　单位：元

报告期		2015/12/31	2016/12/31	2017/12/31	2018/12/31
经营活动	经营活动现金流入小计	351315800.8	324000969.3	1068350230	2729179762
	经营活动现金流出小计	365283004.2	−99202119.02	2378386051	2534346263
	经营活动产生的现金流量净额	−13967203.34	423203088.3	−1310035821	194833499.6
投资活动	投资活动现金流入小计	−115827336.8	−47292939.14	502841248.2	137699983.5
	投资活动现金流出小计	−204616160.2	398639555.7	−282829441.6	271219643.6
	投资活动产生的现金流量净额	88788823.4	−445932494.8	786765714.7	−133519660.1
筹资活动	筹资活动现金流入小计	−985350766.9	−487918396.3	399482322.9	925325327.1
	筹资活动现金流出小计	−879002735.3	−524973526.1	−314661285.1	969606728.6
	筹资活动产生的现金流量净额	−106348031.6	37055129.82	714143607.9	−44281401.53

现金流量表百分比增减变动分析　　　　　单位：%

报告期		2015/12/31	2016/12/31	2017/12/31	2018/12/31
经营活动	经营活动现金流入小计	3.26	3.00	9.91	25.31
	经营活动现金流出小计	3.56	−0.97	23.18	24.70
	经营活动产生的现金流量净额	−2.66	80.73	−249.90	37.17
投资活动	投资活动现金流入小计	−72.64	−29.66	315.36	86.36
	投资活动现金流出小计	−22.27	43.38	−30.78	29.52
	投资活动产生的现金流量净额	−11.69	58.72	−103.60	17.58
筹资活动	筹资活动现金流入小计	−45.87	−22.71	18.60	43.08
	筹资活动现金流出小计	−47.51	−28.37	−17.01	52.40
	筹资活动产生的现金流量净额	−35.72	12.45	239.86	−14.87

　　相比于 2014 年，2016 年经营活动产生的现金流量净额最高，而 2017 年产生的现金流量净额最低，整个增长率呈现倒"U"形的趋势。

　　投资活动产生的现金流量净额除 2017 年以外，相比于 2014 年都在亏损。2018 年出现了下降趋势，投资活动产生的现金流量净额减少主要是因为乌镇景区建设投入增加。

　　筹资活动产生的现金流量净额 2014~2017 年一直呈增长趋势，其中 2017 年的增长十分迅速。筹资活动产生的现金流量净额增加主要是公司借款增加及中青博联向新三板做市商非公开发行股份所致。

2. 现金流量表垂直分析

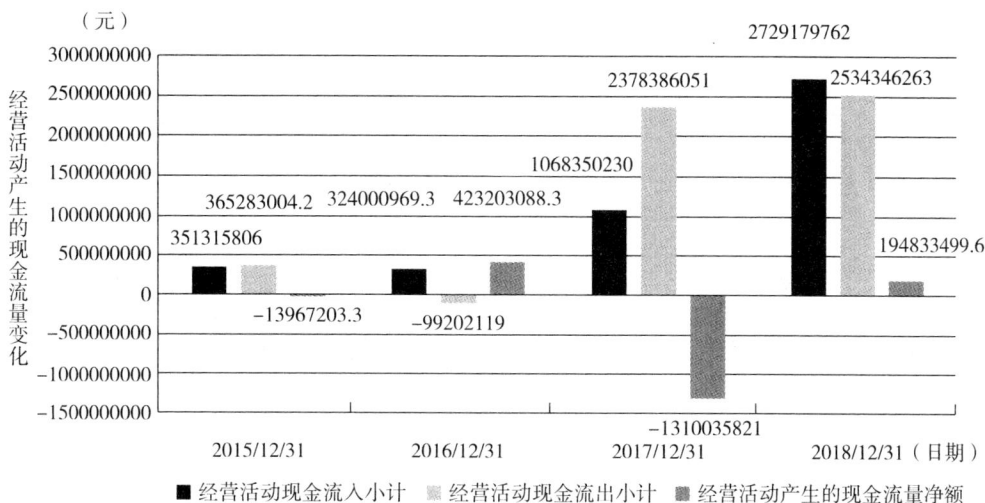

图 6-46 经营活动产生的现金流量变化趋势

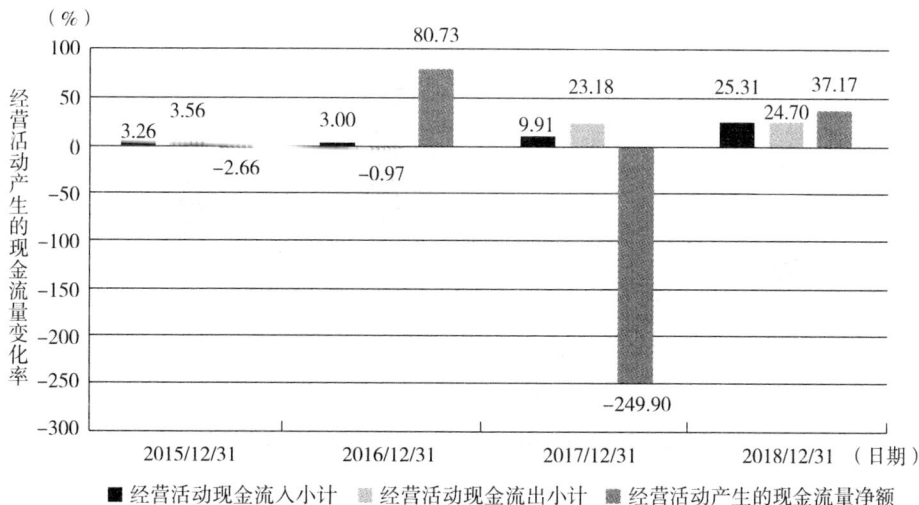

图 6-47 经营活动产生的现金流量变化率趋势

从图 6-46、图 6-47 可以看出：相比于 2014 年，2016 年时经营活动产生的现金流量净额最高，而 2017 年产生的现金流量净额最低，整个增长率呈倒 "U" 型的趋势。

（元）

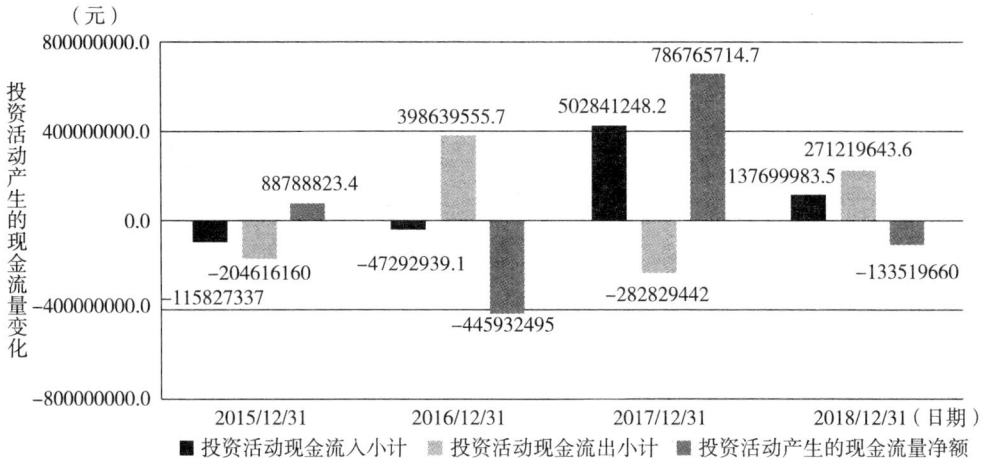

图 6-48　投资活动产生的现金流量变化趋势

（%）

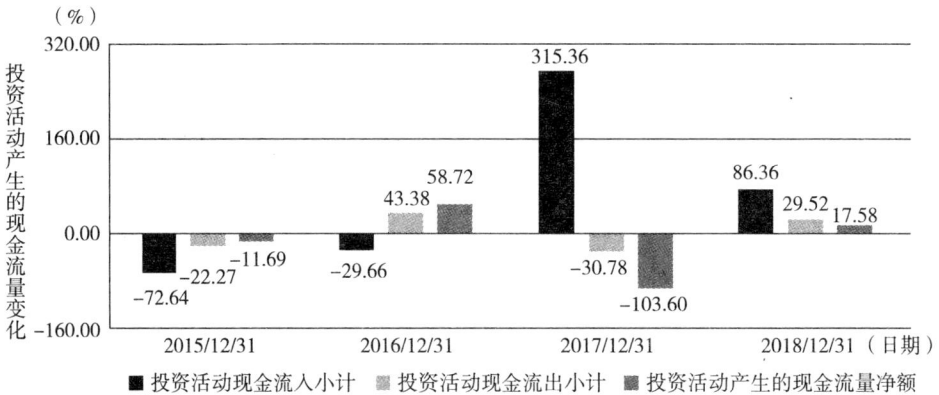

图 6-49　投资活动产生的现金流量变化率趋势

从图 6-48、图 6-49 可以看出：投资活动产生的现金净额除 2017 年以外，相较于 2014 年都在亏损。2018 年出现了下降趋势，投资活动产生的现金流量净额减少主要是因为乌镇景区建设投入增加。

（元）

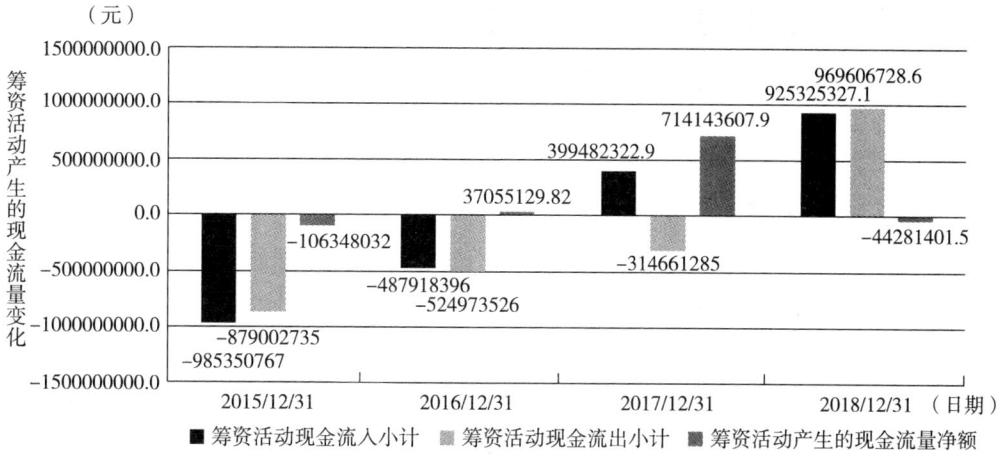

图 6-50　筹资活动产生的现金流量变化趋势

（%）

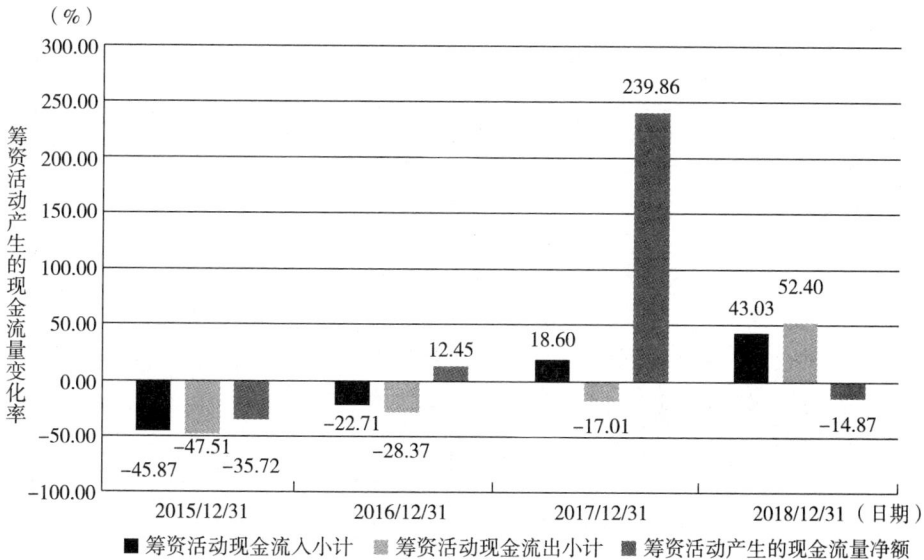

图 6-51　筹资活动产生的现金流量变化率趋势

从图 6-50、图 6-51 可以看出：筹资活动产生的现金流量净额 2014~2017 年一直呈增长的趋势，其中 2017 年的增长十分迅速。筹资活动产生的现金流量净额增加主要是公司借款增加及中青博联向新三板做市商非公开发行股份所致。

表 6-77　现金流量表绝对值比较变动分析数据

单位：元

现金流量表项目	2014 年	2015 年	2016 年	2017 年	2018 年
经营活动现金流入小计	10782973078.75	11134288879.57	11106974048.04	11851323308.74	13512152841.01
投资活动现金流入小计	1594513465.55	43624009.77	112158407.41	662292595	297151330.08
筹资活动现金流入小计	2148063310.24	1162712543.34	1660144913.99	2547545633.09	3073388637.32
现金流入总额	13090487735.54	12340625432.68	12879277369.44	15061161536.54	16882692808.41
经营活动现金流出小计	10258744353.61	10624027357.77	10159542234.59	12637130404.11	12793090616.31
投资活动现金流出小计	918884728.86	714268568.68	1317524284.53	636055287.26	1190104372.50
筹资活动现金流出小计	1850334855.28	971332119.94	1325361329.21	1535673570.19	2819941583.89
现金流出总额	13027963937.75	12309628046.39	12802427848.33	14808859261.56	16803136572.70

表 6-78　现金流量表百分比增减变动分析数据

单位：%

现金流量表项目	2014 年	2015 年	2016 年	2017 年	2018 年
经营活动现金流入小计	82.37	90.22	86.24	78.69	80.04
投资活动现金流入小计	1.22	0.35	0.87	4.40	1.76
筹资活动现金流入小计	16.41	9.42	12.89	16.91	18.20
现金流入总额	100.00	100.00	100.00	100.00	100.00
经营活动现金流出小计	78.74	86.31	79.36	85.33	76.14
投资活动现金流出小计	7.05	5.80	10.29	4.30	7.08
筹资活动现金流出小计	14.20	7.89	10.35	10.37	16.78
现金流出总额	100.00	100.00	100.00	100.00	100.00

表6-77、表6-78中反映了中青旅2014~2018年各项业务活动的现金流入与现金流出占总额的比重,以及各项业务活动中现金具体项目的构成情况。

从各项业务在现金流入总额的占比中可以看出,经营活动现金流入量占比达到70%~80%,可见中青旅的现金流入主要由经营活动产生,自2015年起,经营活动产生的现金流入量呈波动式上升,主要原因是净利润的提高。

从各项业务在现金流出总额的占比中可以看出,经营活动现金流入量占比达到70%左右,可知中青旅现金流出的构成最主要是经营活动现金流出,自2015年起,经营活动产生的现金流出占比整体呈上升趋势,中青旅的经营能力继续发展。

筹资活动产生的现金流量净额增加主要是公司借款增加及中青博联向新三板做市商非公开发行股份所致。

投资活动产生的现金流量净额减少主要是因为乌镇景区建设投入增加。

三、中青旅投资结构及投资效率分析

(一) 应收账款周转率及周转天数

应收账款营运能力评价如下:

从纵向来看,中青旅的应收账款周转率呈下降趋势(见表6-79);应收账款周转天数逐年增加(见图6-52)。表明应收账款回收的速度在下降,资金被其他单位占用的时间也逐渐变长,账龄拉长。管理应收账款的效率在下降,未来应注意出现坏账的风险。

表6-79 应收账款周转率

项目	2014/12/31	2015/12/31	2016/12/31	2017/12/31	2018/12/31
应收账款	1262720922.78	1367488926.44	1557028523.48	1828626986.90	2189497423.64
应收账款平均余额	1192093462.82	1315104924.61	1462258724.96	1692827755.19	2009062205.27
营业收入	10607231706.45	10577015943.44	10327476311.96	11019551807.19	12264769135.44
应收账款周转率(次)	8.90	8.04	7.06	6.51	6.10

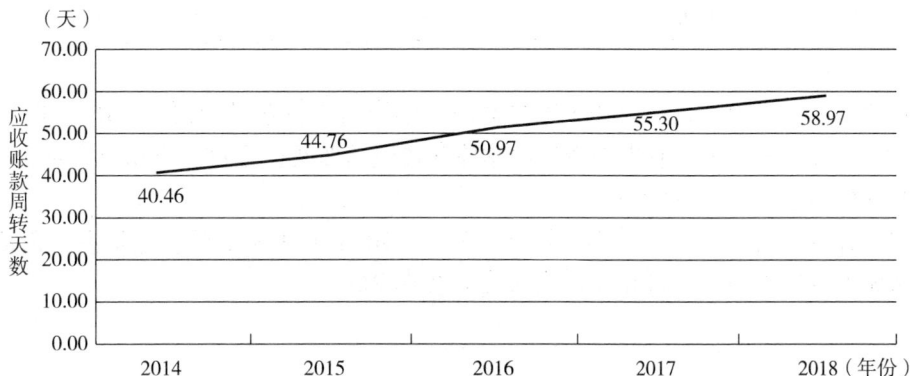

图6-52 应收账款周转天数变化趋势

从横向来看，中青旅的应收账款周转率低于行业平均值，在 2018 年达到了行业较低值，表明中青旅的应收账款管理效率越来越低，资产流动性不好，短期偿债能力较低。如图 6-53 所示。

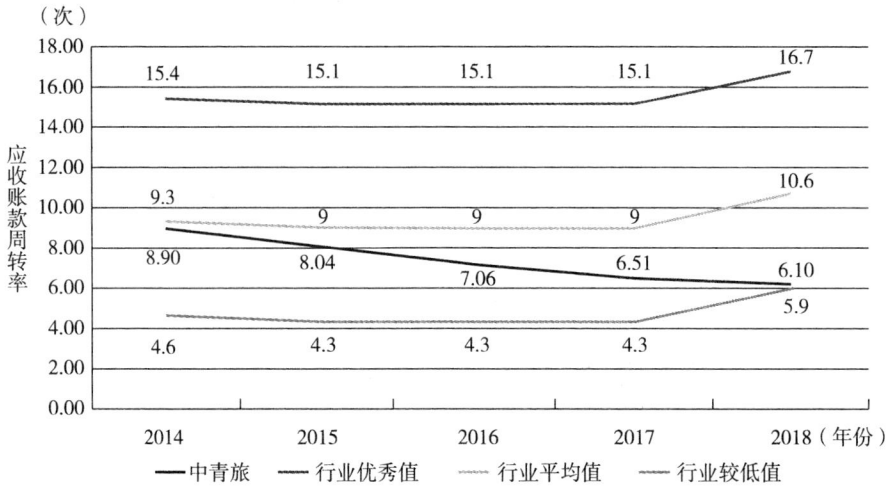

图 6-53　应收账款周转率变化趋势

（二）存货周转率及周转天数

通过表 6-80 横向比较发现：2014～2018 年企业的存货周转率分别为 11.67 次、13.57 次、16.34 次、7.35 次、4.7 次。2017 年存货周转率迅速大幅下降，说明从 2017 年开始存货周转速度迅速变慢。

表 6-80　存货周转率

项目	2014	2015	2016	2017	2018
存货	696219434.00	532548623.26	430940736.95	1804713367.55	2092658861.12
存货平均余额	727499006.41	614384028.63	481744680.11	1117827052.25	1948686114.34
营业成本	8491561636.03	8338016299.63	7870618455.46	8215132099.09	9161890062.22
存货周转率（次）	11.67	13.57	16.34	7.35	4.70

通过纵向比较发现：2014～2018 年存货周转率均高于行业平均值，2015 年和 2016 年更是高于行业优秀值。可以看出中青旅的整体存货流动性及存货资金占用量合理，存货营运能力相对较高。如图 6-54 所示。

中青旅存货周转天数和周转率成反比，2014～2016 年处于相对稳定状态，但从 2017 年开始大幅上升，说明从此时起存货管理效率迅速降低。

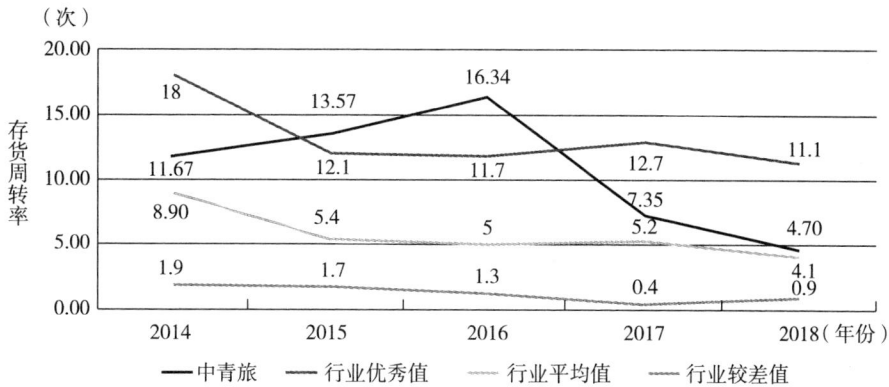

图 6-54 存货周转率变化趋势

（三）营业周期和现金周期

由表 6-81 中可以看出，中青旅的营业周期在逐渐延长（受存货周期的影响），2018 年已延长至四个半月，可见中青旅资金周转速度相对较慢。2014~2018 年现金周期整体在逐年增加，这说明出售存货的回款期限在逐渐增长。

表 6-81 营业周期及现金周期　　　　　　　　　　单位：天

项目	2014 年	2015 年	2016 年	2017 年	2018 年
应收账款周转天数	40.46	44.76	50.97	55.3	58.97
存货周转天数	30.84	26.53	22.03	48.98	76.57
营业周期	71.30	71.29	73.01	104.29	135.54
应付账款周转天数	38.23	40.97	34.16	41.7	50.37
现金周期	33.07	30.31	38.84	62.59	85.17

（四）流动资产周转率和周转天数

从纵向来看：中青旅的流动资产迅速增加，导致中青旅流动资产周转率呈逐年下降趋势，流动资产周转天数逐年增加。整体上，中青旅流动资产周转速度在减慢，流动资产管理效率在降低。如表 6-82、图 6-55 所示。

表 6-82 流动资产周转率　　　　　　　　　　单位：元

项目	2014 年	2015 年	2016 年	2017 年	2018 年
营业收入	10607231706.45	10577015943.44	10327476311.96	11019551807.19	12264769135.44
流动资产平均余额	3559636694.00	3598400943.00	3762747262.00	4857147431.00	6198878543.00
流动资产周转率（次）	2.98	2.94	2.74	2.27	1.98
流动资产周转天数	120.81	122.48	131.16	158.68	181.95

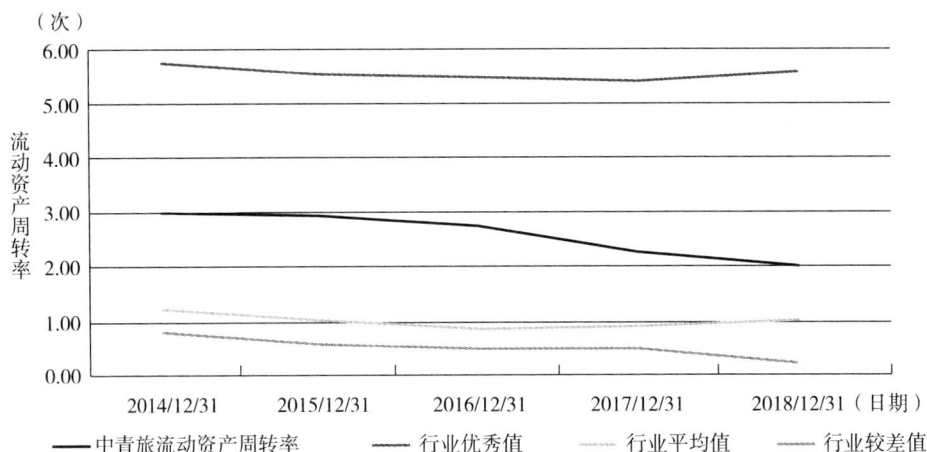

图 6-55 流动资产周转率变化趋势

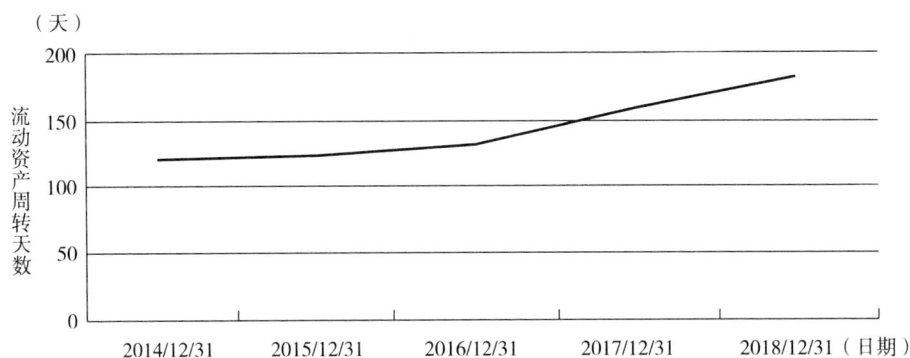

图 6-56 流动资产周转天数变化趋势

从横向来看：中青旅整体上仍高于行业平均值，但离行业优秀值还有很大差距，因此其流动资产营运能力具有加大优势，仍处于行业平均以上的水平。

（五）短期资产运营能力

从纵向发展趋势来看，首旅酒店的各项营运能力指标，除存货周转率在 2014~2016 年上升外，总体呈现下降趋势。周转天数一直呈上升趋势，说明中青旅短期资产营运能力效率降低。从横向来看，与行业水平相比，中青旅的各项营运能力指标仍高于行业平均值，说明其短期资产投资效率在行业中处于中等偏上水平，短期资产营运能力较强。如表 6-83、图 6-57、图 6-58 所示。

表 6-83 短期资产营运能力数据

项目	2014 年	2015 年	2016 年	2017 年	2018 年
应收账款周转率（次）	8.90	8.04	7.06	6.51	6.10
存货周转率（次）	11.67	13.57	16.34	7.35	4.70

续表

项目	2014 年	2015 年	2016 年	2017 年	2018 年
中青旅流动资产周转率（次）	2.98	2.94	2.74	2.27	1.98
应收账款周转天数	40.46	44.76	50.97	55.30	58.97
存货周转天数	30.84	26.53	22.03	48.98	76.57
流动资产周转天数	120.81	122.48	131.16	158.68	181.95
营业周期（天）	71.30	71.29	73.01	104.29	135.54

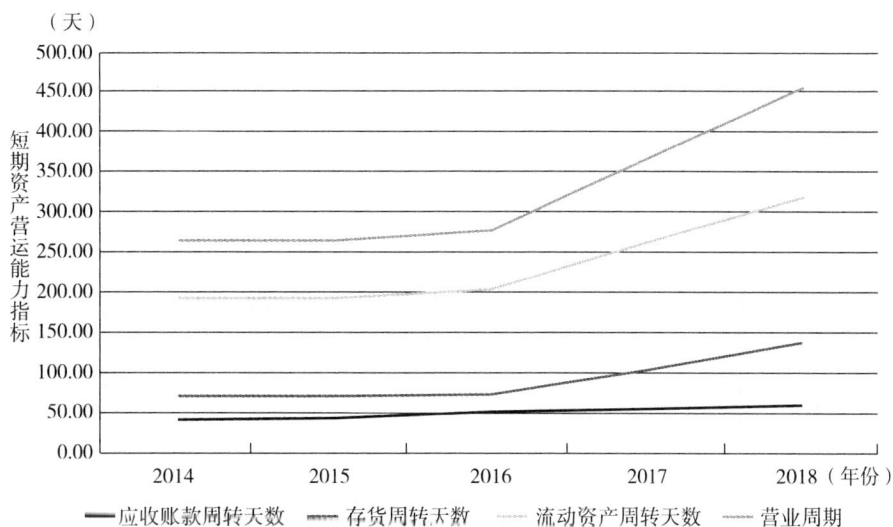

图 6-57　短期资产营运能力（天数）变化趋势

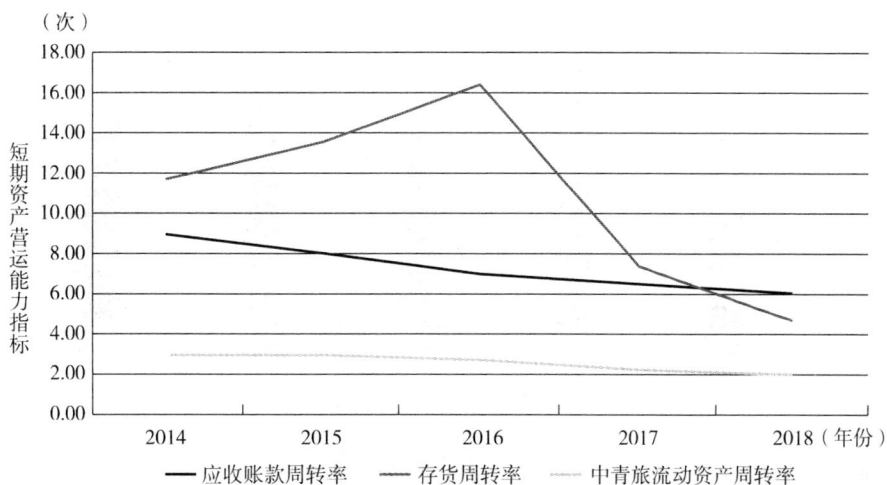

图 6-58　短期资产营运能力（周转率）变化趋势

（六）固定资产营运能力

表 6-84　固定资产营运能力数据

项目	2014/12/31	2015/12/31	2016/12/31	2017/12/31	2018/12/31
营业总收入（元）	10607231706.45	10577015943.44	10327476311.96	11019551807.19	12264769135.44
固定资产（元）	2114050915.36	2588381581.34	2564181595.00	3015019328.66	3488118220.10
固定资产周转率（次）	5.02	4.09	4.03	3.65	3.52
固定资产周转天数	71.75	88.10	89.38	98.50	102.38

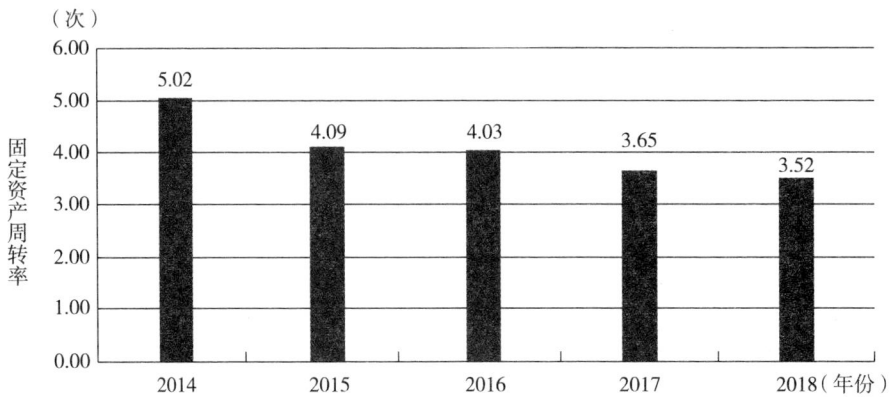

图 6-59　固定资产周转率变化趋势

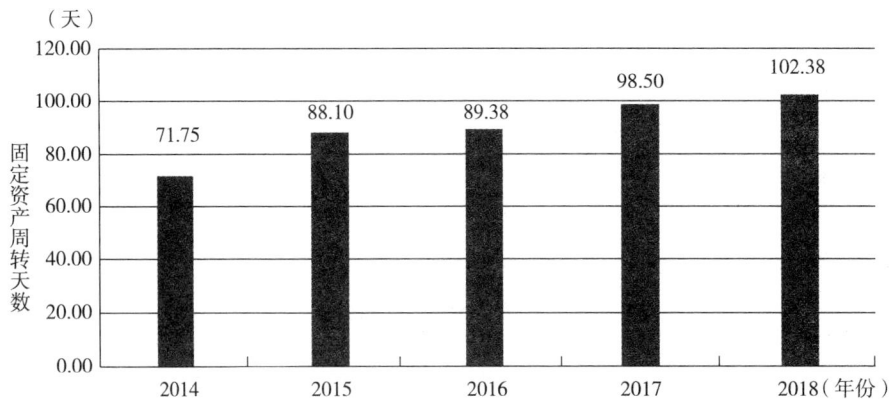

图 6-60　固定资产周转天数变化趋势

从纵向发展趋势来看，中青旅的固定资产周转率在 2014~2018 年平稳减少。

整体来说，固定资产的周转速度在下降，运用效率在降低，单位固定资产创造的收入在减少，固定资产的利用效率有待提高。

（七）总资产营运能力

从数值上来看，中青旅的流动资产和非流动资产都在增加，如图 6-61 所示。从结构来看，2014~2016 年流动资产比重有所下降，2016~2018 年流动资产比重又开始上升。总体来看，中青旅非流动资产比重高于流动资产比重。从纵向发展趋势来看，中青旅的固定资产长期资产营运能力较为平稳，总资产长期资产营运能力一直在下滑，2018 年下滑幅度减少，如表 6-85 所示。总体来看，中青旅的总资产周转率都是高于行业平均值的，而且还是行业内非常优秀的企业，如图 6-62 所示。

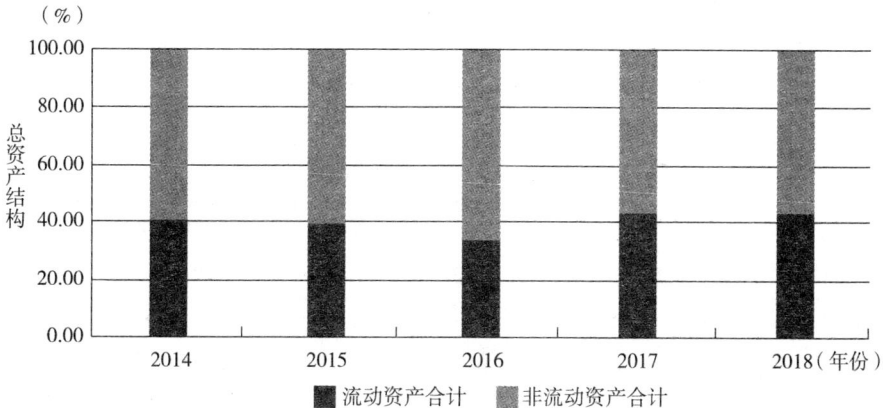

图 6-61　总资产结构变化趋势

表 6-85　总资产营运能力数据

项目	2014 年	2015 年	2016 年	2017 年	2018 年
固定资产周转率（次）	5.017491125	4.086343	4.027592	3.654886	3.516156
固定资产周转天数	71.74900583	88.09832	89.38344	98.49829	102.3845
总资产周转率（次）	1.194745284	1.106987	0.943196	0.846275	0.84041
总资产周转天数	301.3194569	325.207	381.681	425.3935	428.3621

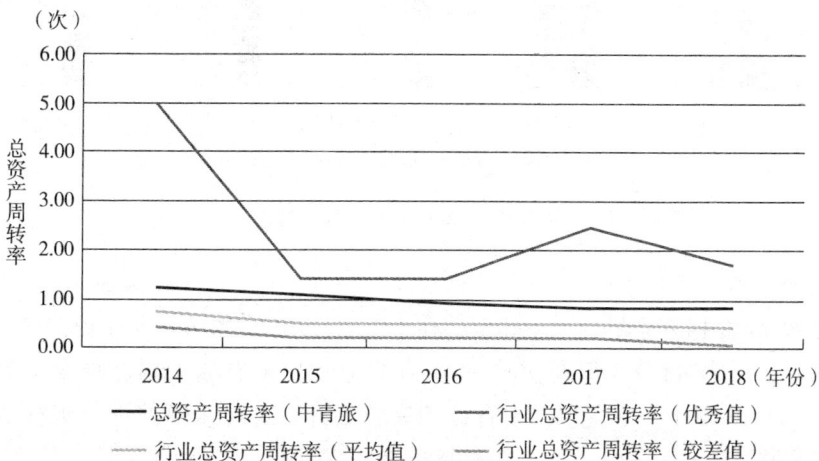

图 6-62　总资产周转率变化趋势

四、中青旅融资风险分析

(一) 中青旅短期偿债风险分析

1. 营运资本的计算与分析

中青旅营运资本在 2014~2016 年有小幅度的下降,说明企业在此期间可用于偿还流动负债的资金不太充足,但自 2017 年开始,中青旅营运资本有了大幅度提升(见表 6-86、图 6-63),在 2017 年年报中发现,中青旅的乌镇景区、古北水镇的进一步发展以及濮院景区的建设开发使中青旅的开发成本与存货增加,使 2017 年中青旅的流动资产有了提升,表明企业的短期偿债能力有所提高,收回债权的安全性也有所提高。

表 6-86　营运资本结构　　　　　　　　　　　　　　单位:元

项目	2014 年	2015 年	2016 年	2017 年	2018 年
流动资产合计	3526280026.99	3670521859.26	3854972665.26	5859322196.16	6538434889.66
流动负债合计	3099402225.23	3510732289.18	3726627100.39	4977155118.93	5926536501.91
营运资本	426877801.76	159789570.08	128345564.87	882167077.23	611898387.75

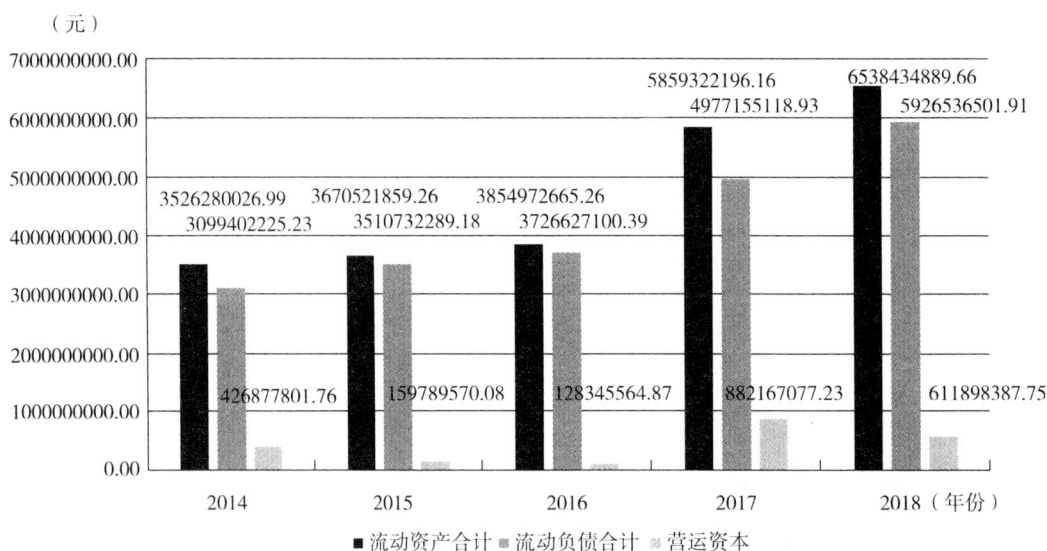

图 6-63　营运资本变化趋势

2. 流动比率的计算与分析

中青旅 2014~2018 年流动比率整体保持在 1 以上,2014~2016 年呈下降趋势,表明企业的短期偿债能力在逐年降低,但在 2017 年中青旅流动比率有较大幅度提高(见表 6-87、图 6-64),在 2017 年年报中发现,中青旅的乌镇景区、古北水镇的进一步发展以及濮院景区的建设开发使中青旅的开发成本与存货增加,使 2017 年中青旅的流动资产有了提升。但是流动比率自身也存在局限性,因为中青旅的流动资产中包含流动性较差的存货,影响流动比率的质量，所以还要结合其他数据情况分析中青旅的短期偿债能力。

表6-87　流动比率相关数据　　　　　　　　　　　　　单位：元

项目	2014年	2015年	2016年	2017年	2018年
流动资产合计	3526280026.99	3670521859.26	3854972665.26	5859322196.16	6538434889.66
流动负债合计	3099402225.23	3510732289.18	3726627100.39	4977155118.93	5926536501.91
流动比率	1.137729075	1.045514598	1.034440142	1.177243236	1.103247215

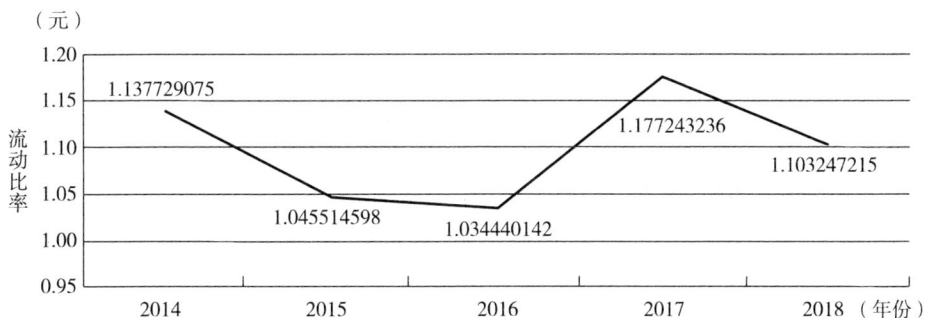

图6-64　流动比率变化趋势

3. 速动比率的计算与分析

从图6-65中可以看出，2014~2018年中青旅的速动比率都在1以下，整体呈下降趋势，2014~2016年低于行业平均值，并且自2017年开始逐渐与行业平均值拉开距离。由于产业的限制，存货较多，使流动资产的质量不高，速动比率较低。

表6-88　速动比率相关数据　　　　　　　　　　　　　单位：元

项目	2014年	2015年	2016年	2017年	2018年
流动资产合计	3526280026.99	3670521859.26	3854972665.26	5859322196.16	6538434889.66
存货	696219434.00	532548623.26	430940736.95	1804713367.55	2092658861.12
流动资产减存货	2830060592.99	3137973236.00	3424031928.31	4054608828.61	4445776028.54
流动负债合计	3099402225.23	3510732289.18	3726627100.39	4977155118.93	5926536501.91
中青旅速度比率	0.91	0.89	0.92	0.81	0.75
行业优秀值	1.15	1.12	1.11	1.1	1.1
行业平均值	0.99	0.96	0.95	0.93	0.93

4. 现金比率的计算与分析

现金比率反映企业的即时付现能力，就是随时可以还债的能力。中青旅2014~2018年现金比率整体在0.25左右，相对平稳变化不大，如表6-89、图6-66所示。可见中青旅有较低的现金类资产，这可能和它的业务模式有关，中青旅业务包括旅行社业务、整合经

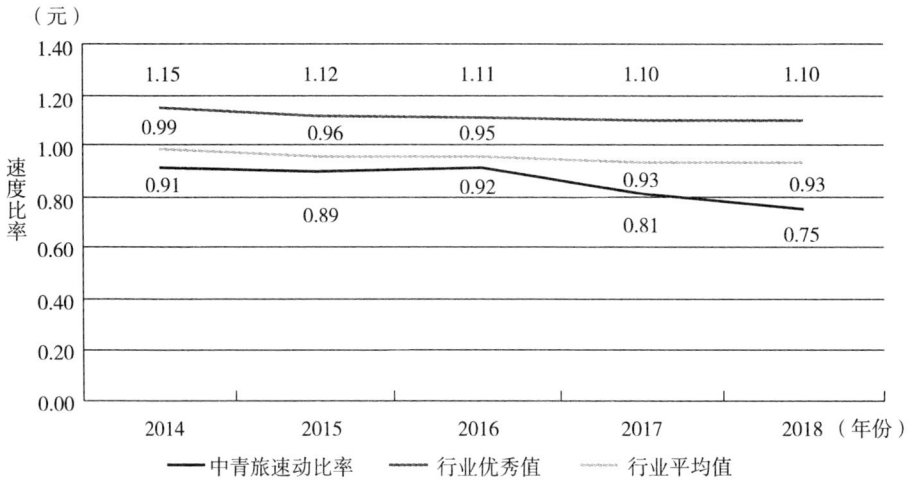

图 6-65　速动比率变化趋势

营业务、景区业务、酒店业务、策略性投资业务。2016 年，乌镇景区濮院项目进入建设阶段。

表 6-89　现金比率相关数据

项目	2014 年	2015 年	2016 年	2017 年	2018 年
货币资金	801352980.86	837060645.55	913308782.70	1161186457.93	1341478084.91
流动负债合计	3099402225.23	3510732289.18	3726627100.39	4977155118.93	5926536501.91
现金比率	0.26	0.24	0.25	0.23	0.23

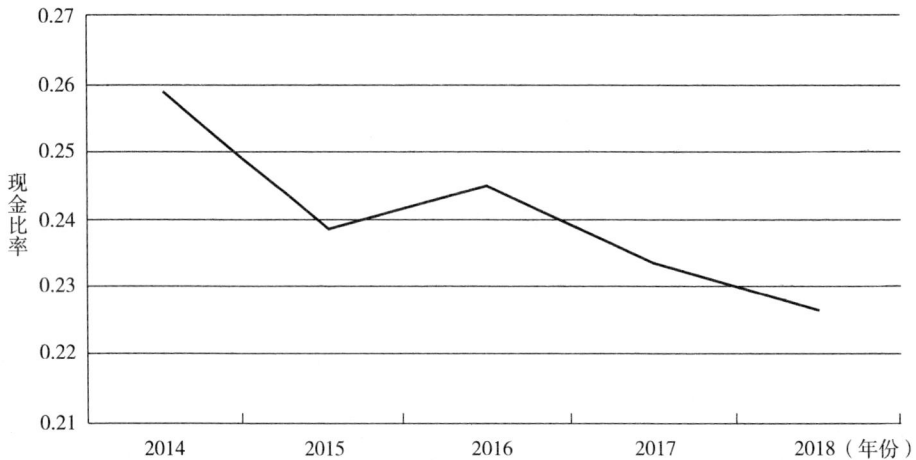

图 6-66　现金比率变化趋势

5. 超现金比率的计算与分析

从现金流动的角度来看，中青旅当期偿付短期负债的能力较低，处于行业较低水平。现金流动负债比率较低，表明中青旅的短期偿债能力较差，其现金流量的质量就较差。其中2017年达到了负值，由年报中得知2017年净利润受人工成本等支出上升和政府补助下降影响下滑24.38%，濮院景区仍处于建设阶段，因此导致2017年的经营活动产生的现金流出量增加，从而导致超现金比率的下降，如表6-90、图6-67所示。

表6-90　超现金比率相关数据

项目	2014 年	2015 年	2016 年	2017 年	2018 年
经营活动产生的现金流量净额	524228725.14	510261521.80	947431813.45	−785807095.37	719062224.70
流动负债合计	3099402225.23	3510732289.18	3726627100.39	4977155118.93	5926536501.91
超现金比率	0.17	0.15	0.25	−0.16	0.12
行业优秀值	24	24.2	24	22.9	21.3
行业平均值	10.8	7.8	7.6	7.6	5.3
行业较差值	−13.9	−13.7	−13.9	−15	−16.6

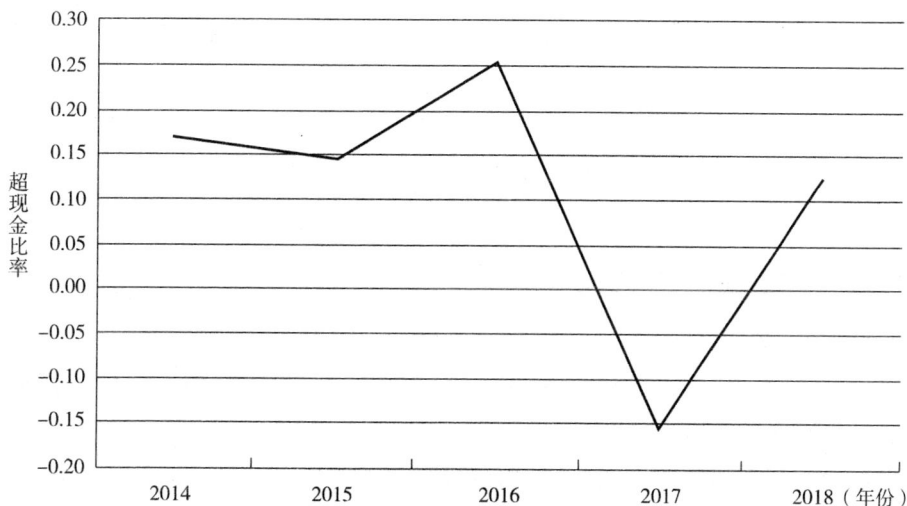

图6-67　超现金比率变化趋势

6. 现金到期债务比率的计算与分析

从表6-91、图6-68可以看出，中青旅短期的流动性、变现性、偿债能力等整体处于稳定且能力较高阶段，但在2017年短期有"支付不能"情况出现，其中一年内到期的长期借款增加，从2017年年报中可以看出，是因为2017年净利润受人工成本等支出上升和政府补助下降影响下滑24.38%，濮院景区仍处于建设阶段。

表6-91　现金到期债务比率相关数据

项目	2014 年	2015 年	2016 年	2017 年	2018 年
经营活动产生的现金流量净额	524228725.14	510261521.80	947431813.45	−785807095.37	719062224.70
应付票据	568590000.00	403000000.00	591000000.00	204000000.00	300000000.00

续表

项目	2014 年	2015 年	2016 年	2017 年	2018 年
一年内到期的非流动负债		160000000.00	818181.80	48000000.00	201759477.05
到期债务	568590000.00	563000000.00	591818181.80	252000000.00	501759477.05
现金到期债务比率	0.92	0.91	1.60	-3.12	1.43

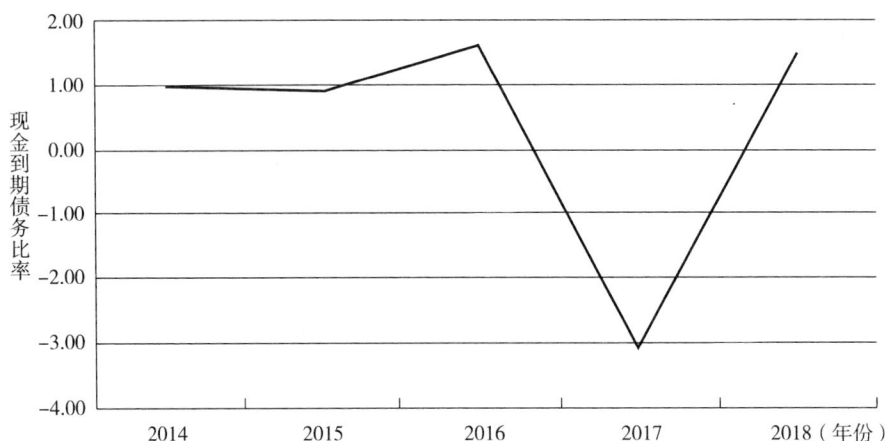

图 6-68　现金到期债务比率变化趋势

（二）中青旅长期偿债风险分析

1. 已获利息倍数

中青旅已获利息倍数从 2014~2016 年一直呈上升趋势，在 2016~2018 年呈现下降趋势。如表 6-92 所示。

由图 6-69 可以看出，中青旅已获利息倍数非常高，拥有充足的能力进行利息偿付。与行业的优秀值相比，中青旅远远超出，甚至 2014 年的已获利息倍数是当年的 4 倍之多。所以，中青旅面临亏损以及偿债的安全性与稳定性下降的风险非常低。

表 6-92　已获利息倍数相关数据

报告期	2014/12/31	2015/12/31	2016/12/31	2017/12/31	2018/12/31
净利润	507471401.95	456589281.92	736636883.26	862847222.72	917825038.08
所得税	162471946.49	198052766.66	246945911.79	295353667.86	327450666.16
利息费用	58562183.53	40452918.84	52187721.30	76927739.67	103856473.88
息税前利息	728505531.97	695094967.42	1035770516.35	1235128630.25	1349132178.12
已获利息倍数	12.44	17.18	19.85	16.06	12.99
行业优秀值	3.1	2.8	2.7	2.8	2

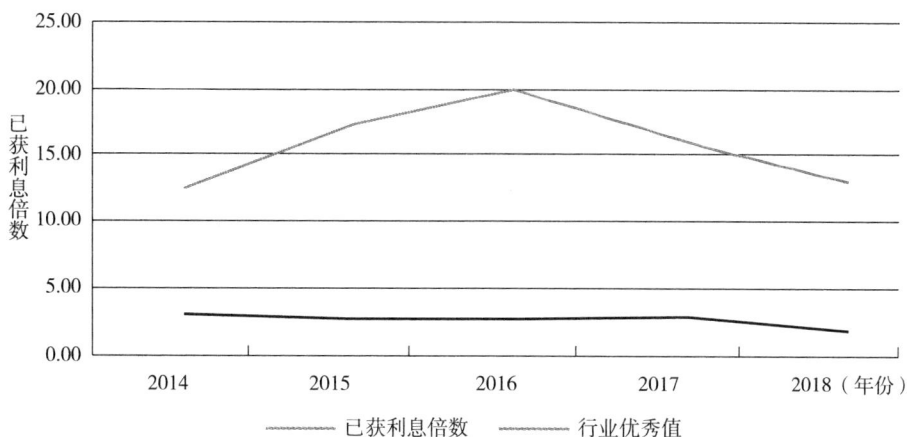

图 6-69 已获利息倍数变化趋势

2. 资产负债率

资产负债率 2014~2018 年逐渐上升，但还是低于行业优秀值（见图 6-71），所以反映出中青旅的资产结构非常稳定。如表 6-93、图 6-70 所示。

表 6-93 资产负债率相关数据

项目	2014 年	2015 年	2016 年	2017 年	2018 年
负债合计（元）	3246423460.21	3554581559.09	4240172570.69	5534391702.86	6434884352.52
资产总计（元）	8878236935.61	9554776010.88	10949447939.17	13021238036.77	14593783893.29
资产负债率（%）	36.57	37.20	38.72	42.50	44.09

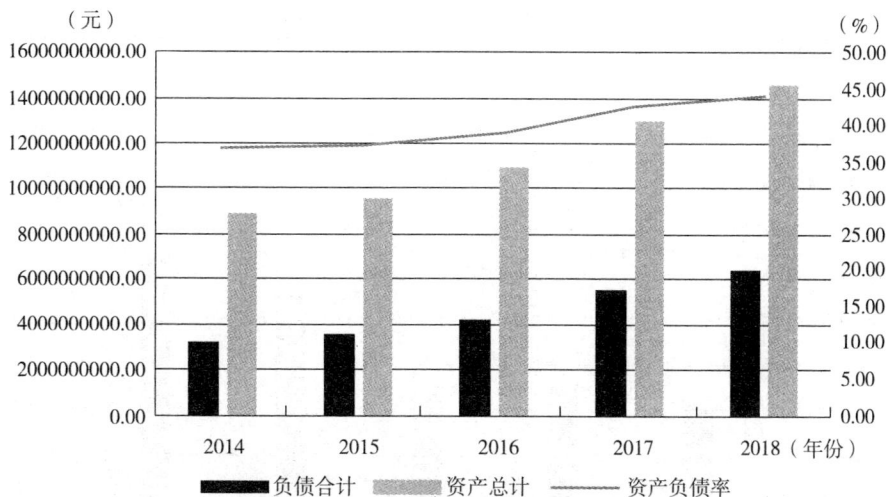

图 6-70 资产负债率变化趋势

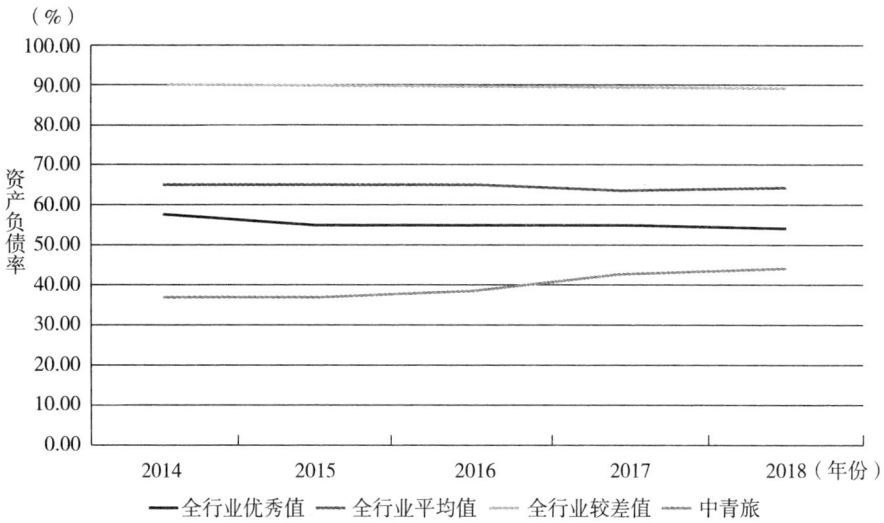

图 6-71 资产负债率行业标准值变化趋势

3. 负债与所有者权益比率

中青旅的产权比率 2014～2018 年逐年升高（见表 6-94），但是股东资本都大于负债（见图 6-72），产权比率都保持在 1 以下（见图 6-73），所以反映出中青旅的基本财务结构比较稳定，说明中青旅对股东权益的保障非常重视。

表 6-94　产权比率相关数据

项目	2014 年	2015 年	2016 年	2017 年	2018 年
负债合计（元）	3246423460.21	3554581559.09	4240172570.69	5534391702.86	6434884352.52
所有者权益合计（元）	5631813475.40	6000194451.79	6709275368.48	7486846333.91	8158899540.77
产权比率（%）	57.64	59.24	63.20	73.92	78.87

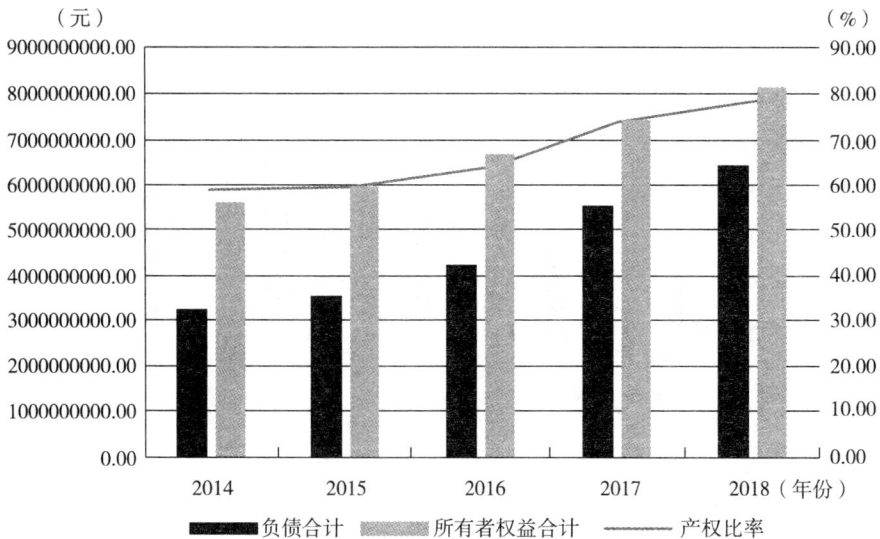

图 6-72　负债与所有者权益变化趋势

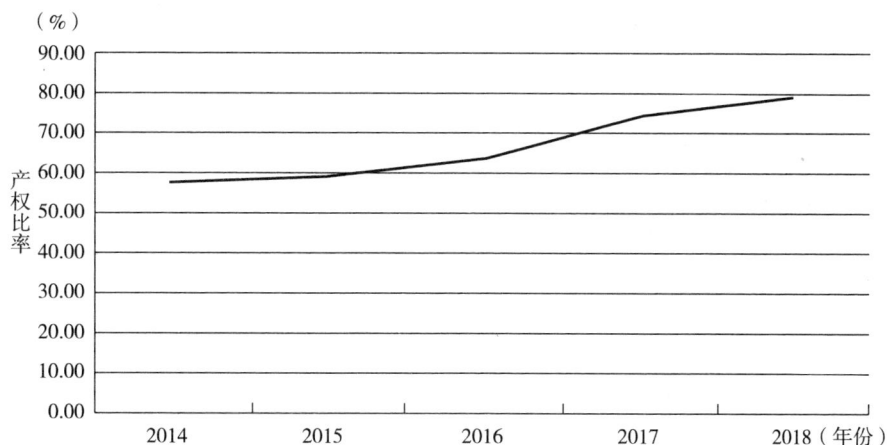

图 6-73　产权比率变化趋势

4. 现金全部债务比率

中青旅的现金全部债务比率在 2016 年达到高峰（见表 6-95），随后逐步下降，但近 5 年整体全部高于行业平均值（见表 6-96、图 6-75），所以中青旅长期偿债能力还是比较良好的。

表 6-95　现金全部债务比率相关数据

项目	2014 年	2015 年	2016 年	2017 年	2018 年
经营活动现金净流量（元）	524228725.14	510261521.80	947431813.45	785807095.37	719062224.70
负债合计（元）	3246423460.21	3554581559.09	4240172570.69	5534391702.86	6434884352.52
现金全部债务比率（%）	16.15	14.36	22.34	14.20	11.17

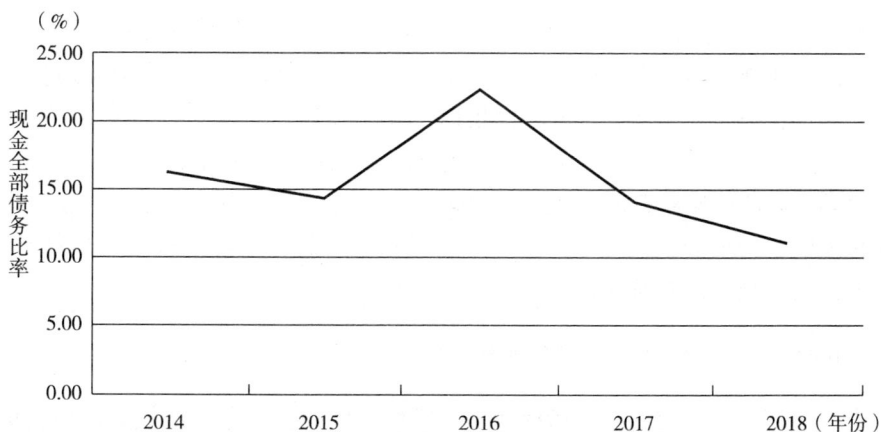

图 6-74　现金全部债务比率变化趋势

表 6-96　中青旅与行业现金全部债务比率标准值相关数据　　　单位：%

年份	2014	2015	2016	2017	2018
全行业优秀值	24.00	24.20	24.00	21.90	22.30
全行业平均值	10.80	7.80	7.60	7.60	5.30
全行业较差值	-13.90	-13.70	-13.90	-15.00	-16.60
中青旅	16.15	14.36	22.34	14.20	11.17

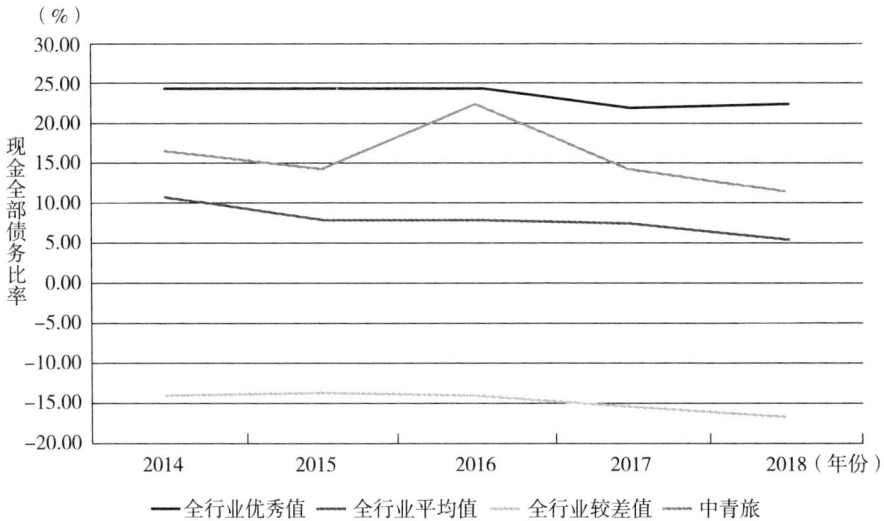

图 6-75　现金全部债务比率变化趋势

（三）中青旅短期偿债能力关键性因素评价

评价企业短期偿债能力的主要指标有营运资本、流动比率、速度比率和现金比率等。

流动比率反映了企业短期偿债能力内可变现的资产对短期负债的保证程度。这一比率越高，偿债能力越强，债权人的权益越有保障；速动比率越高，表明企业偿还流动负债的能力越强。速动比率作为流动比率的辅助指标，应保持在 1 较为合适。

中青旅作为一家旅游业公司，近几年的财务比率相对不太稳定，在行业中偿债能力相对较弱，流动性较差的应收账款、预付账款过高，同行业龙头中国国旅相比较，作为反映企业即时付现能力的现金比率过低，下一步需进一步分析公司的应收类、预付类的账期，希望公司的流动资产质量有所保证。

（四）中青旅长期偿债能力关键性因素评价

评价企业长期偿债能力的主要指标如下：资产负债率、现金全部债务比率、负债与所有者权益比率等。

资产负债率反映在资产总额中有多大的比例是通过借债筹资的，用于衡量企业利用债权人资金进行财务活动的能力，同时也反映企业在清算时，债权人的保证程度。

在中青旅的长期偿债能力指标中，资产负债率在行业中处于适度水平，资产负债率相对稳定，说明近年资产结构具有相对的稳定性。

（五）偿债能力分析总结

1. 短期偿债能力分析总结

结合流动比率与速动比率两方面来看，2014~2018 年中青旅的状况如下：1<中青旅流动比率<2；0.5<中青旅速动比率<1。说明中青旅的资金流动性一般，短期偿债能力较弱。

从现金到期债务比率和超现金比率来看：2014~2018 年整体相对稳定，处于行业较低值，可见中青旅到期债务偿还能力一般；由于中青旅经营活动产生的现金流量净额较低，所以在本行业中短期融资风险（偿债能力）较大。

2. 长期偿债能力分析总结

从资产负债率、负债与所有者权益比率、已获利息倍数、现金全部债务比率的分析来看，中青旅的长期偿债能力各项指标比均高于行业平均值，是行业内非常优秀的企业，所以总体来说，中青旅的长期偿债能力还是非常优秀的。

五、中青旅盈利及发展能力分析

（一）中青旅盈利能力分析

1. 营业毛利率

2014~2018 年中青旅的营业毛利率整体呈上升趋势，在 2015~2018 年增长幅度较快（见表 6-97、图 6-76）。在中青旅 2016 年年报中我们发现，在中青旅主营业务行业情况中，毛利率较高的景区经营和会展业务带来的营业收入增长较多，并且中青旅为景区的开发也投入了更多资本。我们观察公司主要业务的毛利情况就会发现，最赚钱的业务就是景区经营业务（见表 6-98），古北水镇景区自 2014 年开放后，在 2015 年开始有大量释放营收，这使中青旅整体的营收质量得以提升，毛利率也开始快速增长。

表 6-97　营业毛利率相关数据

项目	2014 年	2015 年	2016 年	2017 年	2018 年
营业收入（元）	10607231706.45	10577015943.44	10327476311.96	11019551807.19	12264769135.44
营业成本（元）	8491561636.03	8338016299.63	7870618455.46	8215132099.09	9161890062.22
毛利（元）	2115670070.42	2238999643.81	2456857856.50	2804419708.10	3102879073.22
营业毛利率（%）	24.91	26.85	31.22	34.14	33.87

表 6-98　主营业务分行业毛利率增减变化情况　　　　　　　　　单位：%，元

分行业	营业收入	营业成本	毛利率（%）	营业收入比上年增减（%）	营业成本比上年增减（%）	毛利率比上年增减（%）
旅游产品服务	3872414769.86	3578707755.89	7.58	-17.26	-18.30	1.18

续表

分行业	营业收入	营业成本	毛利率 （%）	营业收入比 上年增减 （%）	营业成本比 上年增减 （%）	毛利率比 上年增减 （%）
整合营销服务（原企业会展服务）	1975451611.03	1659662225.40	15.99	9.56	7.23	1.83
酒店业	370735677.19	62908019.40	83.03	-0.82	24.76	-3.48
景区经营	1360823197.57	260031632.38	80.89	20.31	35.18	-2.10

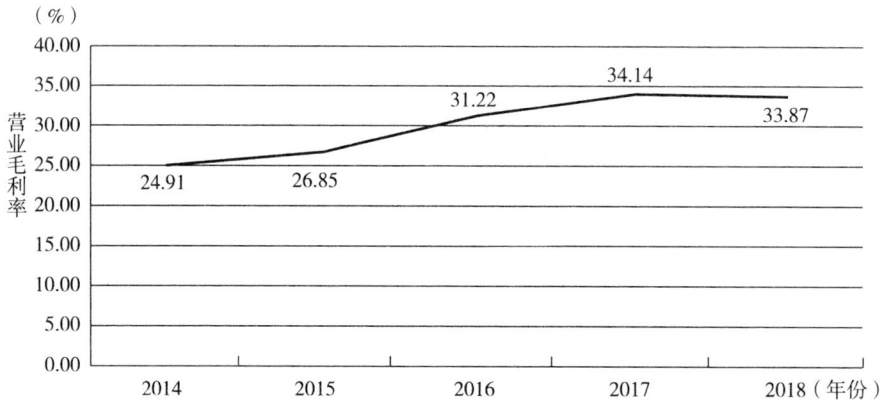

图 6-76　营业毛利率变化趋势

中青旅的会展营销业务主体为中青博联（新三板：837784），于 2016 年 7 月正式在新三板上市。自成立以来，业绩稳步增长，且得益于 2014 年起乌镇作为世界互联网大会永久会址，业绩近 3 年获得了较大幅度的提高，也为毛利率的增长做出了贡献。

2. 营业净利率

从表 6-99、图 6-77 中可以看出，中青旅营业净利率自 2016 年起呈快速增长趋势，可以看出，从 2016 年开始中青旅的净利润实现快速增长，这是由于中青旅的乌镇和古北水镇景区业务提供了绝大部分的净利润，并且依靠景区的场地优势，中青旅的会展营销业务业绩也实现了稳步增长。

表 6-99　营业净利率相关数据　　　　　　　　　　　　　单位：元

项目	2014 年	2015 年	2016 年	2017 年	2018 年
净利润	507471401.95	456589281.92	736636883.26	862847222.72	917825038.08
营业收入	10607231706.45	10577015943.44	10327476311.96	11019551807.19	12264769135.44
中青旅营业净利率（%）	4.78	4.32	7.13	7.83	7.48

3. 成本费用利润率

从表 6-100、图 6-78 中可以看出，中青旅自 2015 年起，成本费用利润率呈快速提升趋势，说明在此期间，中青旅的成本费用控制越来越好，中青旅的盈利性增强。同行业值

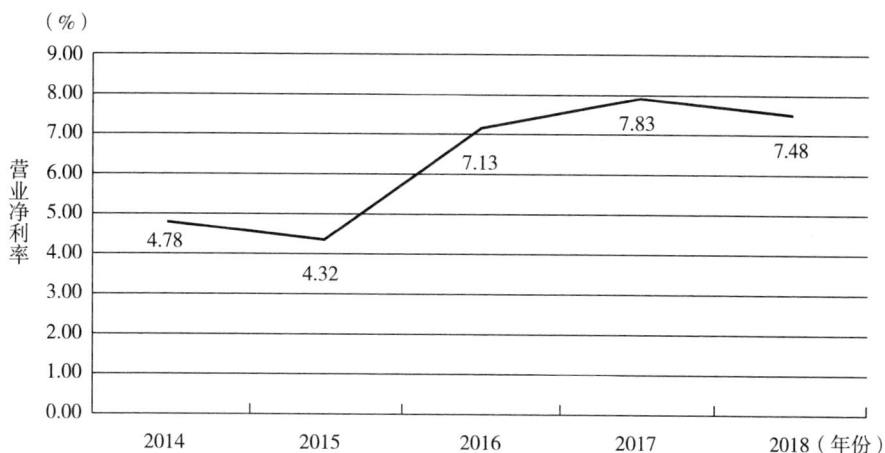

图 6-77　营业净利率变化趋势

比较，中青旅 2014 年的利润率高于行业平均值，2016 年优于行业优秀值，反映出中青旅的盈利水平在持续提高，并超过了行业优秀值。

表 6-100　成本费用利润率相关数据

报告期	2014 年	2015 年	2016 年	2017 年	2018 年
营业利润（元）	631949615.15	573706520.29	770351961.50	1145337518.71	1237129782.33
成本费用（元）	10036646796	10019991942.58	9644952243.99	10191567642.50	11359316661.45
中青旅成本费用利润率（%）	6.30	5.73	7.99	11.24	10.89
行业优秀值（%）	7.40	7.60	7.20	7.40	6.60
行业平均值（%）	3.70	3.80	3.60	3.70	2.90

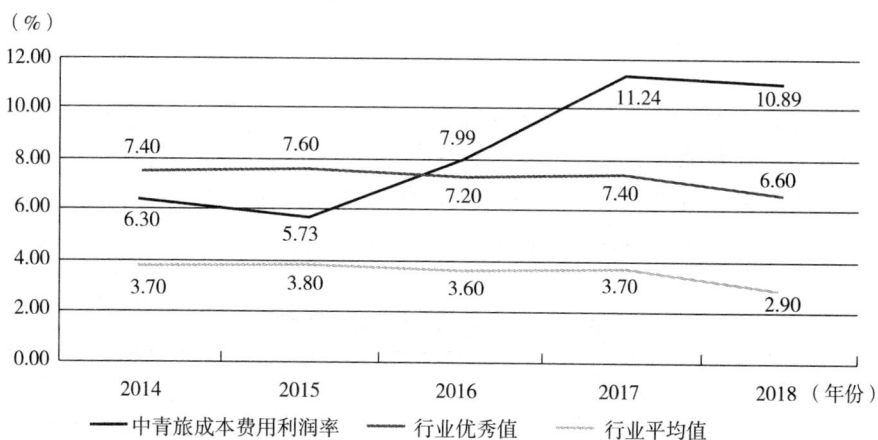

图 6-78　成本费用利润率与标准值比较

4. 营业现金比率

2014~2018 年中青旅的营业现金比率波动性较大，主要原因是经营活动产生的现金流量净额的增加或减少。在企业年报分析中我们得出，2016 年经营活动产生的现金流量净额增加的主要原因是净利润提高，2017 年经营活动产生的现金流量净额减少是由于支付了开发住宅用地土地款，2018 年经营活动产生的现金流量净额增加是由于 2017 年同期房地产业务购入土地导致的。

表 6-101　营业现金比率相关数据

项目	2014 年	2015 年	2016 年	2017 年	2018 年
经营活动现金流量净额（元）	524228725.14	510261521.80	947431813.45	−785807095.37	719062224.70
营业收入（元）	10607231706.45	10577015943.44	10327476311.96	11019551807.19	12264769135.44
营业现金比率（%）	4.94	4.82	9.17	−7.13	5.86

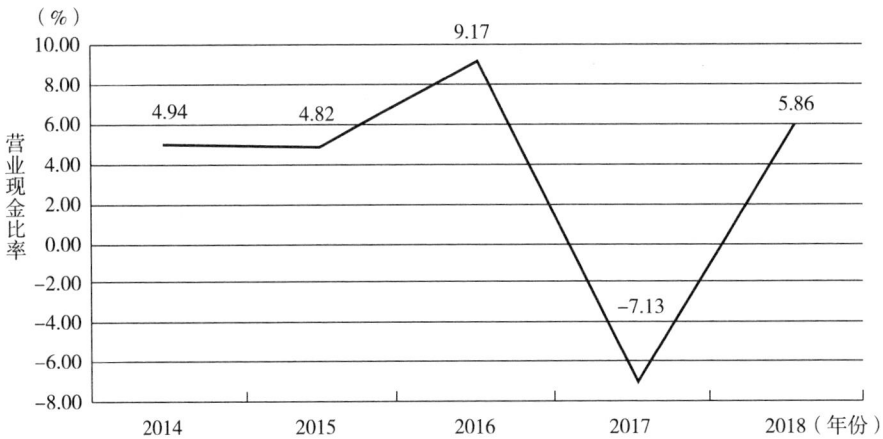

图 6-79　营业现金比率变化趋势

5. 资产报酬率

由表 6-102、图 6-80 可见，中青旅自 2015 年开始，总资产报酬率整体呈稳定上升趋势，说明中青旅的盈利能力在持续提升，表现出良好的盈利成长能力。与同行业值相比较可以看出，中青旅的总资产报酬率虽然与行业优秀值有一定差距，但是远高于行业平均值，并呈上升趋势，反映出中青旅的盈利能力有较好的水平。

表 6-102　资产报酬率相关数据　　　　　　　　　　　　　　单位：元

项目	期初额	期末额	平均资产总额
2014 年资产总额	8259773666.27	8878236935.61	8569005300.94
2015 年资产总额	8878236935.61	9554776010.88	9216506473.25
2016 年资产总额	9554776010.88	10949447939.17	10252111975.03
2017 年资产总额	10949447939.17	13021238036.77	11985342987.97
2018 年资产总额	13021238036.77	14593783893.29	13807510965.03

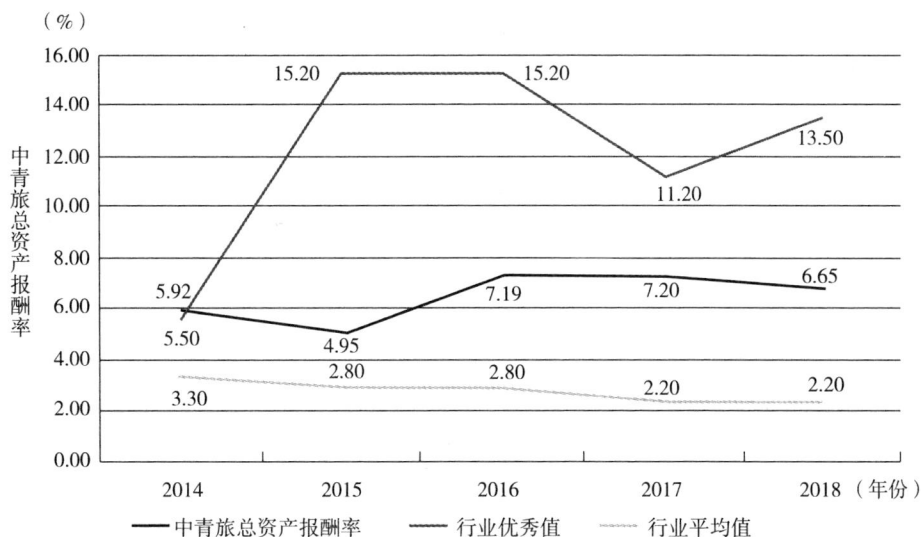

图 6-80 总资产报酬率与行业值比较

6. 净资产报酬率

从表 6-103、图 6-81 可知，中青旅的净资产报酬率在近几年呈增长趋势，并且近五年都基本高于社会平均接受的 10%水平。从同行业值比较可以看出，中青旅净资产报酬率较高于行业平均值，并自 2015 年起越来越趋于行业优秀值，说明中青旅的盈利能力表现出较好的发展趋势。

表 6-103 净资产报酬率相关数据 单位：元

报告期	期初值	期末值	平均净资产总额
2014 年所有者权益合计	4048414811.91	5631813475.40	4840114143.66
2015 年所有者权益合计	5631813475.40	6000194451.79	5816003963.60
2016 年所有者权益合计	6000194451.79	6709275368.48	6354734910.14
2017 年所有者权益合计	6709275368.48	7486846333.91	7098060851.20
2018 年所有者权益合计	7486846333.91	8158899540.77	7822872937.34

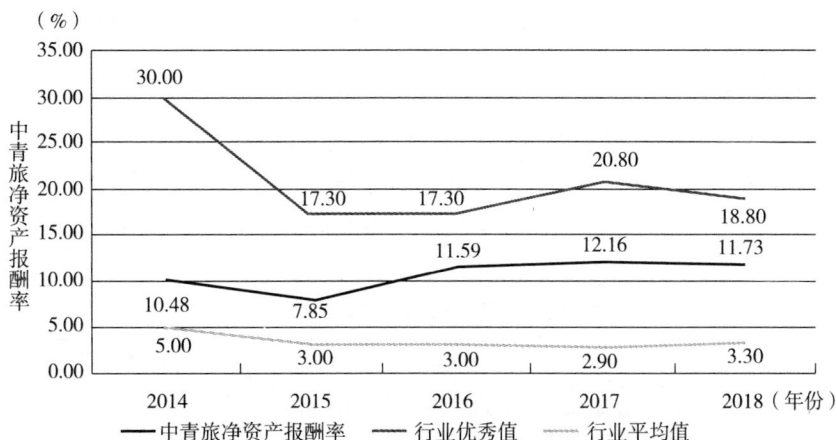

图 6-81 净资产报酬率与行业值比较

7. 每股收益

由表 6-104、图 6-82 可知，中青旅的每股收益自 2015 年起，呈现出快速上升趋势，反映出企业每股收益处在较好的盈利水平，资产增值能力增强。

表 6-104　每股收益相关数据　　　　　　　　　　　　单位：元

报告期	2014 年	2015 年	2016 年	2017 年	2018 年
净利润	507471401.95	456589281.92	736636883.26	862847222.72	917825038.08
普通股数	723840000.00	723840000.00	723840000.00	723840000.00	723840000.00
每股收益	0.70	0.63	1.02	1.19	1.27

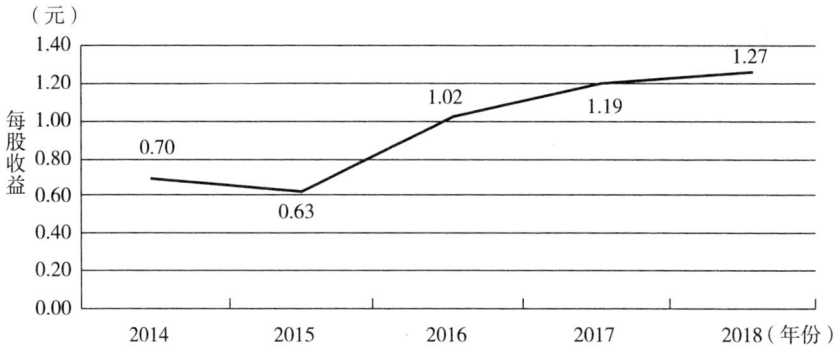

图 6-82　每股收益变化趋势

通过对上市公司中青旅多种财务指标的分析发现，其盈利能力较强，而且企业的盈利足以偿还企业的债务。中青旅的营业收入受季节变动的影响较大，企业应拓宽主营业务，尽量减少季节变动对企业的影响。通过对中青旅 2014~2018 年的净利润进行长期趋势计算可以看出，中青旅的盈利能力呈现出逐年增长的趋势，说明中青旅有发展潜力，在未来几年的发展趋势较好。

（二）中青旅成长能力分析

1. 营业收入增长率

从表 6-105 和图 6-83 中可以发现，近五年来中青旅的营业收入增长率处于波动之中。2015 年和 2016 年处于负值，2015 年，公司整合营销业务（原会展业务）受到接待大型活动的季度性差异影响，营业收入与 2014 年同期相比有所下滑。2016 年景区经营业务成本增加幅度大于收入增加幅度主要原因是乌镇客房成本和乌镇戏剧节成本增加。而近两年来，中青旅景区业务持续增长，酒店知名度不断提升，其营业收入持续增长，据此可以作出这样的判断：如果不出现较大的意外事项，中青旅的营业收入还将处于增长状态之中。

表 6-105　营业收入增长率相关数据

项目	2014 年	2015 年	2016 年	2017 年	2018 年
上年营业收入（元）	9316037547.42	10607231706.45	10577015943.44	10327476311.96	11019551807.19
本年营业收入（元）	10607231706.45	10577015943.44	10327476311.96	11019551807.19	12264769135.44

续表

项目	2014 年	2015 年	2016 年	2017 年	2018 年
本年营业收入增长额（元）	1291194159.03	−30215763.01	−249539631.48	692075495.23	1245217328.25
营业收入增长率（%）	13.86	−0.28	−2.36	6.70	11.30

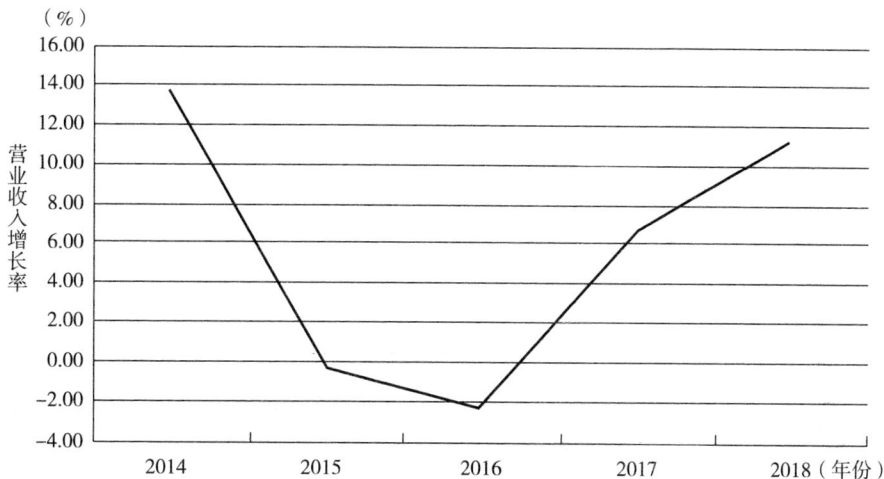

图 6-83　营业收入增长率变化趋势

2. 总资产增长率

从表 6-106 和图 6-84 中可以发现，近五年来中青旅的总资产规模处于波动之中。2014~2015 年，中青旅总资产增长不大，2016~2017 年增长幅度变大，2018 年总资产增长出现下降。尽管总资产增长率有所变化，但是总体上处于增长期，单从总资产规模考虑，中青旅具有一定的成长性。

表 6-106　总资产增长率相关数据

项目	2014 年	2015 年	2016 年	2017 年	2018 年
本年初总资产额（元）	8259773666.27	8878236935.61	9554776010.88	10949447939.17	13021238036.77
本年末总资产额（元）	8878236935.61	9554776010.88	10949447939.17	13021238036.77	14593783893.29
本年总资产增长额（元）	618463269.34	676539075.27	1394671928.29	2071790097.60	1572545856.52
总资产增长率（%）	7.49	7.62	14.60	18.92	12.08

3. 固定资产成新率

从表 6-107 和图 6-85 中可以发现，在近五年，除 2015~2016 年固定资产成新率略有下降外，整体基本处于相对稳定的状态，且指标处于较高值。可见中青旅企业固定资产比较新，对扩大再生产的准备比较充足，中青旅有较强的成长性。

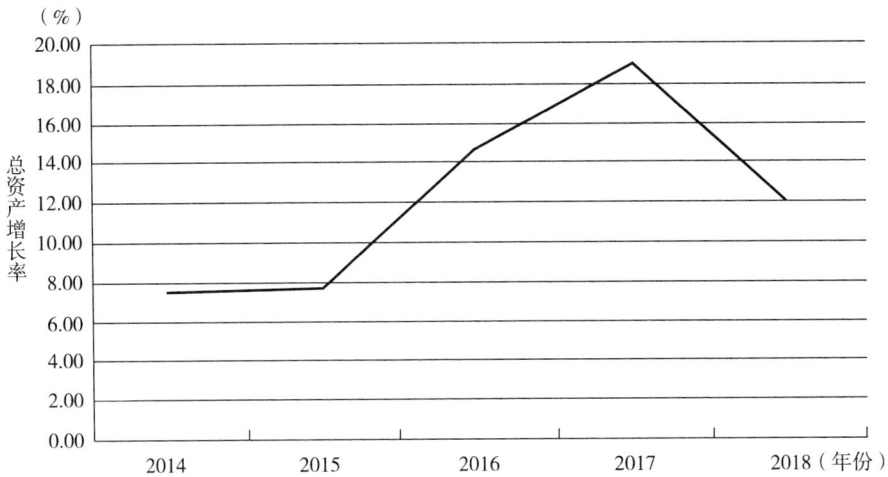

图 6-84　总资产增长率变化趋势

表 6-107　固定资产成新率相关数据

项目	2013 年	2014 年	2015 年	2016 年	2017 年	2018 年
固定资产净额（元）	2376347582.41	2114050915.36	2588381581.34	2564181595.00	3015019328.66	3488118220.10
平均固定资产净额（元）		2245199248.89	2351216248.35	2576281588.17	2789600461.83	3251568774.38
固定资产原值（元）	3061602432.81	2680172770.47	3256351377.21	3342294268.26	3916834455.22	4502810454.64
平均固定资产原值（元）		2870887601.64	2968262073.84	3299322822.74	3629564361.74	4209822454.93
固定资产成新率（%）		78.21	79.21	78.09	76.86	77.24

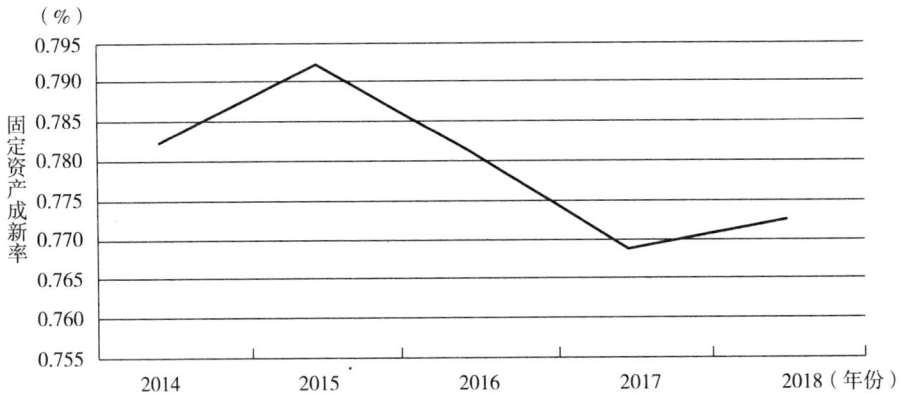

图 6-85　固定资产成新率变化趋势

4. 净利润增长率

从表 6-108 和图 6-86 中可以看出，近五年来中青旅的净利润规模处于一定的波动之中。2015 年更是出现了负值，只有 2016 年净利润增长率达到 61.33%，而后开始出现大幅下降，显示出中青旅的盈利成长空间较大，但从近五年的数据来看，中青旅的盈利成长能力不太稳定。

表 6-108 净利润增长率相关数据

项目	2014 年	2015 年	2016 年	2017 年	2018 年
上年净利润额（元）	411355306.60	507471401.95	456589281.92	736636883.26	862847222.72
本年净利润额（元）	507471401.95	456589281.92	736636883.26	862847222.72	917825038.08
本年净利润增长额（元）	96116095.35	−50882120.03	280047601.34	126210339.46	54977815.36
净利润增长率（%）	23.37	−10.03	61.33	17.13	6.37

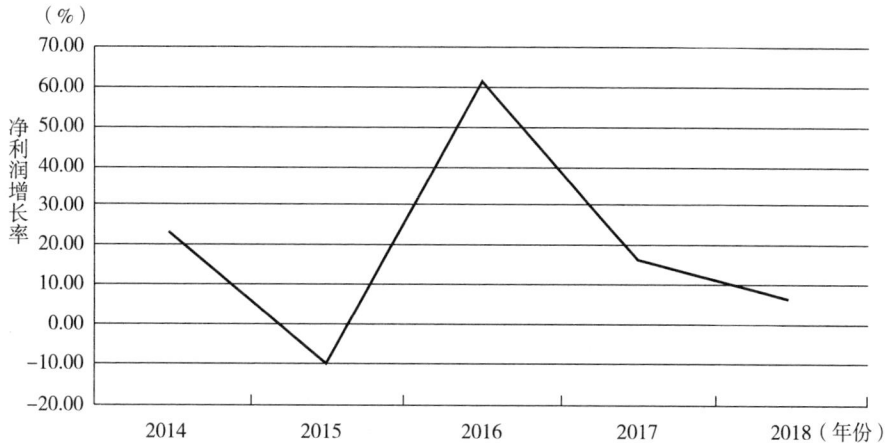

图 6-86 净利润增长率变化趋势

5. 净资产增长率

从表 6-109 和图 6-87 中可以看出，同净利润一样，近五年来中青旅的净资产规模处于一定的波动之中。近四年来，中青旅的净资产规模相对平稳。2014 年中青旅实施了非公开发行，共募集资金净额 1199996620.70 元，故公司净资产大幅增加。而后净资产增长相对处于平稳状态，可见中青旅的资本保值和增值的程度相对稳定，企业持续增长能力一般。

表 6-109 净资产增长率相关数据 单位：元，%

项目	2014 年	2015 年	2016 年	2017 年	2018 年
本年初净资产（元）	4048414811.91	5631813475.40	6000194451.79	6709275368.48	7486846333.91
本年末净资产（元）	5631813475.40	6000194451.79	6709275368.48	7486846333.91	8158899540.77
本年净资产增加额（元）	1583398663.49	368380976.39	709080916.69	777570965.43	672053206.86
净资产增长率（%）	39.11	6.54	11.82	11.59	8.98

6. 每股股利

考虑公司景区业务正处于投资期及快速成长期，需要大量资金投入对公司现有景区进行升级完善并对新景区进行投资开发，且 2014 年公司会展业务及观光业务均有重大项目需要大量现金支出。为保证公司战略目标的实现，综合考虑公司实际情况、当期资金需求及银行信贷的融资成本，且为配合公司非公开发行股票的发行工作，公司 2013 年拟暂不

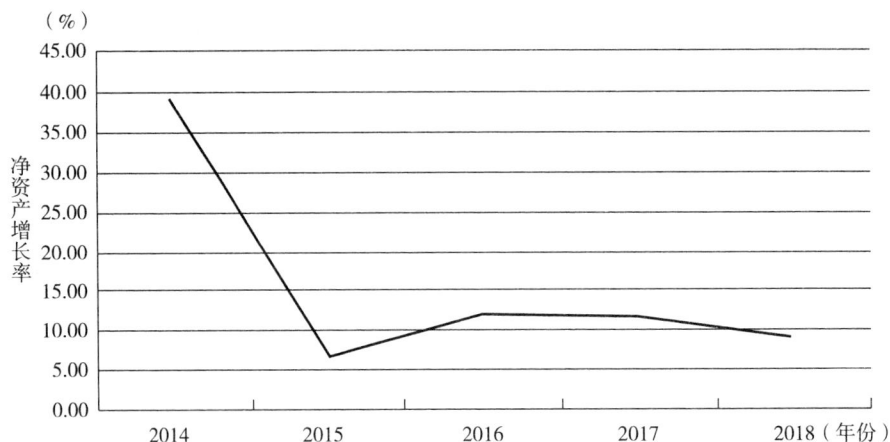

图 6-87　净资产增长率变化趋势

进行利润分配，也不以资本公积金转增股本，年末未分配利润主要用于前述项目的资本性支出及现金支出，以支持公司旅游主业的发展。2014 年中期公司拟根据现金流情况进行利润分配。2013～2018 年每股股利情况如表 6-110 所示。

表 6-110　每股股利相关数据　　　　　　　　　　　　单位：元

年份	2013	2014	2015	2016	2017	2018
每股股利	0	0.1	0.1	0.1	0.1	0.14

公司本年度拟以 2014 年末总股本 723840000 股为基数，向全体股东按每 10 股派发现金红利 1.00 元（含税），共计分配股利 72384000.00 元，剩余可供股东分配的利润 263523978.67 元结转至下一年度。该预案尚需提交公司 2014 年度股东大会审议。

2015 年 5 月 12 日，公司召开 2014 年度股东大会，审议通过了 2014 年度利润分配预案，决定以 2014 年末总股本 723840000 股为基数，向全体股东按每 10 股派发现金红利 1.0 元（含税），共计分配股利 72384000 元；报告期内该方案已实施完成。

2016 年 5 月 20 日，公司召开 2015 年度股东大会，审议通过了 2015 年度利润分配方案，决定以 2015 年末总股本 723840000 股为基数，向全体股东按每 10 股派发现金红利 1.0 元（含税），共计分配股利 72384000 元；报告期内该方案已实施完成。

2017 年 5 月 26 日，公司召开 2016 年度股东大会，审议通过了 2016 年度利润分配方案，决定以 2016 年末总股本 723840000 股为基数，向全体股东按每 10 股派发现金红利 1 元（含税），共计分配股利 72384000 元，报告期内该方案已实施完成。

2019 年 4 月 18 日，本公司第八届董事会召开第二次会议，提出 2018 年度利润分配预案，预案以 2018 年末总股本 723840000 股为基数，向全体股东按每 10 股派发现金红利 1.4 元（含税），共计分配现金股利 101337600.00 元。

7. 股利增长率

从表 6-111 和图 6-88 中可以看出，中青旅近五年来股利增长率处于平稳状态之中，只有 2018 年有大幅上升。可见中青旅公司将每年派发股利额固定在这一特定水平上，而企业对未来利润增长确有把握，并且这种增长被认为是不会发生逆转时，才增加每股股利额。2018 年现金股利增加幅度较大，可见中青旅未来成长能力较大。而且，公司未分配的盈利保留在公司，可以支撑公司未来的成长。

表 6-111　股利增长率相关数据

项目	2014 年	2015 年	2016 年	2017 年	2018 年
上年每股股利（元）	0	0.1	0.1	0.1	0.1
本年每股股利（元）	0.1	0.1	0.1	0.1	0.14
每股股利增长额（元）	0.1	0	0	0	0.04
股利增长率（元）	—	0	0	0	0.4

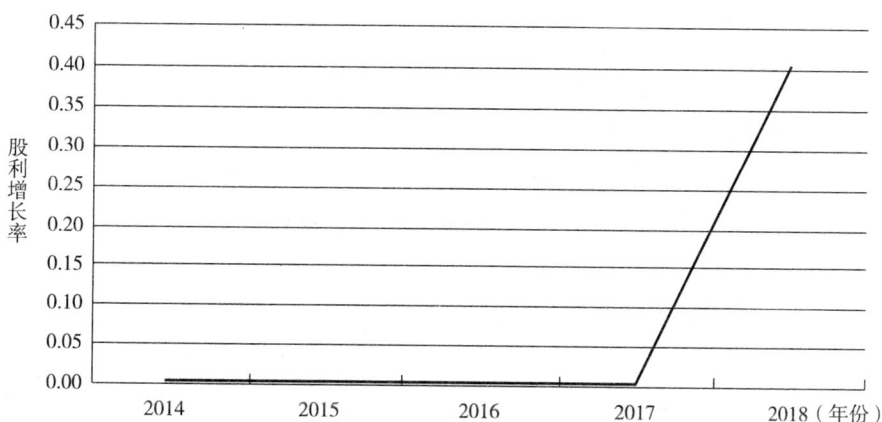

图 6-88　股利增长率变化趋势

（三）2017 年、2018 年中青旅杜邦分析

从图 6-89 和图 6-90 中可以看出，与 2017 年相比，中青旅 2018 年的净资产收益率由 10.7% 降低到了 10.2%，说明中青旅为所有者创造财富的能力降低了。

净资产收益率降低的原因主要是销售净利率的降低（由 5.19% 降低到 4.87%）和总资产周转率的降低（由 0.92 降低到 0.69）。

营业净利率降低的原因主要是公司成本费用的提高幅度（增长率为 11.7%）高于营业收入的提高幅度（营业收入的增长率为 11.3%）。

总资产周转率降低的原因主要是总资产增长的幅度（增长率为 15.2%）高于营业收入的增长幅度（增长率为 11.3%），说明中青旅的利用效率降低了。

通过 2017 年、2018 年的杜邦分析我们发现，中青旅财务状况降低、盈利能力有小幅度下降。建议中青旅应该降低相对成本，加快总资产周转率，从而提高净资产收益率。

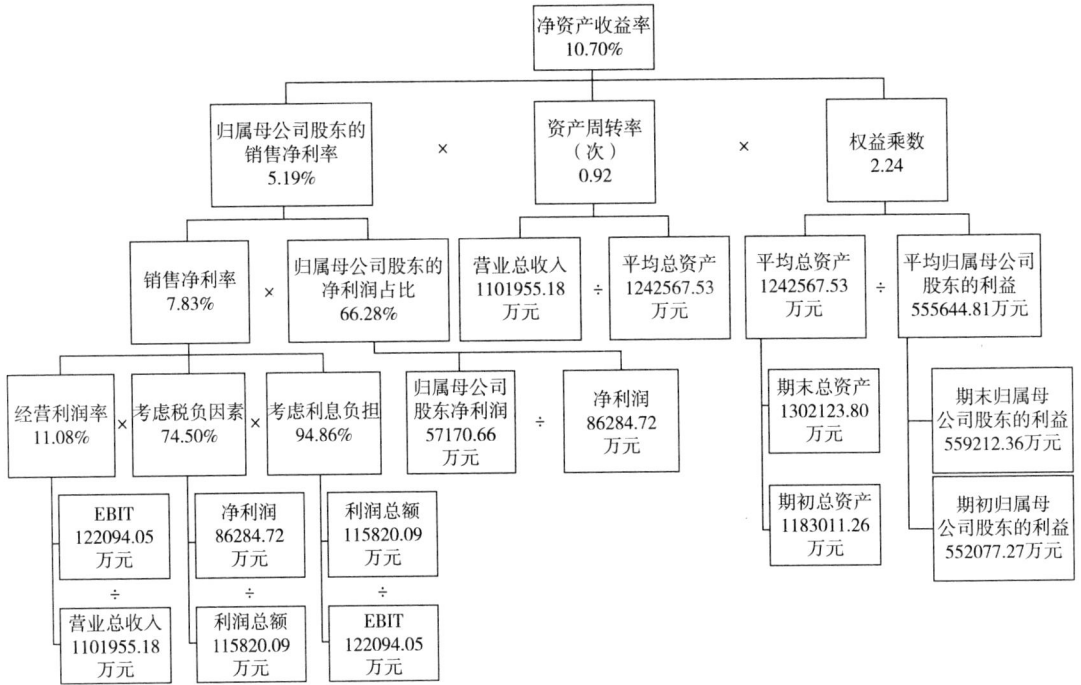

图 6-89　杜邦分析图（2017 年）

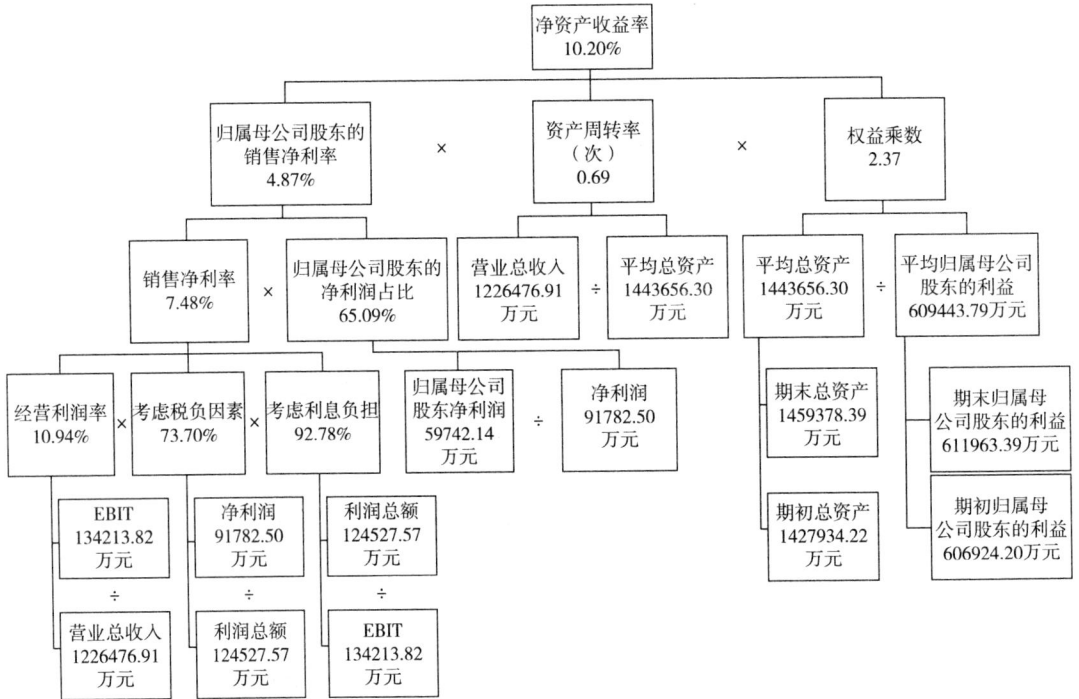

图 6-90　杜邦分析图（2018 年）

第三节　宋城演艺（主题公园类上市公司）财务分析

一、公司简介

宋城演艺发展股份有限公司（简称宋城演艺，股票代码：300144），是中国演艺第一股、全球主题公园集团十强企业，连续九届获得"全国文化企业30强"称号，创造了世界演艺市场的五个"第一"：剧院数第一、座位数第一、年演出场次第一、年观众人次第一、年演出利润第一，以"演艺"为核心竞争力，成功打造了"宋城"和"千古情"品牌，主营业务包括线下现场演艺、线上互联网演艺和旅游休闲服务业等，是世界大型的线上和线下演艺企业。

（一）线下现场演艺

现场演艺业务主要为千古情系列演出和主题公园集群，包括《宋城千古情》《三亚千古情》《丽江千古情》《九寨千古情》等，其收入主要来源于演出门票收入。

（二）线上互联网演艺

互联网演艺主要是六间房从事的互联网演艺业务。六间房是公司于2015年全资并购控股的一个基于平民艺人和粉丝关系的互联网演艺平台。六间房主要从事平台的运营业务，其收入主要来自于虚拟物品的销售收入。

（三）旅游休闲服务业务

旅游休闲服务业务主要是指宋城旅游承载的管理输出、品牌输出、创意输出的轻资产运营模式以及网络销售平台，形成自主投资运营和景区托管运营并重、直销和分销渠道并举的格局，发挥专业优势扩大公司品牌影响力和销售渠道。

二、总体报表分析

（一）趋势分析

1. 资产负债表趋势分析

表6-112　资产负债表绝对值比较变动分析——资产部分　　　　单位：万元

年份	2013	2014	2015	2016	2017
货币资金	90510	102047	148275	100501	146016
应收账款	441	529	1589	1878	3346

续表

年份	2013	2014	2015	2016	2017
存货	123	185	299	468	417
预付款项	9391	568	683	1752	1360
流动资产	126439	105311	173880	183901	230584
固定资产	105633	165099	175907	179304	168875
在建工程	44696	22170	10568	11796	23045
无形资产	66771	72931	69947	98037	114481
商誉	—	114	241669	241669	278690
非流动资产	219142	278925	524823	572833	644884
总资产	345582	384235	698703	756734	875468

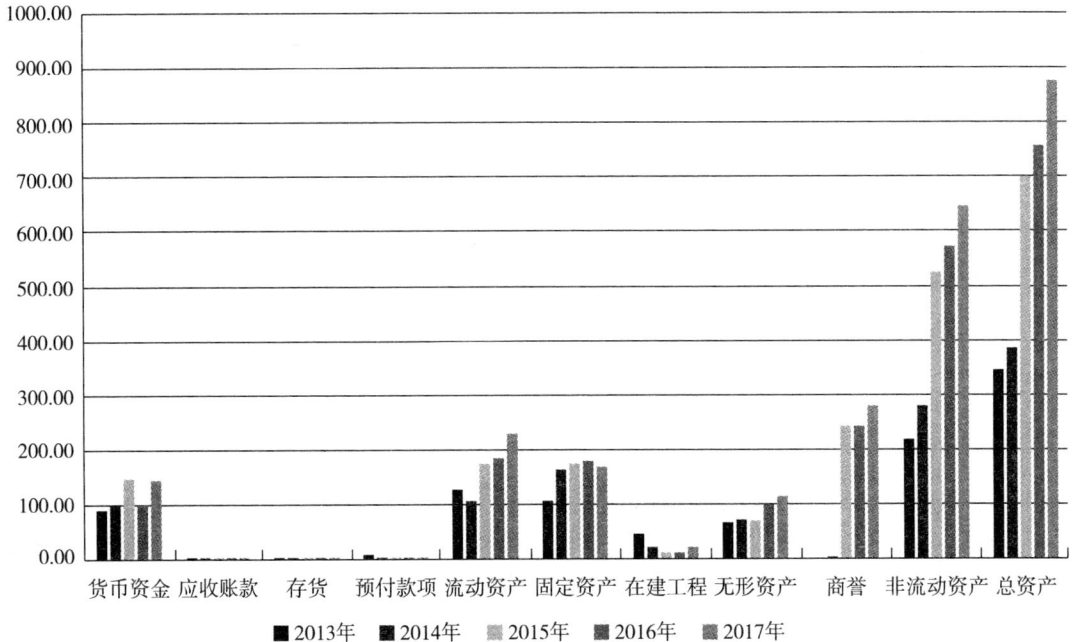

图 6-91 资产变动趋势

（1）资产负债表绝对值比较分析——负债与所有者权益部分。

表 6-113 资产负债表绝对值比较分析——负债与所有者权益部分　　单位：万元

年份	2013	2014	2015	2016	2017
短期借款	—	—	—	—	—
应付账款	17801	25597	18786	21053	17862
流动负债合计	27347	32276	66188	60093	125891
长期借款	—	—	60000	40000	—

年份	2013	2014	2015	2016	2017
非流动负债合计	0	525	61109	40496	1799
负债	27347	32801	127297	100589	127690
股本	55782	55778	145268	145261	145261
所有者权益	318235	351435	571405	656145	747778

（2）资产负债表绝对值增减变动分析——资产部分。

表6-114 资产负债表绝对值增减变动分析——资产部分   单位：万元

年份	2014	2015	2016	2017
货币资金	11537	57765	9991	55506
应收账款	88	1148	1437	2905
存货	62	176	345	294
预付款项	-8823	-8708	-7639	-8031
流动资产	-21128	47441	57462	104145
固定资产	59466	70274	73671	63242
在建工程	-22526	-34128	-32900	-21651
无形资产	6160	3176	31266	47710
商誉	114	241669	241669	278690
非流动资产	59783	305681	353691	425742
总资产	38653	353121	411152	529886

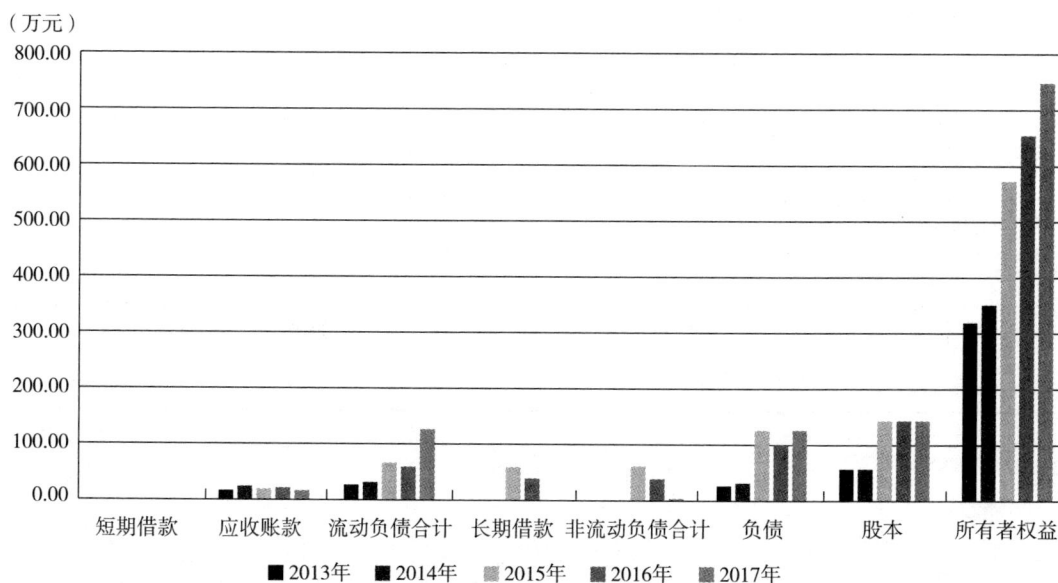

图6-92 负债变动趋势

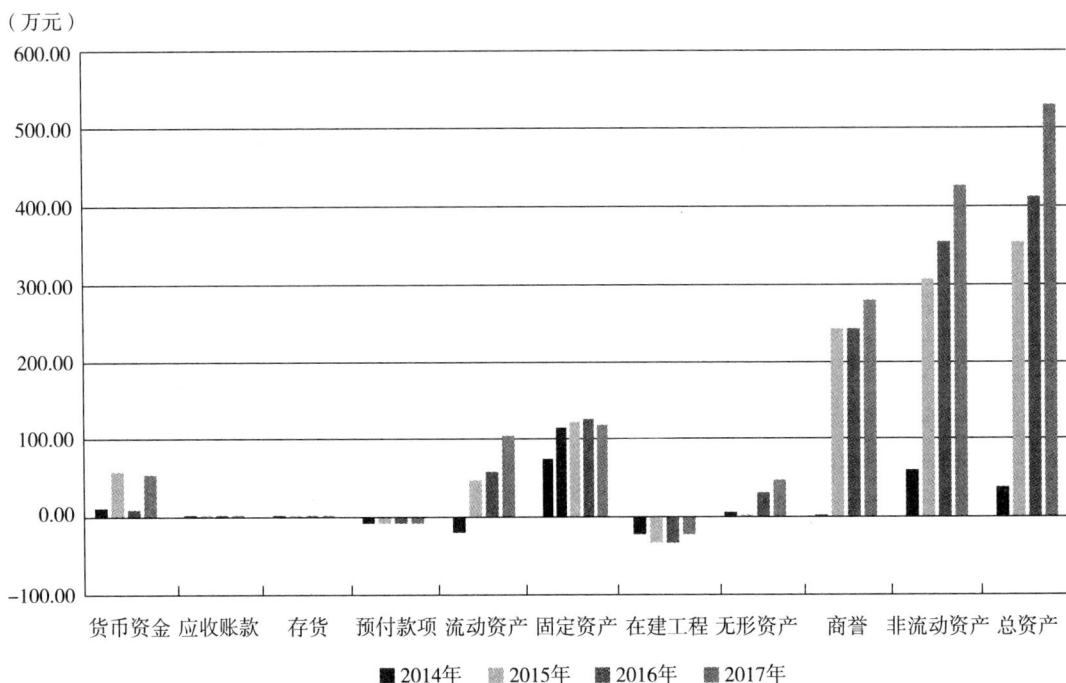

（万元）

图 6-93　资产绝对值增减变动趋势

（3）资产负债表绝对值增减变动分析——负债与所有者权益部分。

表 6-115　资产负债表绝对值增减变动分析——负债与所有者权益部分　单位：万元

报告日期	2014 年	2015 年	2016 年	2017 年
短期借款	0	0	0	0
应付账款	7796	985	3252	61
流动负债合计	4929	38841	32746	98544
长期借款	0	60000	40000	0
非流动负债合计	525	61109	40496	1799
负债	5454	99950	73242	100343
股本	-4	89486	89479	89479
所有者权益	33200	253170	337910	429543

（4）资产负债表百分比增减变动分析——资产部分。

表 6-116 资产负债表百分比增减变动分析——资产部分 单位：%

年份	2014	2015	2016	2017
货币资金	12.75	63.82	11.04	61.33
应收账款	19.95	260.32	325.85	658.73
存货	50.41	143.09	280.49	239.02
预付款项	-93.95	-92.73	-81.34	-85.52
流动资产	-16.71	37.52	45.45	82.37
固定资产	56.29	66.53	69.74	59.87
在建工程	-50.40	-76.36	-73.61	-48.44
无形资产	9.23	4.76	46.83	71.45
商誉	0.00	0.00	0.00	0.00
非流动资产	27.28	139.49	161.40	194.28
总资产	11.18	102.18	118.97	153.33

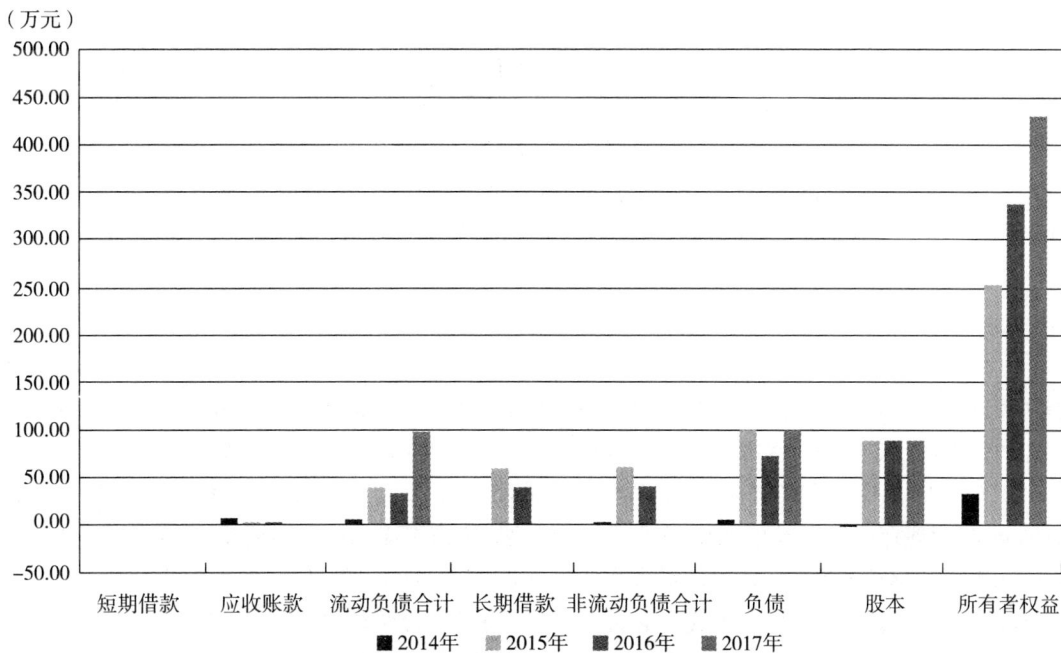

图 6-94 负债与所有者权益增减变动趋势

（万元）

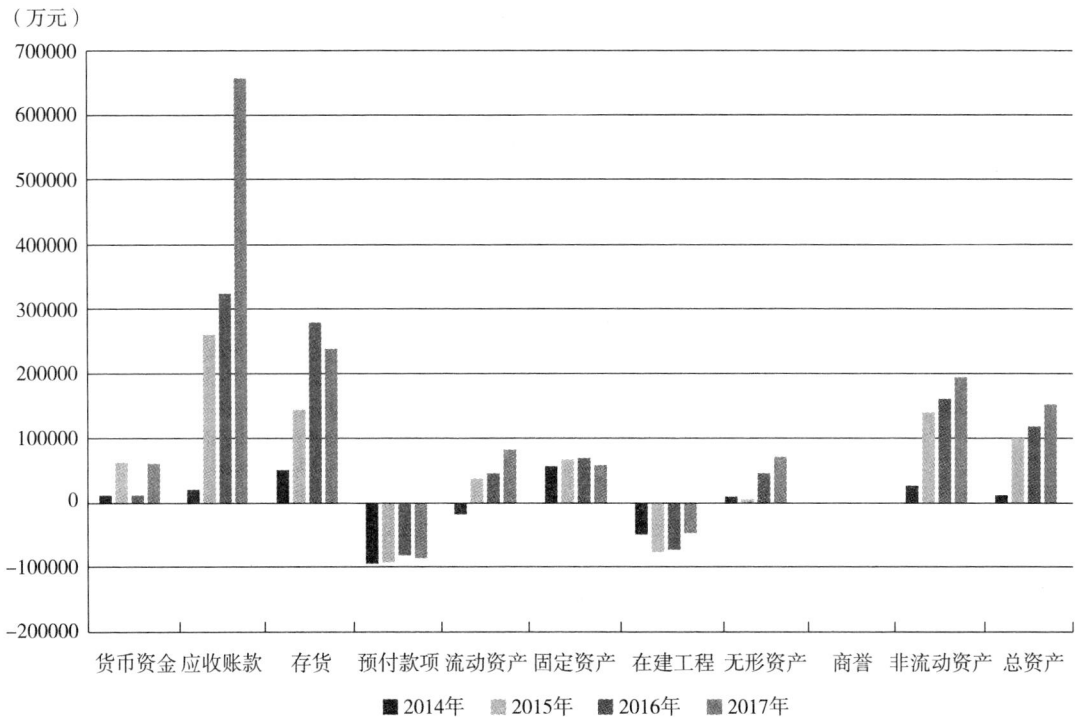

图 6-95　资产百分比增减变动趋势

通过表 6-112～表 6-116，图 6-91～图 6-95 可以看出，2013～2017 年资产总额在逐年增加，其中 2015 年呈跨越式增长。负债总额在 2015 年跨幅度增长，2016 年降低，其中 2015 年、2017 年的流动负债更是跨越增长，所有者权益自 2015 年开始也增长迅速。这些变化都源于 2015 年 3 月对六间房的收购以及对市场的扩建，新建中的上海、澳大利亚和西塘项目是新业务模式的尝试，其意义远超本身潜在的业绩贡献。

在宋城演艺资产项目中，应收账款在 2015 年和 2017 年出现两次跨幅度增长，商誉在 2015 年也跨幅度增长；在负债和所有者权益部分中，流动负债不断增加，非流动负债不断减少，2015 年发生一笔比较大的长期借款。负债、股本、所有者权益在 2015 年都发生跨越式的增长。

值得注意的是，2015 年比 2013 年货币资金增加了 5.8 亿元，增幅 63.82%，系增加六间房带动经营活动使现金净流入大幅增加所致。2016 年比 2015 年降低 4.78 亿元，系 2016 年在澳大利亚成立的子公司，建立宋城科技，所投资导致现金流出量增大。2017 年又增加回 2015 年的状态。系宋城演艺与黄帝千古情项目签署合作，按照年可支配经营收入的 20%收取管理费以及 2.6 亿元服务费；应收账款 2015 年较 2013 年增幅达 260%，2017 年较 2013 年增幅达 658%。和货币资金相同，系收购的六间房带来的盈利和与合作方签署项目收取管理费以及服务费；而其商誉自 2015 年的一次跨幅度增长高达 24 亿元，就一直在稳定上升，其产生来源主要是收购六间房时的溢价，六间房后续的业绩达到承诺业绩，这部分商誉价值继续在账面上；所有者权益 2015 年较 2013 年增加了 25 亿元，增幅 79.55%，系发股票收购六间房所致。

2. 利润表趋势分析

（1）利润表绝对值比较分析。

表 6-117　利润表绝对值比较分析　　　　　　　　单位：万元

报表日期	2013 年	2014 年	2015 年	2016 年	2017 年
营业收入	67872	93512	169451	264423	302383
营业成本	19813	30689	58207	101419	111302
营业税金及附加	2501	3426	4872	3426	3038
销售费用	2360	3659	10652	27661	32530
管理费用	7597	10307	13206	16913	21179
财务费用	−1501	−1248	120	1343	1155
投资收益	1066	652	488	1445	1770
营业利润	38089	47199	82783	114817	134623
营业外收入	3866	2203	3560	1847	161
营业外支出	108	261	3830	686	5046
利润总额	41846	49141	82513	115979	129738
所得税费用	10970	12669	17968	24332	22811
净利润	30876	36472	64545	91647	106927

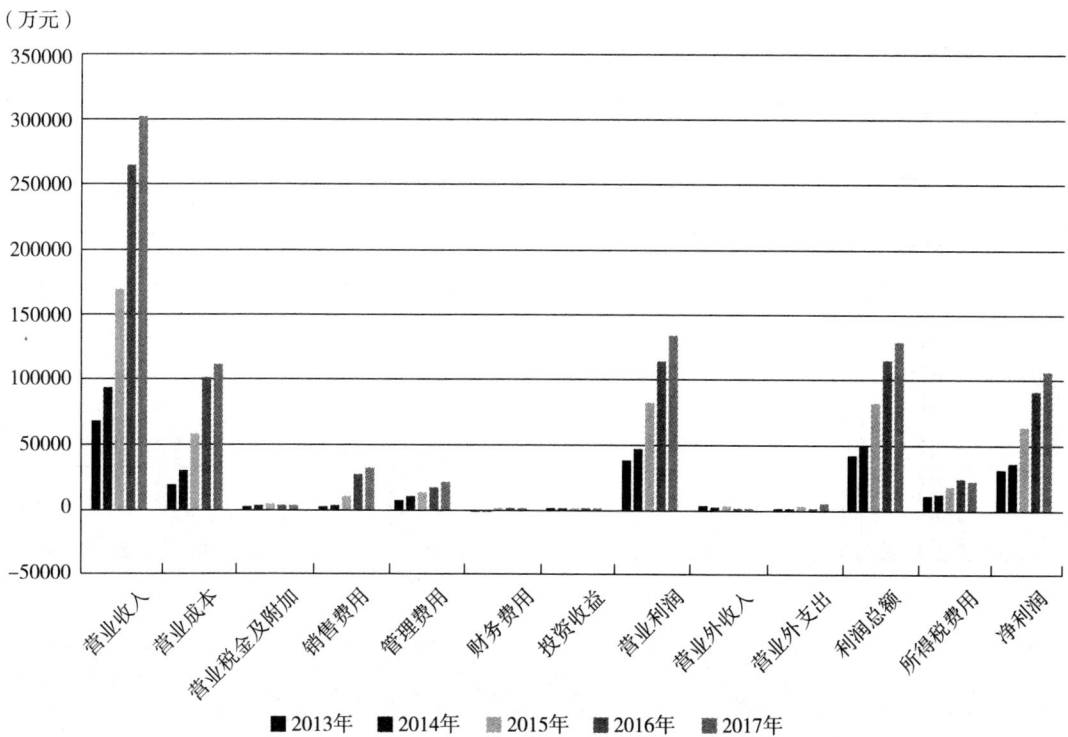

图 6-96　利润表绝对值变动趋势

（2）利润表绝对值增减变动分析。

表 6-118 利润表绝对值增减变动分析　　　　　　　　单位：万元

报表日期	2014 年	2015 年	2016 年	2017 年
营业收入	25640	101580	196551	234512
营业成本	10876	38394	81606	91489
营业税金及附加	925	2372	925	537
销售费用	1298	8292	25300	30170
管理费用	2710	5609	9317	13582
财务费用	253	1620	2843	2656
投资收益	−414	−578	380	705
营业利润	9110	44694	76728	96534
营业外收入	−1662	−306	−2018	−3705
营业外支出	152	3721	577	4937
利润总额	7295	40666	74132	87892
所得税费用	1699	6998	13362	11841
净利润	5596	33668	60770	76051

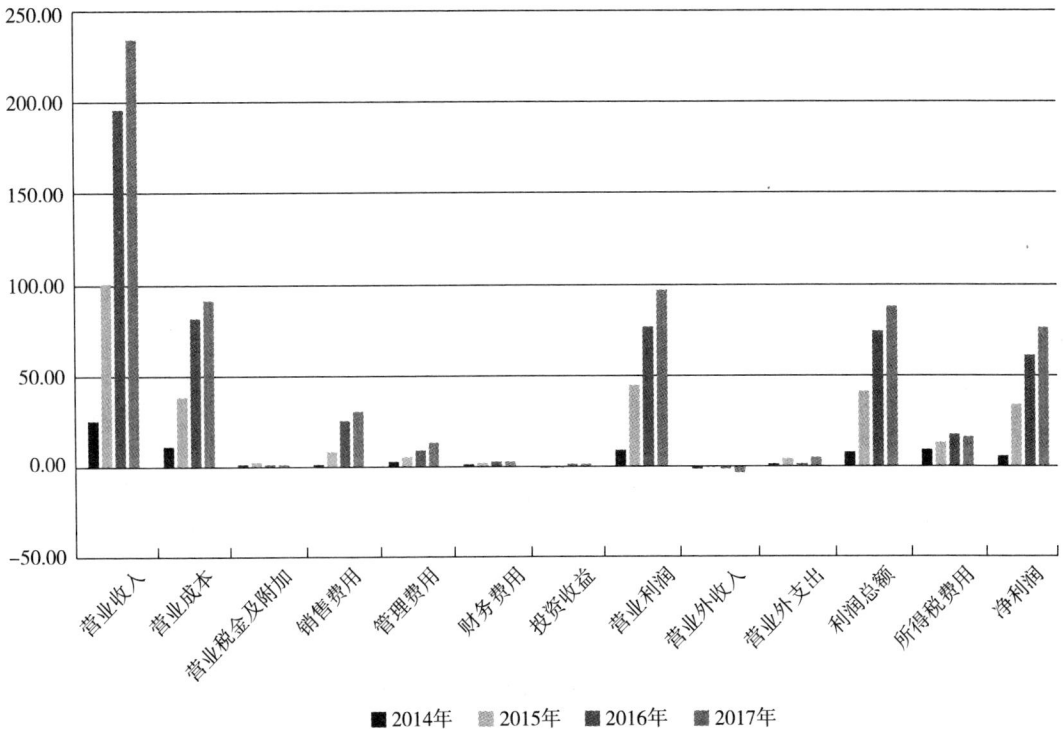

图 6-97　利润表绝对值增减变动趋势

（3）利润表百分比增减变动分析。

表 6-119　利润表百分比增减变动分析　　　　　　单位：%

报表日期	2014 年	2015 年	2016 年	2017 年
营业收入	37.78	149.66	289.59	345.52
营业成本	54.89	193.78	411.88	461.77
营业税金及附加	37.00	94.83	37.00	21.48
销售费用	55.01	351.32	1071.96	1278.27
管理费用	35.68	73.83	122.64	178.79
财务费用	−16.84	−107.96	−189.45	−176.96
投资收益	−38.85	−54.20	35.61	66.12
营业利润	23.92	117.34	201.44	253.44
营业外收入	−43.01	−7.91	−52.21	−95.84
营业外支出	140.61	3434.87	532.75	4557.19
利润总额	17.43	97.18	177.15	210.04
所得税费用	15.49	63.79	121.80	107.94
净利润	18.12	109.04	196.82	246.31

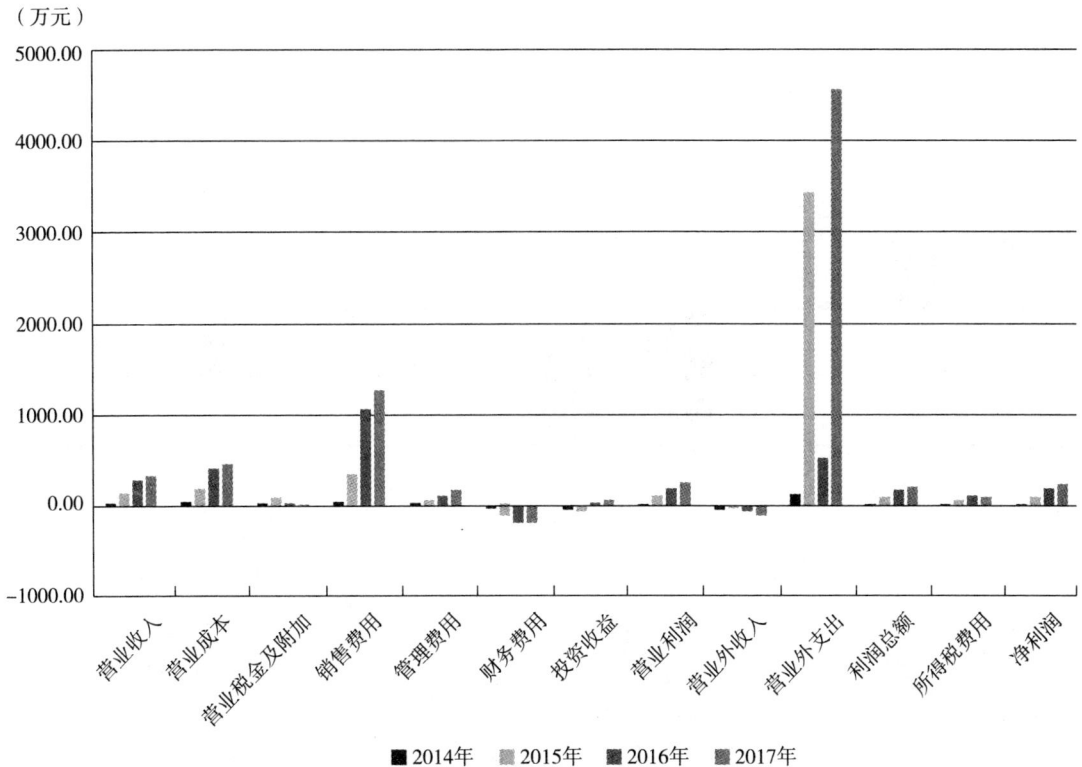

图 6-98　利润表百分比增减变动趋势

通过上面图表可以看出，宋城演艺营业收入 2015 年比 2013 年增加了 10.1 亿元，增幅高达 149.66%，2016 年比 2013 年增加 19.7 亿元，增幅高达 289.59%，系收购的六间房所带来的营业收入以及宋城旅游服务业实现营收 1.83 亿元，同比增长 200.9%；销售费用经历大幅增加后趋于稳定。2015~2017 年销售费用率和销售费用增速分别为 6.29%（+60.67%）、10.46%（+66.41%）、10.76%（+2.84%），由于 2015 年收购六间房，销售费用率大幅提高，2017 年的销售费用增速放缓明显，数据与 2016 年基本持平；收购六间房后，六间房带来的净利润为 2.35 亿元，占总利润的 26.11%，所以利润总额在收购六间房的 2015 年后呈跳跃式增长；2015 年由于收购六间房导致大量借款等带来财务费用增加。2016 年因为成立宋城科技以及澳大利亚宋城项目导致产生大量的财务费用。

3. 现金流量表趋势分析

（1）现金流量表绝对值比较分析。

表 6-120　现金流量表绝对值比较分析　　　　　单位：万元

报表日期	2013 年	2014 年	2015 年	2016 年	2017 年
经营活动产生的现金流量净额	42935	52800	91532	103025	176402
投资活动产生的现金流量净额	−84209	−34503	−159110	−122725	−93450
筹资活动产生的现金流量净额	−10620	−6761	113805	−27328	−36675
现金流量净增加额	−51895	11537	46228	−47773	45515

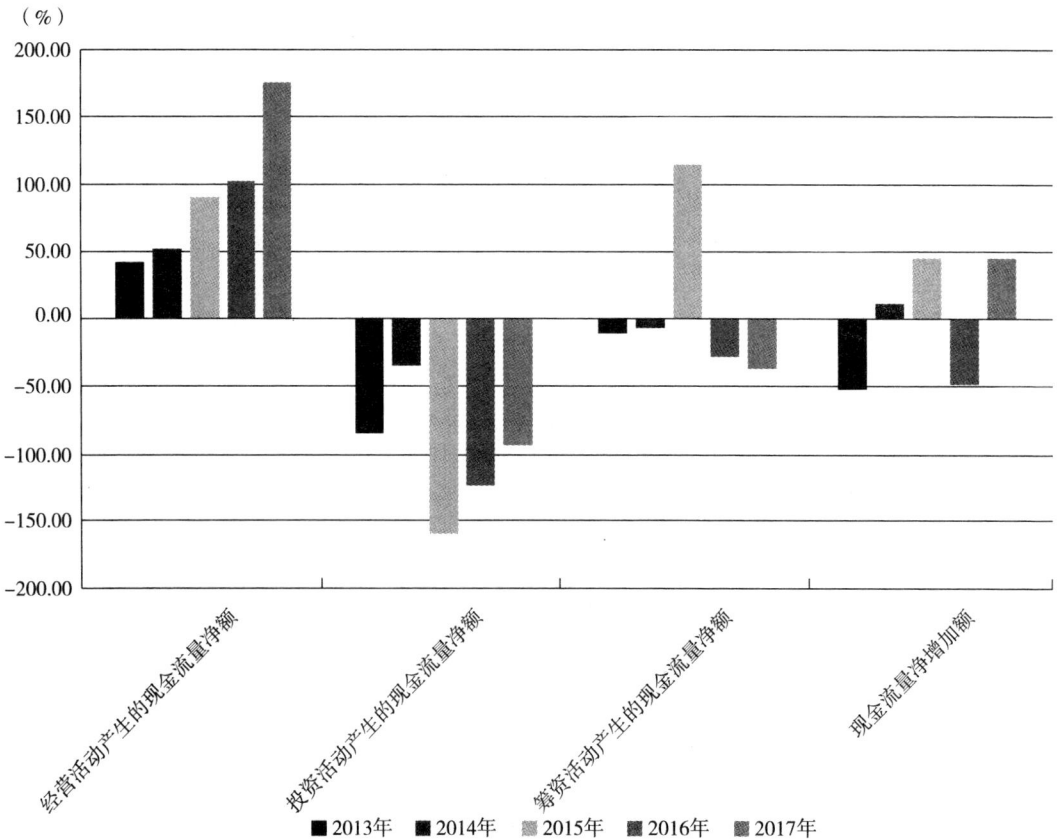

图 6-100　现金流量表绝对值变动趋势

（2）现金流量表绝对值增减变动分析。

表 6-121　现金流量表绝对值增减变动分析　　　　　单位：万元

报表日期	2014 年	2015 年	2016 年	2017 年
经营活动产生的现金流量净额	9866	48597	60091	133467
投资活动产生的现金流量净额	49707	−74900	−38516	−9241
筹资活动产生的现金流量净额	3859	124426	−16708	−26055
现金流量净增加额	63432	98123	4122	97410

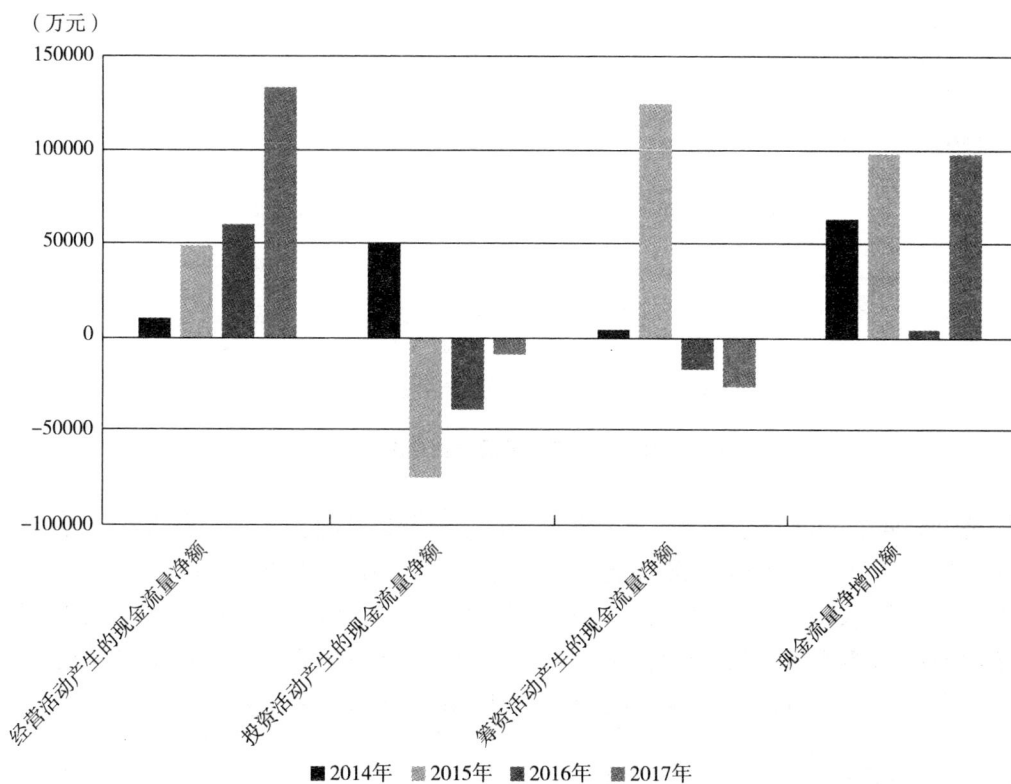

图 6-100　现金流量表绝对值比较变动趋势

（3）现金流量表百分比增减变动分析。

表 6-122　现金流量表百分比增减变动分析　　　　　单位：%

报表日期	2014 年	2015 年	2016 年	2017 年
经营活动产生的现金流量净额	22.98	113.19	139.96	310.86
投资活动产生的现金流量净额	−59.03	88.95	45.74	10.97
筹资活动产生的现金流量净额	−36.34	−1171.58	157.32	245.33
现金流量净增加额	−122.23	−189.08	−7.94	−187.71

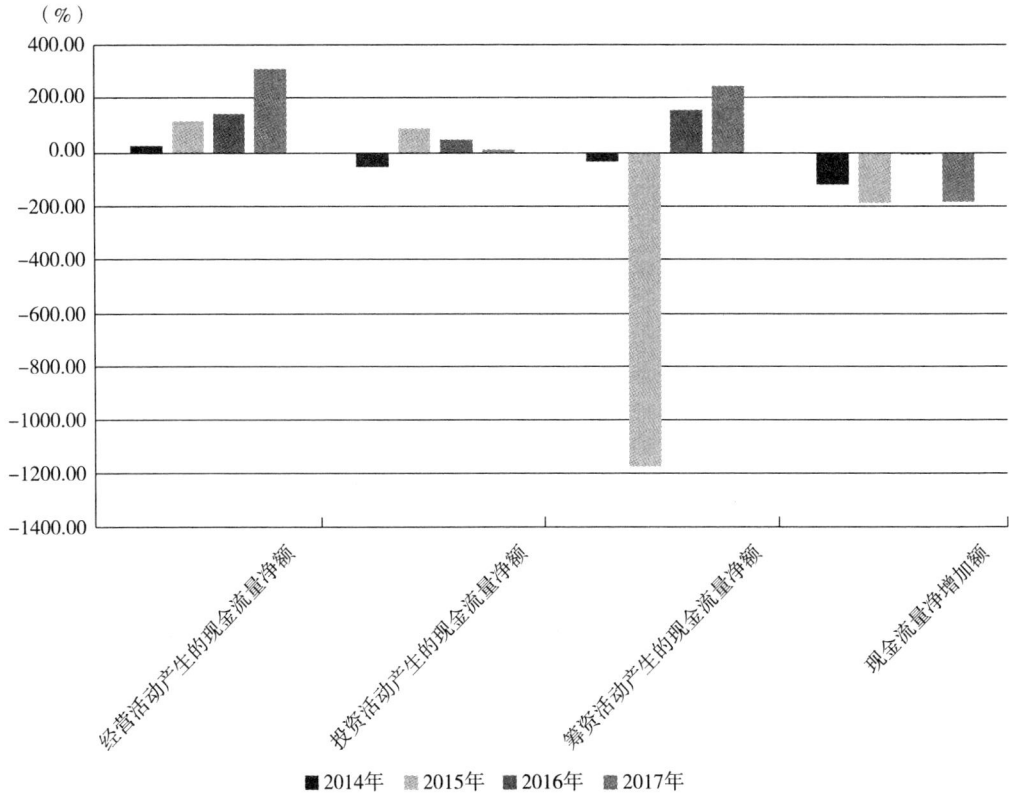

图 6-101　现金流量表百分比增减变动趋势

　　现金流量在 2015 年增幅明显，筹资活动现金流量以流出为主，投资活动以现金流出为主。2015 年公司经营活动现金净流入 9.2 亿元，较 2013 年增加了 113.19%，主要系公司收购后，本期新增加六间房所致。2015 年公司投资活动净流出 15.9 亿元，比 2013 年增长 88.95%，主要系重大现金收购六间房所致。2015 年公司筹资活动净流入 11.4 亿元，比 2013 年增长了 1171.58%，系本期重大现金收购六间房新增贷款所致。

（二）结构分析

1. 资产负债表结构分析

表 6-123　资产负债表结构分析　　　　　　　　　　　　单位：%

报告日期	2013 年	2014 年	2015 年	2016 年	2017 年
货币资金	26.19	26.56	21.22	13.28	16.68
应收账款	0.13	0.14	0.23	0.25	0.38
存货	0.04	0.05	0.04	0.06	0.05
预付款项	2.72	0.15	0.10	0.23	0.16
流动资产	36.59	27.41	24.89	24.30	26.34
固定资产	30.57	42.97	25.18	23.69	19.29

报告日期	2013 年	2014 年	2015 年	2016 年	2017 年
总资产	100.00	100.00	100.00	100.00	100.00
负债	7.91	8.54	18.22	13.29	14.59
所有者权益	92.09	91.46	81.78	86.71	85.41

　　从表 6-123 总资产中负债和所有者权益的占比可以看出，宋城演艺所持的经营政策并不是举债经营，其所有者权益的占比除了 2015 年因收购六间房需要大量借款之外，其余时间都达到了 90%左右，而 2015 年也处于相对较高的 81.78%。这对于投资者来说，并不是一个有利的政策。

表 6-124　资产负债表资产结构分析

报告日期	2013 年	2014 年	2015 年	2016 年	2017 年
流动资产	36.59	27.41	24.89	24.30	26.34
非流动资产	63.41	72.59	75.11	75.70	73.66
总资产	100.00	100.00	100.00	100.00	100.00

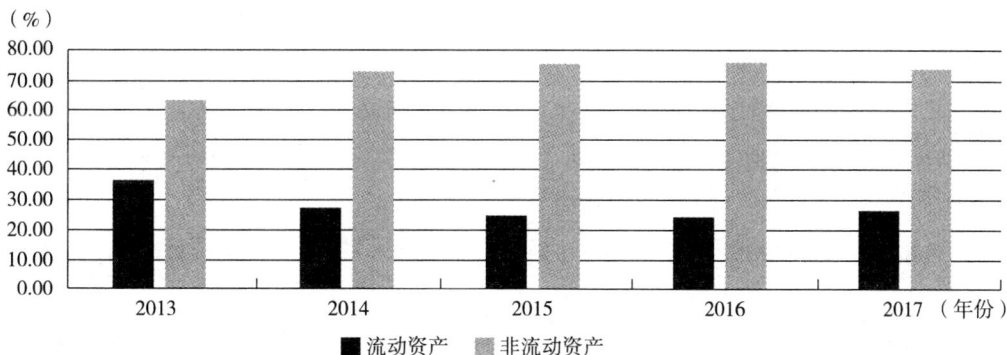

图 6-102　资产负债表资产变动趋势

　　从表 6-124、图 6-102 总资产中流动资产和非流动资产的占比可以看出，宋城演艺的资产大部分还是非流动资产，这是因为企业为劳动密集型企业。

表 6-125　资产负债表资本结构分析　　　　　　单位：%

报告日期	2013 年	2014 年	2015 年	2016 年	2017 年
流动负债合计	100.00	98.40	51.99	59.74	98.59
非流动负债合计	0.00	1.60	48.01	40.26	1.41
负债	100.00	100.00	100.00	100.00	100.00

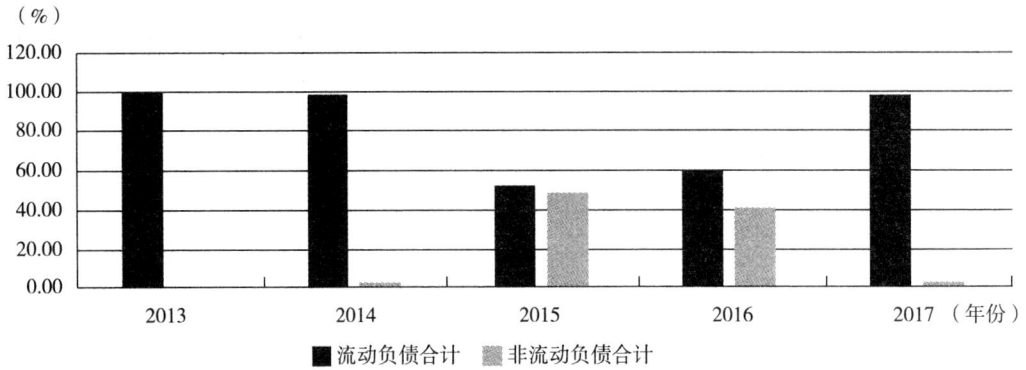

图 6-103 资产负债表资本结构变动趋势

从表 6-125、图 6-103 负债中流动负债和非流动负债的占比可以看出，宋城演艺的负债几乎为流动负债，除了 2015 年和 2016 年流动负债占比下降到 50% 左右外，其余时间都达到了近 100% 的占比，这和其经营政策有关，因为负债占总资产的比例很低，所以高占比的流动负债并不能说明企业的短期偿债能力低。

2. 利润表结构分析

表 6-126 利润表结构分析   单位：元

报表日期	2013 年	2014 年	2015 年	2016 年	2017 年
营业收入	67872	93512	169451	264423	302383
营业成本	19813	30689	58207	101419	111302
营业税金及附加	2501	3426	4872	3426	3038
销售费用	2360	3659	10652	27661	32530
管理费用	7597	10307	13206	16913	21179
财务费用	−1501	−1248	120	1343	1155
投资收益	1066	652	488	1445	1770
营业利润	38089	47199	82783	114817	134623
营业外收入	3866	2203	3560	1847	161
营业外支出	108	261	3830	686	5046
利润总额	41846	49141	82513	115979	129738
所得税费用	10970	12669	17968	24332	22811
净利润	30876	36472	64545	91647	106927

表 6-127 利润表结构百分比分析   单位：%

报表日期	2013 年	2014 年	2015 年	2016 年	2017 年
营业收入	100.00	100.00	100.00	100.00	100.00
营业成本	29.19	32.82	34.35	38.35	36.81

报表日期	2013 年	2014 年	2015 年	2016 年	2017 年
营业税金及附加	3.68	3.66	2.88	1.30	1.00
销售费用	3.48	3.91	6.29	10.46	10.76
管理费用	11.19	11.02	7.79	6.40	7.00
财务费用	−2.21	−1.33	0.07	0.51	0.38
投资收益	1.57	0.70	0.29	0.55	0.59
营业利润	56.12	50.47	48.85	43.42	44.52
营业外收入	5.70	2.36	2.10	0.70	0.05
营业外支出	0.16	0.28	2.26	0.26	1.67
利润总额	61.66	52.55	48.69	43.86	42.91
所得税费用	16.16	13.55	10.60	9.20	7.54
净利润	45.49	39.00	38.09	34.66	35.36

从表6-126、表6-127可以看出：营业成本所占比重呈下降趋势。2013~2014年趋于平稳，2015~2017年营业成本比重下降明显，因为2015年初收购了六间房。直播平台的毛利润高，营业成本低；销售费用比重不断上升，是因为业务调整所致；继"国八条"以来，旅游业一直受负面影响，然后旅游企业不断改变自身形态，加大营业支出，旅游业才得以复苏，但又因为直播平台在民众间的广泛传播，政府加大对直播平台的管理监督，导致这种行业也受到一些压制，导致宋城演艺的利润总额比重一直降低。

3. 现金流量表结构分析

表6-128　现金流量表结构分析　　　　　单位：元

报表日期	2013 年	2014 年	2015 年	2016 年	2017 年
经营活动现金流入小计	74560	98769	178301	283353	361548
筹资活动现金流入小计	2093	2000	123295	6000	0
投资活动现金流入小计	186565	45320	74574	112733	103619
现金流入总额	263218	146089	376170	402086	465167
经营活动现金流出小计	31625	45968	86769	180328	185146
投资活动现金流出小计	270775	79823	233684	235458	197070
筹资活动现金流出小计	12714	8761	9490	33328	36675
现金流出总额	315114	134552	329943	449115	418891

表 6-129　现金流量表结构百分比分析　　　　　单位：%

报表日期	2013 年	2014 年	2015 年	2016 年	2017 年
经营活动现金流入小计	28.33	67.61	47.40	70.47	77.72
筹资活动现金流入小计	0.80	1.37	32.78	1.49	0.00
投资活动现金流入小计	70.88	31.02	19.82	28.04	22.28
现金流入总额	100.00	100.00	100.00	100.00	100.00
经营活动现金流出小计	10.04	34.16	26.30	40.15	44.20
投资活动现金流出小计	85.93	59.32	70.83	52.43	47.05
筹资活动现金流出小计	4.03	6.51	2.88	7.42	8.76
现金流出总额	100.00	100.00	100.00	100.00	100.00

从表 6-128、表 6-129 可以看出：从现金流入的结构来看，宋城演艺经营活动所带来的现金流入量占比不断上升，2017 年达到了现金流入总额的 77.72%，其中 2015 年因收购六间房导致筹资活动带来的现金流入占比提高 33%，投资活动带来的现金流入占比不断下降。

从现金流出的结构来看，宋城演艺因经营活动导致的现金流出量占比也随着其带来的现金流入占比一起不断上升，而投资活动导致的现金流出量占比不断下降，但 2017 年其占比仍处于较大的地位，达到现金流出总额的 47%。

总体来说，宋城演艺近五年来的现金流量主要来自经营活动和投资活动，其中经营活动导致的现金流量占比不断上升，投资活动带来的现金流量占比不断下降。

三、偿债能力分析

（一）短期偿债能力分析

短期偿债能力是指企业偿还流动负债的能力，或者说是指企业在短期债务到期时可以变现为现金用于偿还流动负债的能力。

1. 营运资本分析

表 6-130　营运资本相关数据　　　　　单位：万元

报告日期	2013 年	2014 年	2015 年	2016 年	2017 年
流动资产	126439	105311	173880	183901	230584
流动负债合计	27347	32276	66188	60093	125891
营运资本	99092	73035	107692	123808	104693

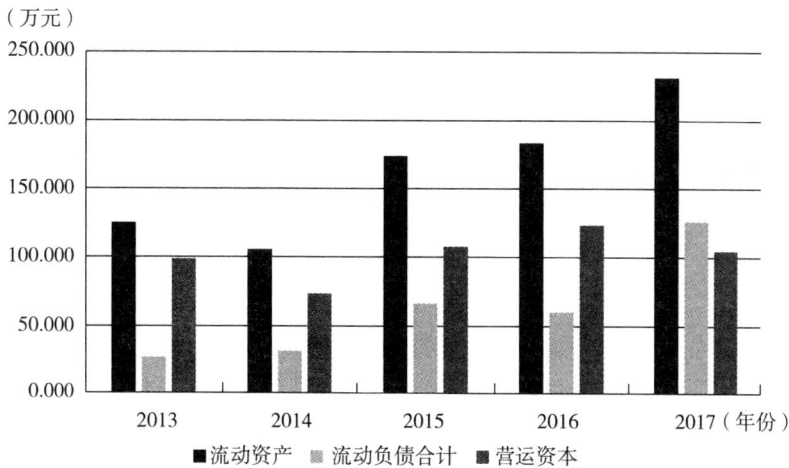

（万元）

图 6-104 营运资本变动趋势

营运资本越多，说明企业可用于偿还流动负债的资金越充足，从表 6-130、图 6-104 可以看到，从宋城演艺 2013~2017 年的营运资本来看，公司短期偿债能力较强。

2. 流动比率分析

表 6-131 流动比率相关数据

报告日期	2013 年	2014 年	2015 年	2016 年	2017 年
流动资产（万元）	126439	105311	173880	183901	230584
流动负债合计（万元）	27347	32276	66188	60093	125891
流动比率	4.6	3.3	2.6	3.1	1.8

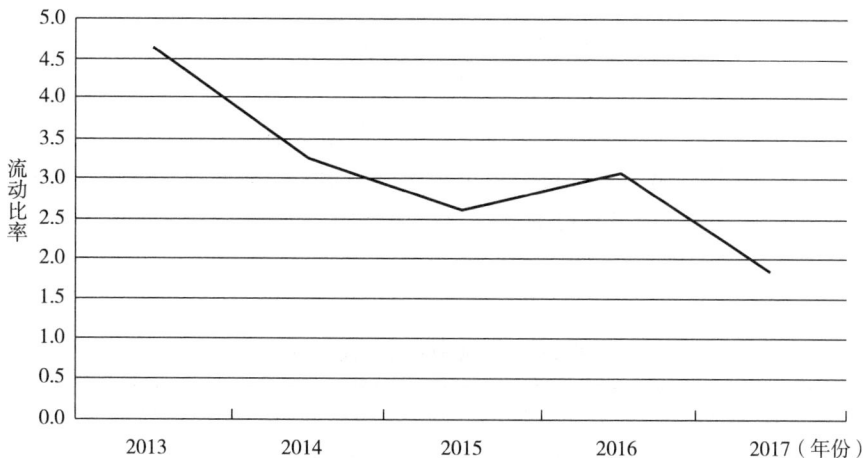

图 6-105 流动比率变动趋势

一般来说，或从债权人立场上来说，流动比率越高越好，因为流动比率越高，债权越有保障，借出的资金越安全。但从经营者和所有者角度来看，并不一定要求流动比率越高越好。一般认为，合理流动比率是 2。从表 6-131、图 6-106 可以看出：宋城演艺的流动比率也不断贴近合理的比率2。

3. 速动比率分析

表 6-132　速动比率相关数据

报告日期	2013 年	2014 年	2015 年	2016 年	2017 年
流动资产（万元）	126439	105311	173880	183901	230584
存货（万元）	123	185	299	468	417
流动负债合计（万元）	27347	32276	66188	60093	125891
速动比率	4.6	3.3	2.6	3.1	1.8
行业速动比率优秀值	1.2	1.1	1.2	1.1	1.1

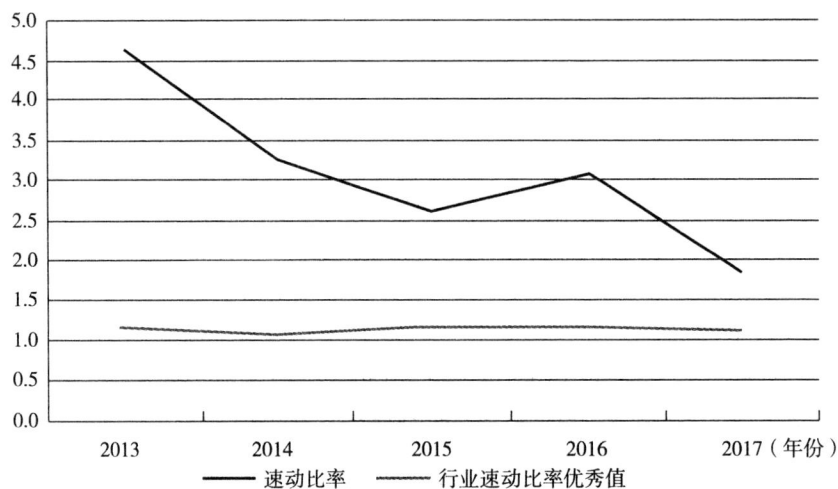

图 6-106　速动比率变动趋势

速动比率可以衡量企业流动资产中可以很快变现用于偿还流动负债的能力。对比该行业速动比率优秀值可见，从表 6-132、图 6-106 可以看出：宋城演艺的短期偿债能力虽然从 2013 年开始逐渐下降，但其在行业中一直算很强的。

4. 现金比率分析

表 6-133　现金比率相关数据

报告日期	2013 年	2014 年	2015 年	2016 年	2017 年
流动负债合计	27347	32276	66188	60093	125891
交易性金融资产	9898	17011	0	0	0
货币资金	90510	102047	148275	100501	146016
现金比率	3.7	3.7	2.2	1.7	1.2

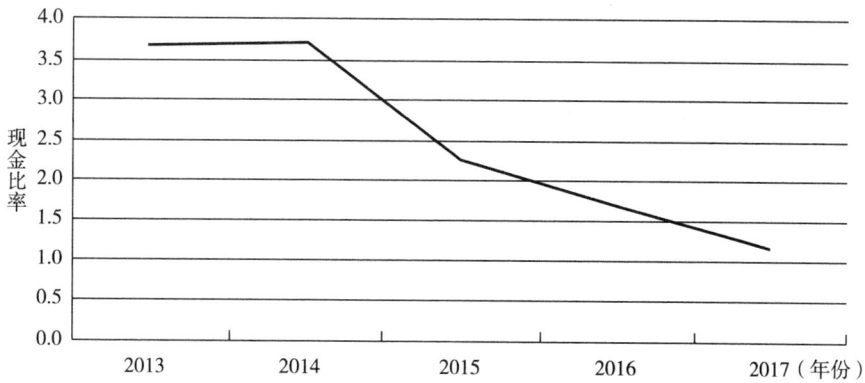

图 6-107　现金比率变动趋势

现金比率反映企业的即时付现能力，就是随时可以还债的能力。从表 6-133、图 6-107 可以看出：宋城演艺的现金比率不断下降，虽然意味着其短期偿债能力的不断下降，但其一直保持着合理的现金比率，保证了企业拥有一定的偿债能力，也使资产得到更有效的运用。

5. 现金到期债务比率分析

表 6-134　现金到期债务比率相关数据

报告日期	2013 年	2014 年	2015 年	2016 年	2017 年
经营活动产生的现金流量净额（万元）	42935	52800	91532	103025	176402
到期债务（万元）	20000	—	—	—	—
现金到期债务比率	2.1	—	—	—	—

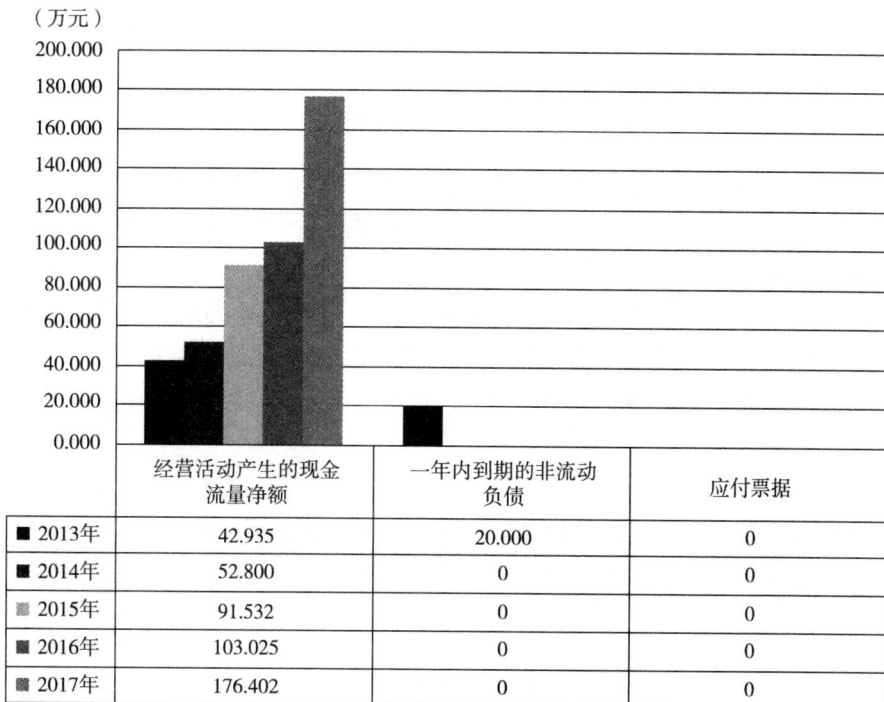

	经营活动产生的现金流量净额	一年内到期的非流动负债	应付票据
■ 2013年	42.935	20.000	0
■ 2014年	52.800	0	0
■ 2015年	91.532	0	0
■ 2016年	103.025	0	0
■ 2017年	176.402	0	0

图 6-108　现金到期债务比率变动趋势

现金到期债务比率是一个最谨慎、最能说明企业短期有无"支付不能"情况的比率，因而，最能真实反映企业当前财务基础的稳固程度和未来短期的财务弹性。从表6-134、图6-108可以看出：由于该企业没有到期债务，企业到期还债风险很小。

6. 超现金比率分析

表6-135　超现金比率相关数据

报告日期	2013 年	2014 年	2015 年	2016 年	2017 年
流动负债合计（万元）	27347	32276	66188	60093	125891
经营活动产生的现金流量净额（万元）	42935	52800	91532	103025	176402
超现金比率	1.6	1.6	1.4	1.7	1.4
行业超现金比率优秀值	0.192	0.231	0.233	0.231	0.237

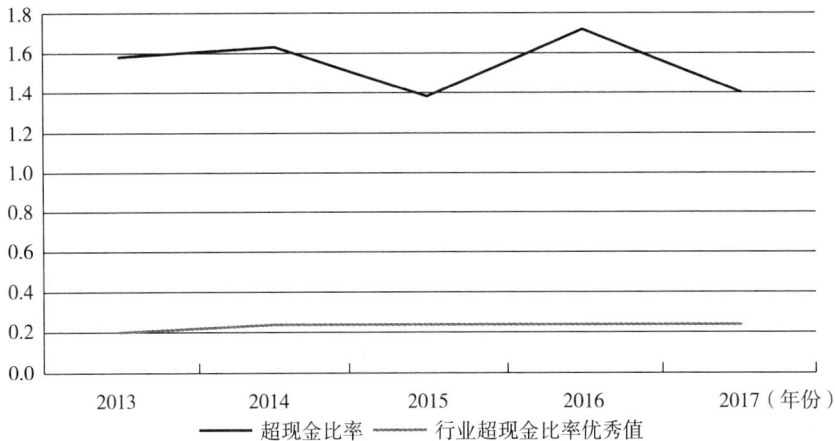

图6-109　超现金比率变动趋势

超现金比率可以从现金流动的角度来反映企业当期偿付短期负债的能力。对比该行业超现金比率优秀值可见，宋城演艺的短期偿债能力较稳定，且超过行业优秀短期偿债能力许多，其短期偿债能力很强。

从表6-135、图6-109可以看出：从宋城演艺五年（2013~2017年）财务报表得出的六类数值可以看出，宋城演艺的短期偿债能力虽然在逐渐降低，但在行业内仍属于极强的。在保证企业拥有较强偿债能力的基础上，也逐渐使资产得到了更有效的运用。

（二）长期偿债能力分析

长期偿债能力是指企业偿还长期负债的能力，或者说是在企业长期债务到期时企业盈利或资产可用于偿还长期负债的能力。

1. 资产负债率分析

表 6-136　资产负债率相关数据

报告日期	2013 年	2014 年	2015 年	2016 年	2017 年
资产总额	345582	384235	698703	756734	875468
负债总额	27347	32801	127297	100589	127690
资产负债率（%）	7.91	8.54	18.22	13.29	14.59

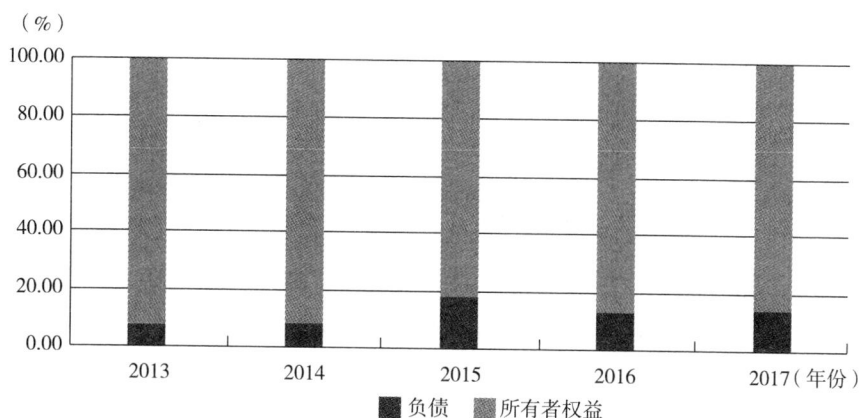

图 6-110　资产负债率变动趋势

　　资产负债率是衡量企业负债水平及风险程度的重要指标。从表 6-136、图 6-110 可以看出：宋城演艺的资产负债率相比行业优秀值在 50% 左右，一直属于较低的水平，其负债占比较低，虽然说明了企业长期偿债能力很强，但从股东的角度来看，在全部资本利润率高于借款利息率时，负债比例越高越好。

2. 产权比率分析

　　产权比率反映由债权人提供的资本与股东提供的资本的相对关系，反映企业基本财务结构是否稳定。一般来说，该项指标小于 1 较好。宋城演艺的产权比率是很低的（见表 6-137、图 6-111），表明其具有较强的长期偿债能力，以及企业清算时对债权人利益的保障程度较高。

表 6-137　产权比率相关数据

报告日期	2013 年	2014 年	2015 年	2016 年	2017 年
负债（万元）	27347	32801	127297	100589	127690
所有者权益（万元）	318235	351435	571405	656145	747778
产权比率（%）	8.59	9.33	22.28	15.33	17.08

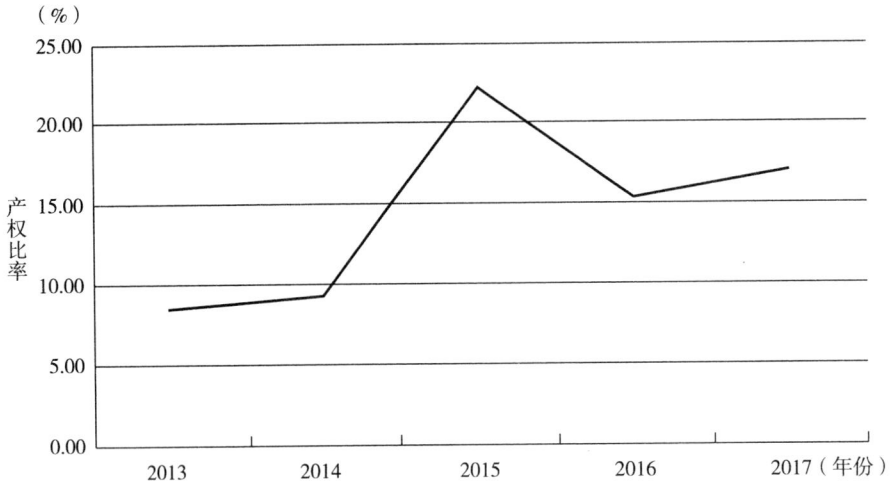

（%）

图 6-111　产权比率变动趋势

3. 已获利息倍数分析

已获利息倍数指标反映企业经营收益为所需支付的债务利息的多少倍。与行业优秀值相比较，宋城演艺的偿还利息能力极强（见表 6-138、图 6-112）。另外，前两年的利息费用为负导致倍数为负，利息费用为负的原因是较高的银行存款获得了利息收入大于借款产生的利息支出。

表 6-138　已获利息倍数相关数据

报告日期	2013 年	2014 年	2015 年	2016 年	2017 年
净利润（万元）	30876	36472	64545	91647	106927
所得税费用（万元）	10970	12669	17968	24332	22811
财务费用（万元）	−1501	−1248	120	1343	1155
已获利息倍数	−26.88	−38.37	691.48	87.39	113.32
行业优秀值	2.7	2.6	2.8	2.7	2.8

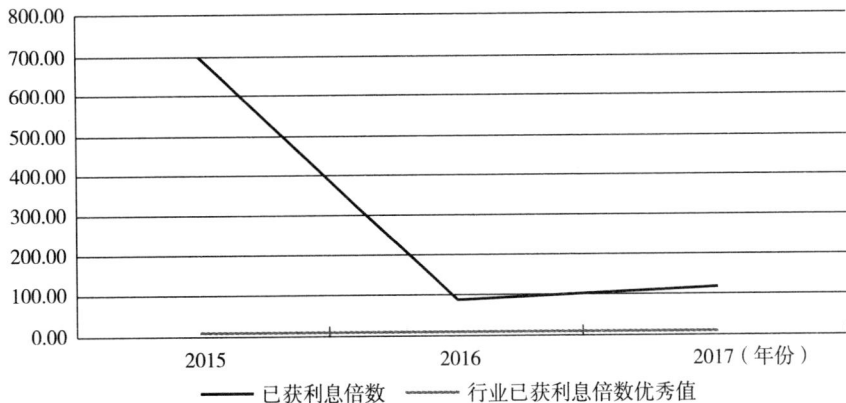

—— 已获利息倍数　　┄┄ 行业已获利息倍数优秀值

图 6-112　已获利息倍数变动趋势

4. 现金全部债务比率分析

现金全部债务比率表明企业经营活动所得现金对全部债务的支付保障程度，这一比率越高，企业承担债务的能力越强，破产的可能性越小。宋城演艺承担债务能力较强，2015年因收购六间房导致负债增加，现金全部债务比率降低，之后又迅速提升。如表6-139、图6-113所示。

表6-139 现金全部债务比率相关数据

报告日期	2013年	2014年	2015年	2016年	2017年
负债	27347	32801	127297	100589	127690
经营活动产生的现金流量净额	42935	52800	91532	103025	176402
现金全部债务比率	1.57	1.61	0.72	1.02	1.38

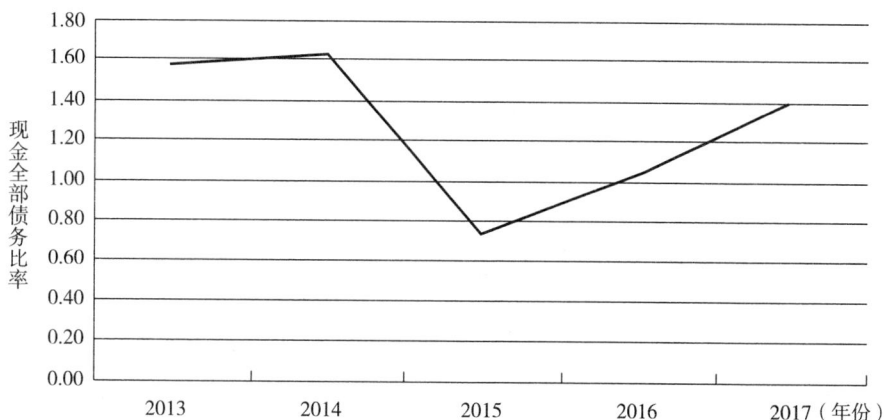

图6-113 现金全部债务比率变动趋势

（三）总结

从宋城演艺的短期偿债能力和长期偿债能力来看，企业的偿债能力极好。虽然短期偿债能力逐渐下降，但在保证了企业拥有较强偿债能力的基础上，也逐渐使资产得到有效运用。不过企业的资产负债率太低，从股东角度来看，企业的经营者比较保守，缺乏进取精神，企业发展受到限制。

四、营运能力分析

（一）短期资产营运能力分析

短期资产是企业一种很重要的资产形式，它是企业开展正常生产经营活动的保障，也是企业短期偿债能力最重要的体现。一般来讲，短期资产主要由存货、应收账款、货币资金等组成。

1. 应收账款营运能力分析

从纵向来看，宋城演艺的应收账款周转率呈下降趋势（见表6-140、表6-114）。说明其应收账款周转速度在减慢，管理效率在下降，应收账款回收天数在延长。从横向来看，宋城演艺的应收账款周转率远高于行业优秀值，在行业中处于领先地位，其应收账款管理效率极高。但可能因为执行了过严的信用政策，不利于或限制了销售量的扩大。

表6-140　应收账款相关数据

报告日期	2012年	2013年	2014年	2015年	2016年	2017年
营业收入（万元）	58616	67872	93512	169451	264423	302383
应收账款（万元）	348	441	529	1589	1878	3346
应收账款周转率（次）	—	172.18	192.88	159.99	152.54	115.77
应收账款周期（天）	—	2.09	1.87	2.25	2.36	3.11
行业应收账款周转率优秀值	—	15.4	15.1	15.1	15.1	16.7

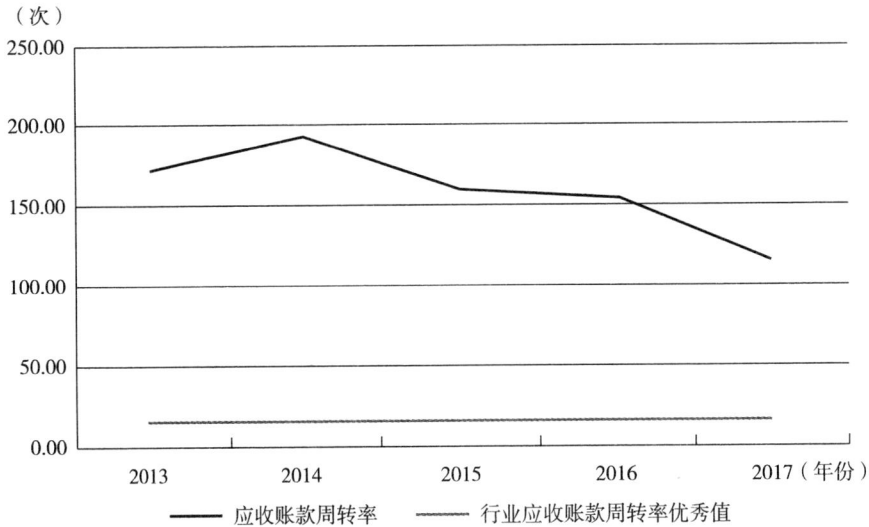

图6-114　应收账款周转率变动趋势

2. 存货营运能力分析

从纵向来看，宋城演艺的存货周转率呈上升趋势（见表6-141）。说明其存货周转速度在加快，管理效率在上升。从横向来看，宋城演艺的存货周转率远高于行业优秀值，在行业中处于领先地位（见图6-116），其存货管理效率极高。因为其行业特征，宋城演艺存货很少。2016年建立了宋城科技，涉及了科技产品设备开发和销售。

表6-141　存货周转率相关数据

报告日期	2012年	2013年	2014年	2015年	2016年	2017年
营业成本（万元）	17787	19813	30689	58207	101419	111302

续表

报告日期	2012 年	2013 年	2014 年	2015 年	2016 年	2017 年
存货（万元）	129	123	185	299	468	417
存货周转率（次）	—	156.90	199.29	240.89	264.60	251.53
存货周转天数（天）	—	2.29	1.81	1.49	1.36	1.43
行业存货周转率优秀值	—	18	12.1	11.7	12.7	11.1

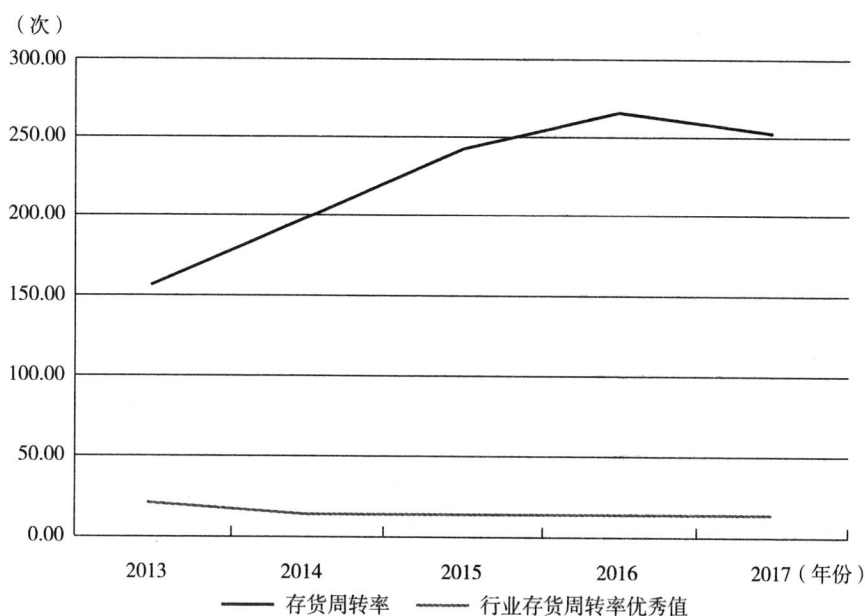

图 6-115 存货周转率变动趋势

3. 营业周期及现金周期

在一般情况下，营业周期越短越好。宋城演艺营业周期短，说明企业资金周转速度快，资产使用效率高，在行业内也是极好的。

宋城演艺的现金周期为负数，说明现金流动得快，资金占用的时间短，运营效率极高。但存在占用供应商资金的情况，容易造成企业与供应商之间的矛盾。不过其应付账款周转天数不断减短，在保证了运营效率的情况下，改善了和供应商的关系。如表 6-142、图 6-117 所示。

表 6-142 营业周期及现金周期相关数据

报告日期	2013 年	2014 年	2015 年	2016 年	2017 年
应收账款周期（天）	2.09	1.87	2.25	2.36	3.11
存货周转天数（天）	2.29	1.81	1.49	1.36	1.43
营业周期（天）	4.39	3.67	3.74	3.72	4.54
行业营业周期优秀值（天）	43.38	53.59	54.61	52.19	53.99
应付账款（万元）	21053	18786	25597	17801	14344

报告日期	2013 年	2014 年	2015 年	2016 年	2017 年
应付账款周转天数（天）	353.65	233.20	136.98	76.90	52.01
现金周期（天）	-349.27	-229.53	-133.24	-73.17	-47.47

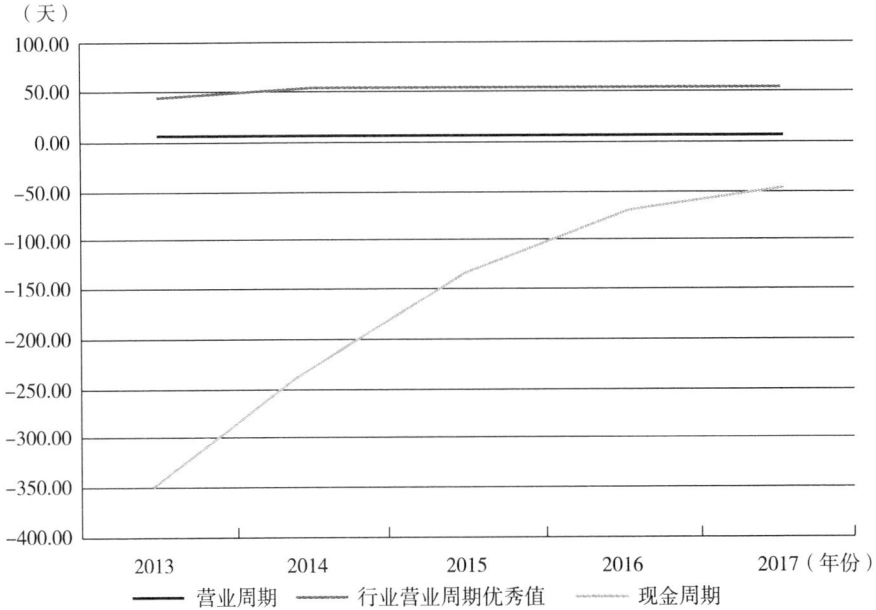

图 6-116　营业周期及现金周期变动趋势

4. 流动资产营运能力分析

从纵向来看，宋城演艺流动资产营运能力整体呈上升趋势。说明在整体上，宋城演艺流动资产周转速度在加快，流动资产管理效率在提升。如表 6-143。

表 6-143　流动资产周转率相关数据

报告日期	2013 年	2014 年	2015 年	2016 年	2017 年
流动资产（万元）	126439	105311	173880	183901	230584
营业收入（万元）	67872	93512	169451	264423	302383
流动资产周转率（次）	0.49	0.81	1.21	1.48	1.46
流动资产周转天数（天）	734.68	446.09	296.57	243.55	246.73
行业流动资产周转率平均值	1.2	1	0.9	0.9	1

从横向来看，2013 年宋城演艺流动资产管理效率处在行业较差位置，之后不断上升到行业中上的位置，逐渐贴向良好，有待提高。如图 6-117。

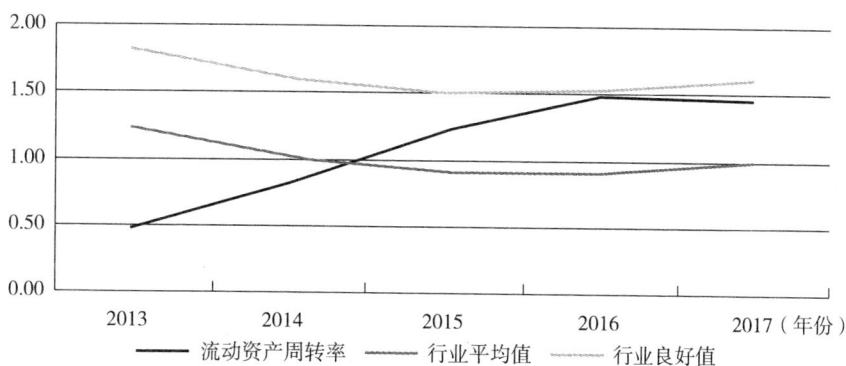

图 6-117 流动资产周转率变动趋势

通常情况下，流动资产中应收账款和存货占绝大部分，因此它们的周转状况对流动资产周转具有决定性影响，但对于宋城演艺则不同了，应收账款和存货在流动资产中只占很小的一部分，所以流动资产周转率和其他数据差别较大。如表 6-144 所示。

表 6-144 流动资产结构 单位：万元

报告日期	2013 年	2014 年	2015 年	2016 年	2017 年
货币资金	90510	102047	148275	100501	146016
应收账款	441	529	1589	1878	3346
预付款项	9391	568	683	1752	1360
其他应收款	686	716	813	4083	15374
存货	123	185	299	468	417
流动资产合计	126439	105311	173880	183901	230584

从宋城演艺六年（2012~2017 年）财务报表得出的数值可以看出，宋城演艺的短期资产营运能力属于行业内较强的。虽然流动资产周转率在行业内一般，但不断提升贴近良好值，应收账款周转率和存货周转率在行业内极优秀。总体来说，宋城演艺短期资产营运能力虽然不断下降，但在改善了与供应商的关系后，也处于行业较强水平。

（二）长期资产营运能力分析

长期资产是企业资产中并非为了销售，而是专供企业经营活动中经济寿命较长的资产项目。长期资产包括长期投资、固定资产、无形资产、递延资产和其他长期资产。

1. 固定资产营运能力分析

从纵向发展趋势来看，宋城演艺的固定资产周转率不断提高（见表 6-145、图 6-118），说明了固定资产的利用效率不断提升。固定资产周转率在 2014~2016 年的跨越式增长是由于 2014 年三亚、丽江版图的拓展并获取成功，2015 年收购六间房，2016 年六间房收益同比增长 195.37%。

表 6-145　固定资产周转率相关数据

报告日期	2012 年	2013 年	2014 年	2015 年	2016 年	2017 年
固定资产净值（万元）	83000	105633	165099	175907	179304	168875
营业收入（万元）	58616	67872	93512	169451	264423	302383
固定资产周转率（次）	—	0.72	0.69	0.99	1.49	1.74
固定资产周转天数（天）	—	500.27	521.13	362.23	241.80	207.26

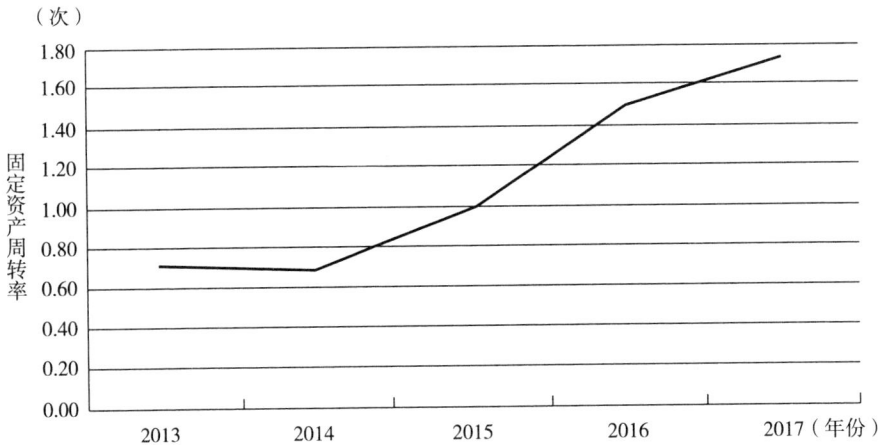

图 6-118　固定资产周转率变动趋势

2. 总资产营运能力分析

从纵向发展趋势来看，宋城演艺的总资产周转率不断提高（见表 6-146、图 6-119），说明了总资产的利用效率不断提高。但其一直处于行业平均值以下，可见其总资产的利用效率较低，总资产营运能力较差。这是因为宋城演艺从事的主题公园演出行业相较于旅行社、景区、演艺类业务而言属于重资产业务，其特点是前期投资需要较大，固定资产投资占比较多。

表 6-146　总资产周转率相关数据

报告日期	2012 年	2013 年	2014 年	2015 年	2016 年	2017 年
资产总计（万元）	319883	345582	384235	698703	756734	875468
营业收入（万元）	58616	67872	93512	169451	264423	302383
总资产周转率（次）	—	0.20	0.26	0.31	0.36	0.37
总资产周转天数（天）	—	1764.86	1404.82	1150.35	990.76	971.60
行业总资产周转率平均值	—	0.70	0.50	0.50	0.50	0.40

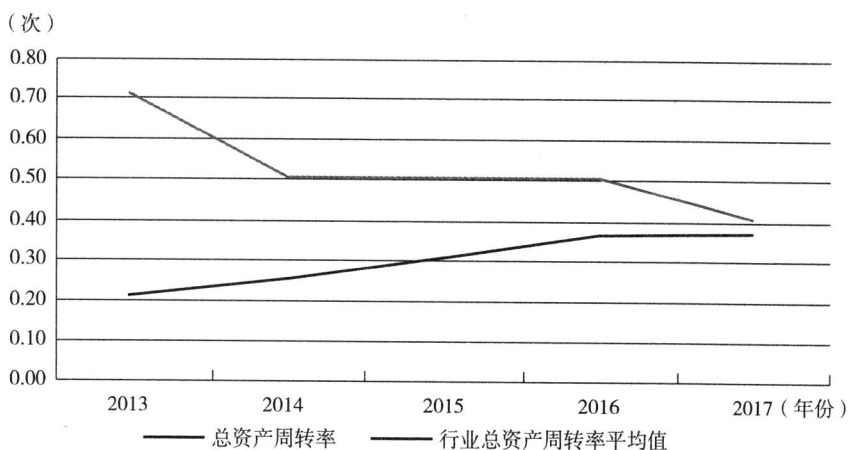

图 6-119　总资产周转率变动趋势

（三）总结

宋城演艺的短期资产营运能力虽然在不断下降，但在行业内仍处于较强地位，在改善了与供应商关系的同时，保证了短期资产的有效利用。

宋城演艺的长期资产营运能力较低，虽然低于行业平均水平，但在逐渐提升，不断向行业平均水平靠近，但无法快速增长，因为宋城演艺的业务属于主题公园演出行业，主题演出行业相比于其他的旅游演出行业，其特点是前期投资需要较大，固定资产占比较多，在宋城演艺未收购六间房之前，其固定资产占比最高达到了 40% 以上，因此，宋城演艺无法在保持当前长期营运能力的情况下快速提升。

五、盈利能力和成长能力分析

（一）盈利能力分析

利润是众多利益相关者共同关心的问题，企业盈利能力分析具有十分重要的意义。

1. 营业毛利率分析

宋城演艺的营业毛利率虽然在逐渐下降，但一直处在 60% 的高毛利水平上，不断下降的主要原因是旅游演出内容存在剧情单一、故事老套、创新不足、情节雷同等问题。2016年，杭州宋城在第二季度受到台风、第三季度 G20 峰会等影响，营业收入降低了 1.84%。

表 6-147　营业毛利率相关数据

报告日期	2013 年	2014 年	2015 年	2016 年	2017 年
营业收入（万元）	67872	93512	169451	264423	302383
营业成本（万元）	19813	30689	58207	101419	111302
营业毛利率（%）	70.81	67.18	65.65	61.65	63.19

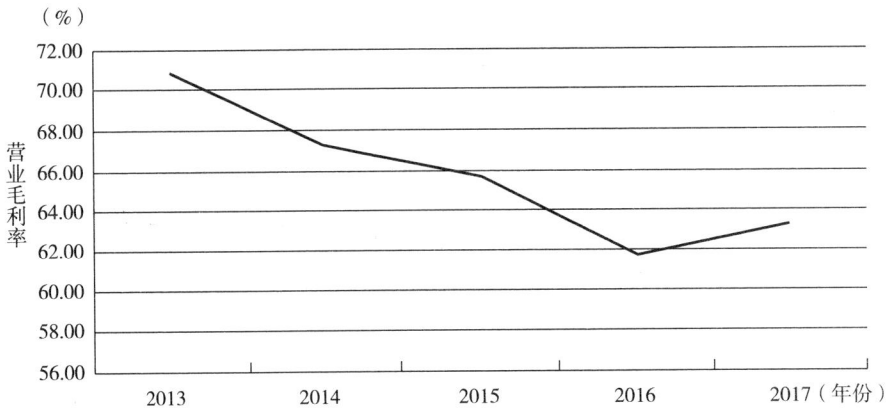

图 6-120 营业毛利率变动趋势

2. 营业净利润分析

与营业毛利率相同，宋城演艺的营业净利率整体在缓慢下降（见表 6-148、图 6-121），但与同行业相比，其营业净利率还是很高的，说明宋城演艺的盈利能力在行业中很强。

表 6-148 营业净利率相关数据

报告日期	2013 年	2014 年	2015 年	2016 年	2017 年
营业收入（万元）	67872	93512	169451	264423	302383
净利润（万元）	30876	36472	64545	91647	106927
营业净利率（%）	45.49	39.00	38.09	34.66	35.36
行业营业净利率优秀值（%）	20.50	21.50	23.20	21.90	19.80

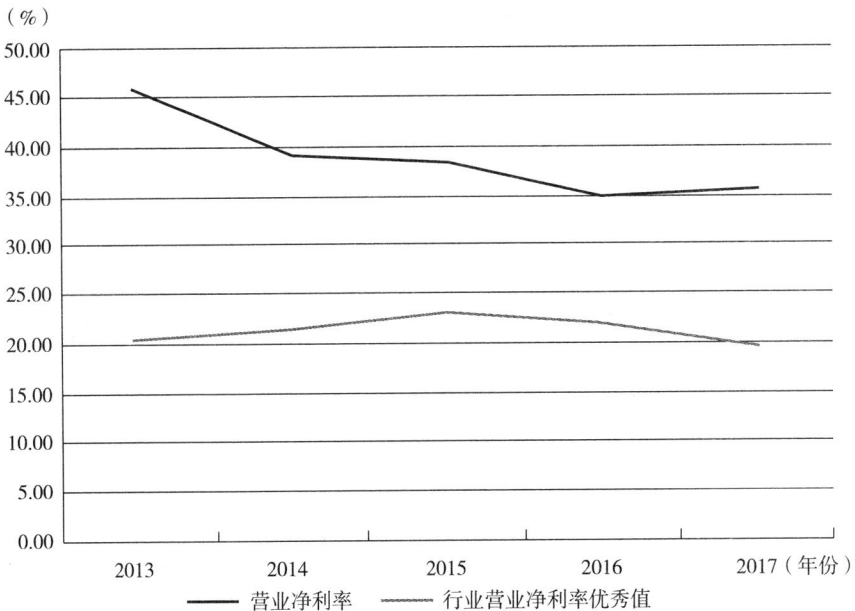

图 6-121 营业净利率变动趋势

3. 成本费用利润率分析

该比率越高，表明企业为取得收益（营业利润）所付出的代价越小，企业的盈利性越强。宋城演艺的成本费用利润率虽然不断降低（见表6-149、图6-122），但与行业优秀值相比，仍属于极高的，说明其具有极强的盈利能力。

表 6-149　成本费用利润率相关数据

报告日期	2013 年	2014 年	2015 年	2016 年	2017 年
营业利润（万元）	38089	47199	82783	114817	134623
营业成本（万元）	19813	30689	58207	101419	111302
营业税金及附加（万元）	2501	3426	4872	3426	3038
销售费用（万元）	2360	3659	10652	27661	32530
管理费用（万元）	7597	10307	13206	16913	21179
财务费用（万元）	-1501	-1248	120	1343	1155
成本费用利润率（%）	123.79	100.78	95.09	76.16	79.56
行业成本费用利润率优秀值（%）	7.40	7.60	7.20	7.40	6.60

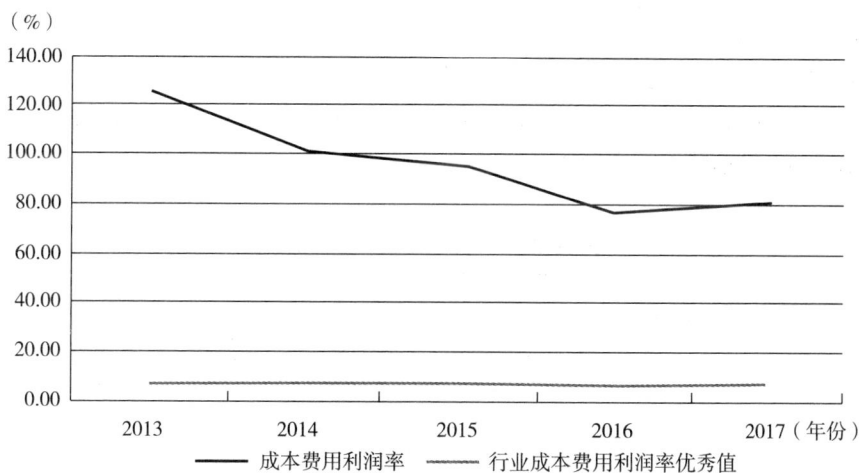

图 6-122　成本费用利润率变动趋势

4. 营业现金比率分析

宋城演艺的营业现金比率一直平稳维持在60%左右，较高且稳定，说明企业营业收入的质量较高，营业活动的风险较小，收益质量很好，可以为支持企业成长提供丰富的现金资源。2016年出现反差，是因为杭州宋城在第二季度受台风、雨水，第三季度受G20峰会等影响营业收入降低。见表6-150、图6-123所示。

表 6-150　营业现金比率相关数据

报告日期	2013 年	2014 年	2015 年	2016 年	2017 年
经营现金净流量（万元）	42935	52800	91532	103025	176402

报告日期	2013 年	2014 年	2015 年	2016 年	2017 年
营业收入（万元）	67872	93512	169451	264423	302383
营业现金比率（%）	63.26	56.46	54.02	38.96	58.34

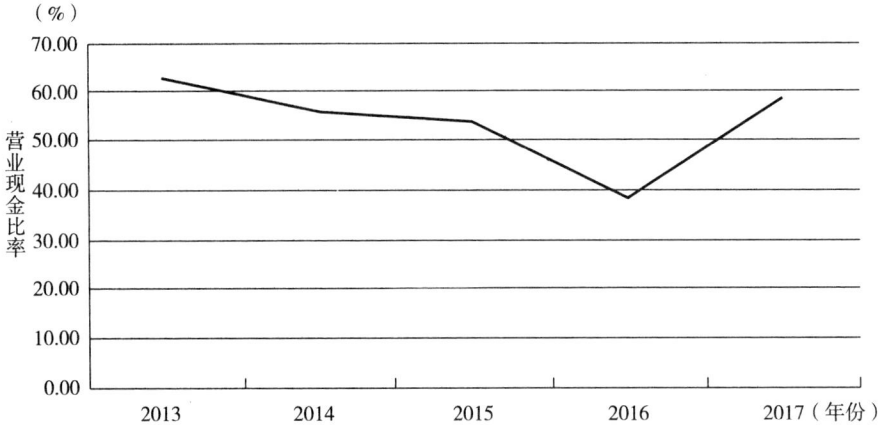

图 6-123　营业现金比率变动趋势

5. 总资产报酬率分析

总资产报酬率是收益与总资产的比率，反映企业应用总资产的获利程度，表明企业应用全部资产的盈利水平。而宋城演艺的总资产报酬率在持续提高，表现出很强的盈利成长能力，且在 2017 年达到了行业优秀水平。见表 6-151。

表 6-151　总资产报酬率相关数据

报表日期	2012 年	2013 年	2014 年	2015 年	2016 年	2017 年
总资产（万元）	319883	345582	384235	698703	756734	875468
净利润（万元）	—	30876	36472	64545	91647	106927
总资产报酬率（%）	—	9.28	9.99	11.92	12.59	13.10
行业总资产报酬率优秀值（%）	—	5.50	15.20	15.20	11.20	13.50

6. 净资产报酬率分析

净资产报酬率是所有指标中综合性最强、最具代表性，也是最重要的一个指标。

表 6-152　净资产报酬率相关数据

报表日期	2012 年	2013 年	2014 年	2015 年	2016 年	2017 年
净资产（万元）	293249	318235	351435	571405	656145	747778
净利润（万元）	—	30876	36472	64545	91647	106927
净资产报酬率（%）	—	10.10	10.89	13.99	14.93	15.23
行业净资产报酬率优秀值（%）	—	30.00	17.30	17.30	20.80	18.80

宋城演艺的净资产报酬率在稳定上升，不断贴近行业优秀值，可见其盈利能力表现出较强的发展趋势。如图 6-124、图 6-125 所示。

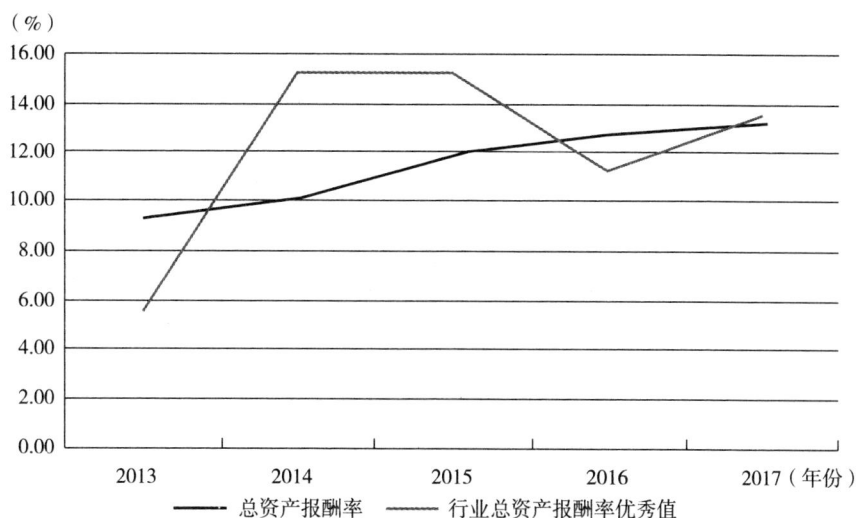

图 6-124 总资产报酬率变动趋势

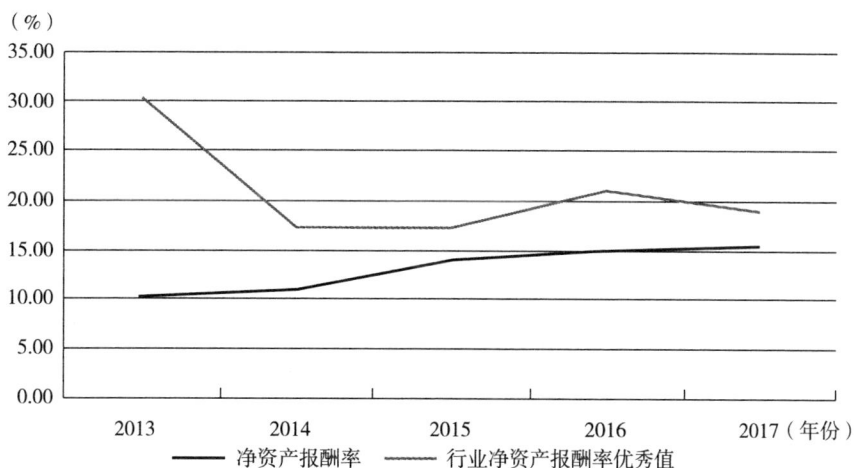

图 6-125 净资产报酬率变动趋势

7. 每股收益

每股收益是衡量公司（尤其是上市公司）盈利性较重要的财务指标之一。宋城演艺的每股收益这几年波动较大，主要是 2015 年对六间房的收购，需要更多资金，于是增加了股本，在 2015 年后又迅速提高，整体来说其每股盈利水平还是很高的。如表 6-153、图 6-126 所示。

表 6-153 每股收益相关数据

报表日期	2013 年	2014 年	2015 年	2016 年	2017 年
股本（万股）	55782	55778	145268	145261	145261

续表

报表日期	2013 年	2014 年	2015 年	2016 年	2017 年
净利润（万元）	30876	36472	64545	91647	106927
每股收益（元）	0.55	0.65	0.44	0.63	0.74

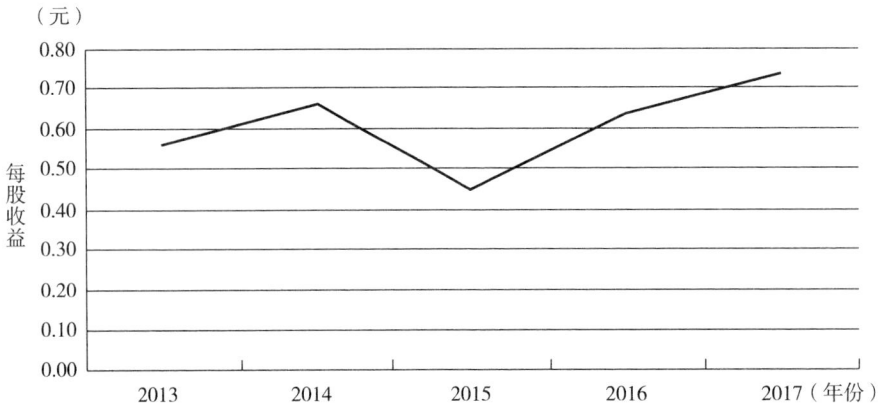

图 6-126　每股收益变动趋势

从宋城演艺六年（2012~2017 年）财务报表得出的数值可以看出，宋城演艺的盈利能力属于行业内极强的。虽然 2016 年杭州宋城在第二季度受到台风、雨水，第三季度受 G20 峰会等影响营业收入降低，但总体盈利能力还是稳定在行业中优秀水平，表现出宋城演艺极强的盈利能力。

（二）成长能力分析

企业成长能力（又称发展能力）是指在市场竞争中，实现长期盈利，并保持持续价值增值的可能性和潜力。

1. 营业收入增长率分析

宋城演艺的营业收入增长率的波动较大，2015 年因为收购了六间房，导致营业收入增长率达到巅峰，之后又逐渐下降到行业优秀值以下，如表 6-154、图 6-127 所示。但总体都在行业中处于较好的水平，可见其成长性较好。

表 6-154　营业收入增长率相关数据

报表日期	2012 年	2013 年	2014 年	2015 年	2016 年	2017 年
营业收入（万元）	58616	67872	93512	169451	264423	302383
营业收入增长率（%）	—	15.79	37.78	81.21	56.05	14.36
行业营业收入增长率优秀值（%）	—	30.00	28.30	28.30	29.80	27.70

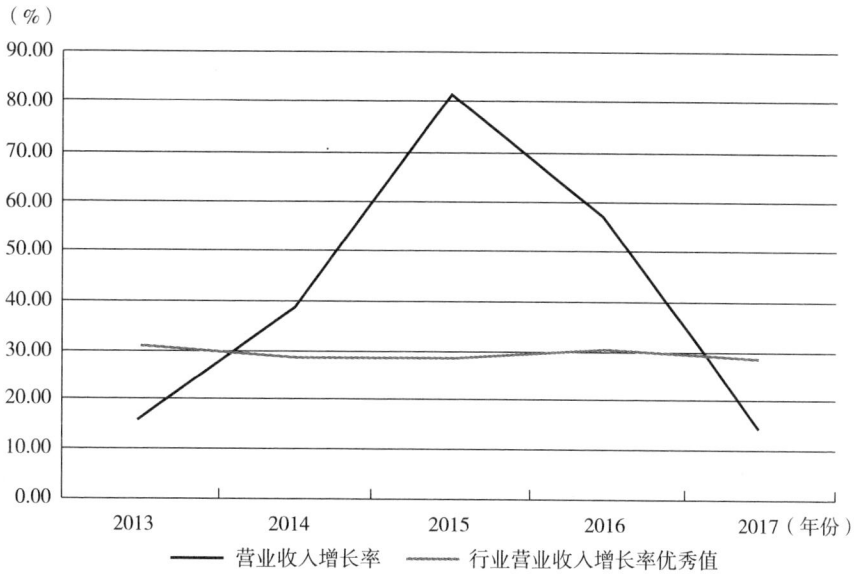

图 6-127　营业收入增长率变动趋势

2. 营业收入平均增长率分析

宋城演艺的营业收入平均增长率较高,都达到了140%以上(见表6-155、图6-128),可见其较强的成长能力。2016年达到峰值,是因为与其三年前比较的数值相差很大,因为较2013年,2016年宋城演艺不仅有了更多的主题公园演出项目,并且拥有了创造41%收入的六间房。

表 6-155　营业收入平均增长率相关数据

报表日期	2012 年	2013 年	2014 年	2015 年	2016 年	2017 年
营业收入(万元)	58616	67872	93512	169451	264423	302383
营业收入平均增长率(%)	—	—	—	142.45	157.35	147.88

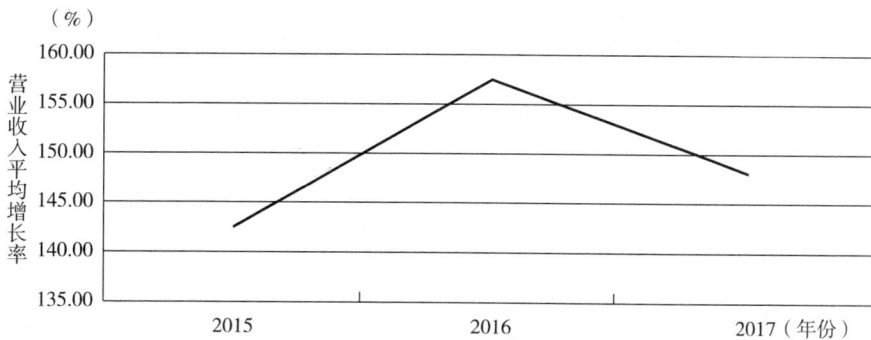

图 6-128　营业收入平均增长率变动趋势

3. 总资产增长率分析

宋城演艺的资产总额一直在上升。而其总资产增长率在 2015 年达到了峰值（见表 6-156、图 6-129），是因为其收购了六间房，导致了资产总额增长率达到了 82%。总体上处于增长期，仅从总资产规模考虑，宋城演艺具有较强的成长性。

表 6-156　总资产增长率相关数据

报表日期	2012 年	2013 年	2014 年	2015 年	2016 年	2017 年
资产总计（万元）	319883	345582	384235	698703	756734	875468
总资产增长率（%）	—	8.03	11.18	81.84	8.31	15.69

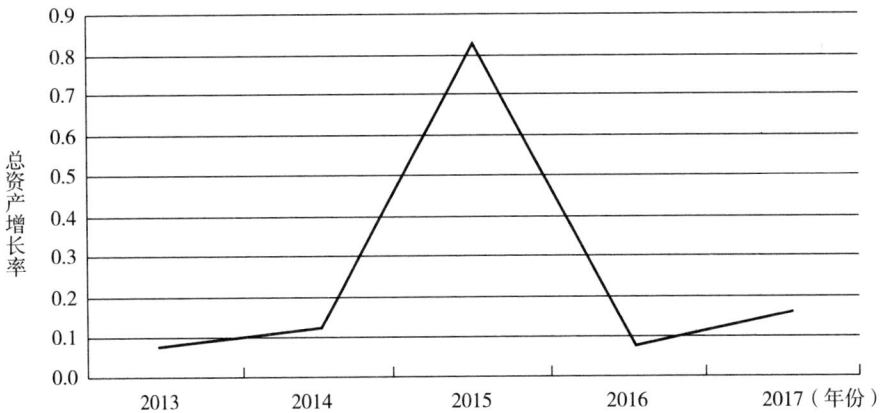

图 6-129　总资产增长率变动趋势

4. 固定资产成新率分析

宋城演艺的固定资产成新率较为稳定，但整体属于下降趋势（见表 6-157、图 6-130），说明其固定资产在逐渐变旧，更新速度放缓，持续成长能力稍微下降。

表 6-157　固定资产成新率相关数据

报表日期	2012 年	2013 年	2014 年	2015 年	2016 年	2017 年
固定资产净额（万元）	83000	105633	165099	175907	179304	168875
固定资产原值（万元）	103680	135654	207905	235011	253560	255928
固定资产成新率（%）	—	77.87	79.41	74.85	70.71	65.99

5. 净利润增长率分析

从表 6-158 和图 6-131 中可以看出，近五年来宋城演艺的净利润规模处于一定的波动之中。2015 年达到了峰值的 77%，但近两年来一直下降，表现出一般的盈利成长能力。

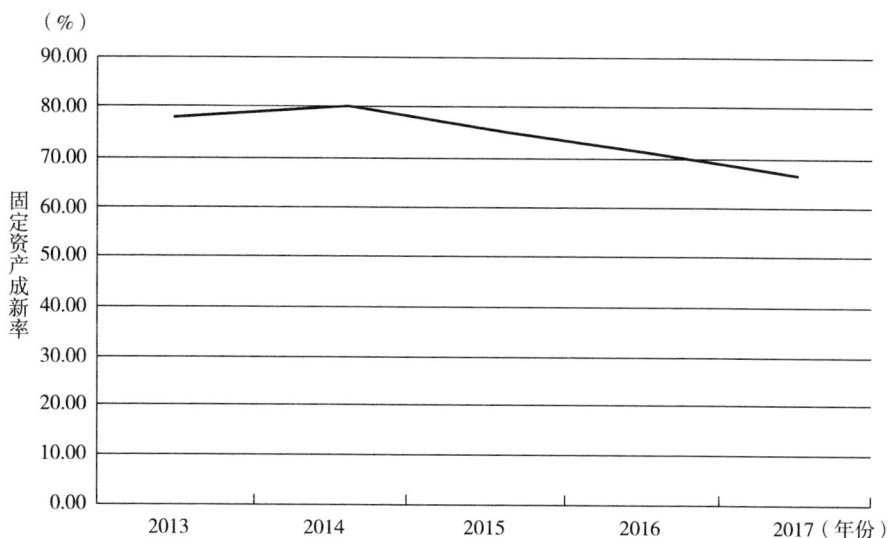

图 6-130　固定资产成新率变动趋势

表 6-158　净利润增长率相关数据

报表日期	2012 年	2013 年	2014 年	2015 年	2016 年	2017 年
净利润（万元）	25641	30876	36472	64545	91647	106927
净利润增长率（%）	—	20.42	18.12	76.97	41.99	16.67

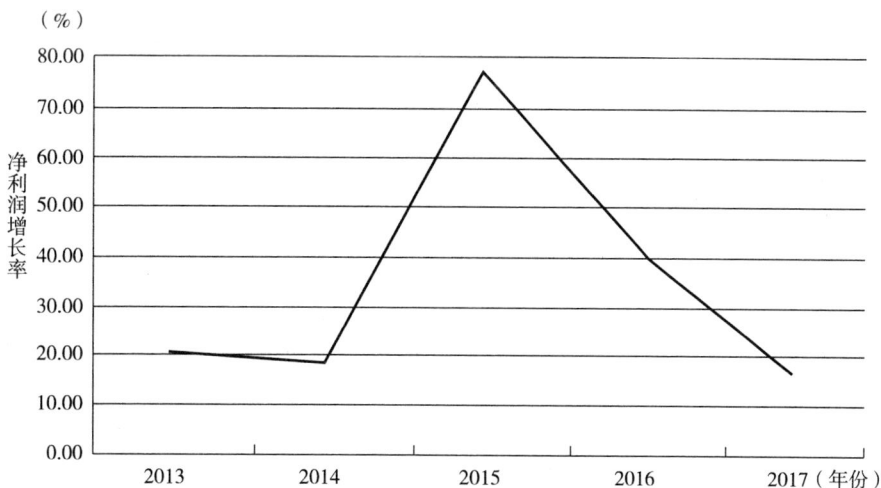

图 6-131　净利润增长率变动趋势

6. 净资产增长率分析

净资产的积累是企业扩大再生产的重要资源，积累得越多，企业持续成长的能力越强。宋城演艺在 2015 年因收购六间房，净资产增长率达到峰值 62.59%，之后降低到比原始水平较高的值，可见其较好的成长能力。如表 6-159、图 6-132 所示。

表 6-159　净资产增长率相关数据

报表日期	2012 年	2013 年	2014 年	2015 年	2016 年	2017 年
净资产（万元）	293249	318235	351435	571405	656145	747778
净资产增长率（%）	—	8.52	10.43	62.59	14.83	13.97

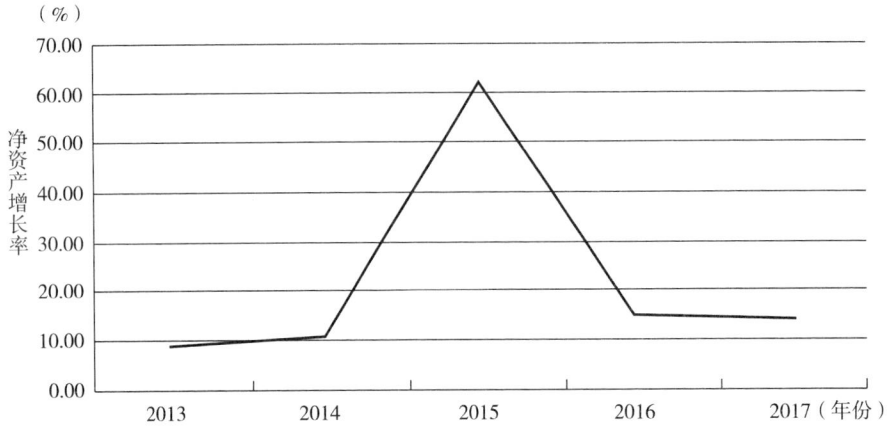

图 6-132　净资产增长率变动趋势

7. 每股股利及股利增长率分析

从表 6-160 和图 6-132、图 6-133 中可以看出，同净利润一样，近五年来宋城演艺的股利增长率处于波动状态之中。2015 年股利跌到最低值，是因为 2015 年的股本成倍增加，导致每股分到的股利降低。但之后又迅速升高，增加了投资者信心，有利于企业的长期成长与发展。

表 6-160　每股股利及股利增长率相关数据

报表日期	2012 年	2013 年	2014 年	2015 年	2016 年	2017 年
股本（万股）	55440	55782	55778	145268	145261	145261
普通股股利（万元）	7392	8316	5578	8365	10169	14526
每股股利（元）	0.13	0.15	0.10	0.06	0.07	0.10
股利增长率（%）	—	11.81	-32.92	-42.42	21.56	42.85

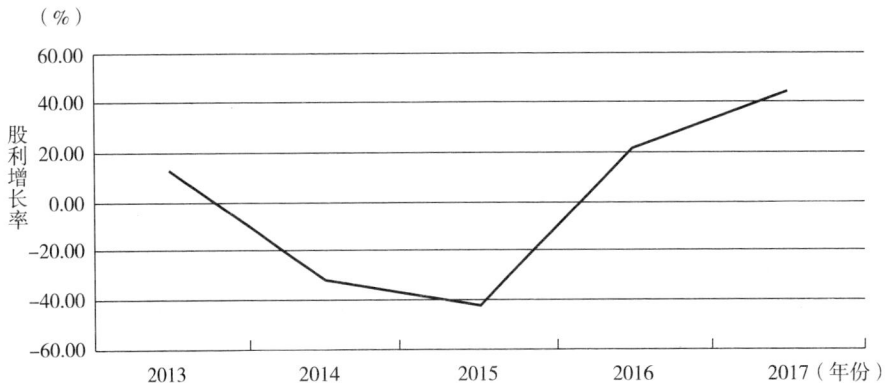

图 6-133　股利增长率变动趋势

从宋城演艺六年（2012~2017 年）财务报表得出的数值可以看出，宋城演艺的成长能力属于行业中较好的。因为 2015 年收购六间房的影响，许多数值较为突出。总体来说，宋城演艺的成长能力较好，具有较好的长期成长与发展能力。

（三）杜邦分析

分析宋城演艺的经营财务状况，采用的是杜邦分析法，对宋城演艺的权益报酬率进行分析，进而分析金陵饭店的财务状况。

权益报酬率（净资产报酬率）是杜邦分析的核心内容，是一个综合性最强的财务比率。它代表了所有者投入资金的获利能力，反映了企业筹资、投资、资产运营等活动的效率。图 6-134 运用杜邦分析法对宋城演艺 2016 年和 2017 年的综合能力进行了分析。

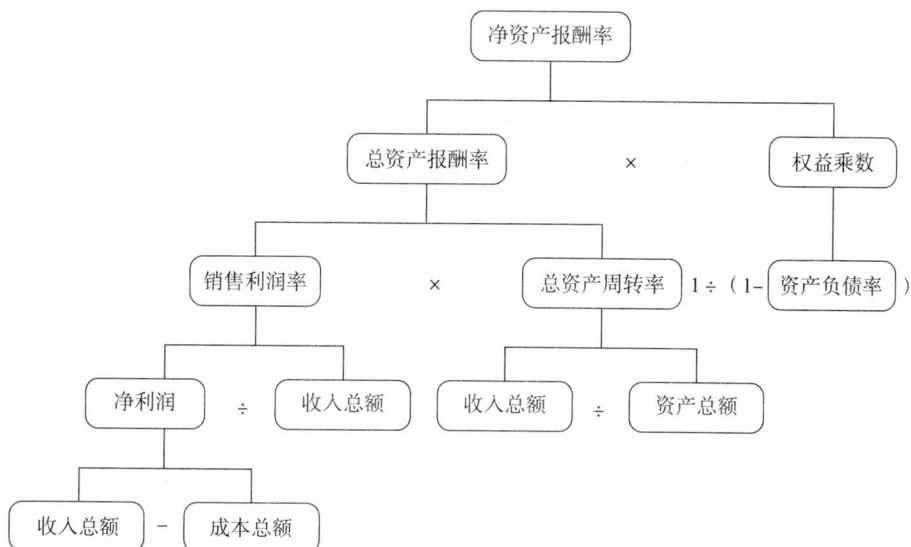

图 6-134 杜邦分析

表 6-161 杜邦分析相关数据

报表日期	2015 年	2016 年	2017 年
净利润（万元）	64545	91647	106927
营业收入（万元）	169451	264423	302383
总资产（万元）	698703	756734	875468
净利润率（%）		34.66	35.36
总资产周转率（%）		36.34	37.05
总资产报酬率（%）		12.59	13.10
股东权益（万元）	571405	656145	747778
权益乘数		1.19	1.16
净资产报酬率（%）		14.93	15.23

2016~2017 年，宋城演艺的净资产报酬率从 14.93%提高到了 15.23%（见表 6-161），

说明其投资者投入资金的获利能力提高了，这有利于已有的投资者，更有利于企业吸引更多的投资者。

宋城演艺的净资产报酬率在权益乘数下降的情况下还得到了提高，是因为总资产报酬率的提高。总资产周转率和净利润的共同增长导致了总资产报酬率的提高。

综上所述，我们对宋城演艺的综合能力提升提出了四点建议：

第一，融合当地文化，扩大收入规模。宋城演艺的营业收入一直在上涨，但其净利润上涨得并不明显，原因是宋城演艺一直在以异地复制的模式进行扩张。宋城演艺异地复制这种模式，基本是在一个项目取得投资成功后才会去异地扩张。但每个地方的文化特质不同，这是其异地扩张面临的主要问题。只有深挖当地文化元素，并和项目进行高度融合，才能深深吸引更多的游客，扩大收入的规模。

第二，切合企业实际情况，扩大资产规模。宋城演艺的资产规模一直在扩张，特别是2015年收购六间房导致总资产增长率达到了82%，但六间房为一个互联网演艺平台，这和宋城演艺传统的现场演艺有很大的不同，宋城演艺能否做到将线上和线下演艺完美结合，就互联网演艺这个行业来说，具有很大的不确定性，无论是政府对这种网络平台监督还是消费者对互联网演艺平台的选择，都可能对六间房带来威胁。除此之外，宋城演艺若花更多的财力和人力在互联网演艺上，那么其基本的现场演艺可能就会相对不那么专注于其自身擅长的实景演艺市场。所以我们认为宋城演艺扩大资产规模的方式应该切合其自身的实际情况。

第三，降低成本。在收购了六间房后，宋城演艺的成本分成两大部分，互联网演艺的成本主要包括主播分成、流量和带宽成本等，而现场演艺的成本主要包括固定的折旧摊销费用、职工薪酬及劳务以及其他一些日常经营的费用。在互联网演艺的成本中，宋城演艺子公司宋城科技可以通过技术研究降低其流量宽带的成本等；在现场演艺中，宋城演艺可以通过控制工作人员数量来降低不必要的成本。

除此之外，宋城演艺所营运的旅游休闲服务业主要是指宋城旅游承载的管理输出、品牌输出、创意输出的轻资产运营模式以及网络销售平台，形成自主投资运营和景区托管运营并重、直销和分销渠道并举的格局，发挥专业优势扩大公司品牌影响力和销售渠道，也可以降低成本。

第四，减少资产占用，提高周转效率。宋城演艺的总资产周转率一直处于行业平均值以下，可见其总资产的利用效率较低，总资产营运能力较差。这是因为宋城演艺从事的主题公园演出行业相较旅行社、景区、演艺类业务而言属于重资产业务，其特点是需要投入前期投资较大，固定资产投资占比较多。宋城演艺可以通过轻资产运营模式、专注核心竞争力来提高资产周转率。

宋城演艺可谓是行业标杆，无论是营运能力还是偿债能力，在行业中都处于较为优秀地位。

从宋城演艺的短期偿债能力和长期偿债能力来看，企业的偿债能力极好。虽然短期偿债能力逐渐下降，但在保证了企业拥有较强的偿债能力的基础上，也逐渐使资产得到有效的运用。不过企业的资产负债率太低，从股东角度来看，企业的经营者比较保守，缺乏进取精神，企业发展受到限制。

宋城演艺的短期资产营运能力虽然在不断下降，但在行业内仍处于较强地位，在改善了与供应商关系的同时，保证了短期资产的有效利用。

　　宋城演艺的长期资产营运能力较低，虽然低于行业平均水平，但逐渐提升，不断向行业平均水平靠近，但无法快速增长，因为宋城演艺的业务属于主题公园演出行业，主题演出行业相较于其他的旅游演出行业，其特点是投入前期投资较大，固定资产占比较多，在宋城演艺未收购六间房之前，其固定资产占比最高的一年占到了40%以上，因此，宋城演艺无法在保持当前长期营运能力的情况下快速提升。

　　宋城演艺的盈利能力属于行业中极强的。虽然2016年杭州宋城在第二季度受到台风和雨水，第三季度受G20峰会等影响营业收入降低，但总体盈利能力还是稳定在行业中优秀水平。表现出宋城演艺极强的盈利能力。

　　宋城演艺的成长能力属于行业中较好的。因为2015年收购六间房的影响，许多数值较为突出。总体来说，宋城演艺的成长能力较好，具有较好的长期成长与发展能力。

　　综上所述，我们对宋城演艺的综合能力发展提出几点意见，即融合当地文化，扩大收入规模；切合企业实际情况，扩大资产规模；降低成本；减少资产占用，提高周转效率。通过这些方法，宋城演艺可以更高质量地提高所有者投入资金的获利能力，以及提高企业筹资、投资、资产运营等活动的效率。

　　宋城演艺传统的"主题公园+现场演艺"的商业模式总体上是比较优秀的，但考虑到城市演艺、海外扩张和直播业务的不确定性，目前的市场价格不具备安全边际，但宋城演艺的业务值得继续观察。